高等院校经管类“十三五”规划教材

安徽省高等学校省级质量工程项目“基于TPACK框架的财政学课程教学设计与应用（项目编号：2015jyxm024）”和“国际经济与贸易专业综合改革试点（项目编号:2016zy098）”阶段性成果

Public Finance

财政学

主　编　胡东兰

副主编　夏　晶　张延辉

WUHAN UNIVERSITY PRESS

武汉大学出版社

图书在版编目(CIP)数据

财政学/胡东兰主编．—武汉：武汉大学出版社，2017.11
高等院校经管类“十三五”规划教材
ISBN 978-7-307-19764-0

Ⅰ.财…　Ⅱ.胡…　Ⅲ.财政学—高等学校—教材　Ⅳ.F810

中国版本图书馆 CIP 数据核字(2017)第 246433 号

责任编辑:陈　红　　责任校对:李孟潇　　版式设计:汪冰滢

出版发行：**武汉大学出版社**　(430072　武昌　珞珈山)
(电子邮件：cbs22@ whu. edu. cn　网址：www. wdp. com. cn)
印刷：荆州市鸿盛印务有限公司
开本：787×1092　1/16　印张:16.75　字数:391 千字　插页:1
版次：2017 年 11 月第 1 版　2017 年 11 月第 1 次印刷
ISBN 978-7-307-19764-0　定价:38.00 元

前　　言

财政学课程从 20 世纪 80 年代至今一直是教育部确定的高等学校财经类专业的核心课程以及经管类专业的专业基础课程。它是研究政府收支活动及其对资源配置、收入分配和宏观经济稳定产生影响的经济学分支，既强调在市场经济条件下，政府在影响资源配置方面究竟应当起什么作用等规范问题的讨论，也重视政府收支活动如何对经济产生影响等实证问题的分析。与一般纯理论课程相比，财政学更加贴近生活，强调经济学原理的应用和经济政策的分析。我国社会主义市场经济制度的不断完善和社会经济活动的日趋复杂，对财政学教材的内容和框架的完善也有了更高的要求。

在此背景下，本书本着“厚基础、宽口径、重应用”的原则，不仅涵盖了一般财政学教材所有重要内容，而且还尽可能注重新数据和新案例的分析。主要内容分为四部分：第一部分为基础理论，主要包括财政学的基本概念、财政学的形成与发展、财政学的研究对象和研究方法、财政学的福利经济学基础、公共需求与公共商品理论、市场失败与财政职能；第二部分为支出理论，主要包括财政支出概述、公共消费支出、公共投资支出、转移性支出；第三部分为收入理论，主要包括财政收入概述、税收原理、税收制度、公债等；第四部分为财政管理，主要包括政府预算、财政政策、多级政府间财政等。每章前设置了“学习目的与要求”、“教学重点与难点”，每章后设有“本章小结”、“复习思考题”和“本章参考书目”，方便读者阅读。

本书是安徽省高等学校省级质量工程项目“基于 TPACK 框架的财政学课程教学设计与应用（项目编号：2015jyxm024）”和“国际经济与贸易专业综合改革试点（项目编号：2016zy098”的阶段性成果。具体分工如下：合肥工业大学胡东兰负责全书框架体系设计和审查，并承担第七章和第八章的编写工作；聊城大学张延辉承担第一章至第四章的编写工作；合肥工业大学金融专业硕士郝诗红负责第五章和第六章的编写工作；湖北师范大学夏晶承担第九章至第十五章的编写工作。此外，合肥工业大学财政学本科生张美佳为本书排版也做了部分工作。可以说，本书是集体智慧的结晶。

针对本书存在的一些缺点和不足，恳请专家和读者给予批评指正。

编　者

2017 年 10 月

目　录

第一章　导　　论

【学习目的与要求】

1. 掌握财政的概念及基本特征
2. 了解财政学的形成与发展过程
3. 掌握财政学的性质及研究对象

【教学重点与难点】

1. 财政的基本特征
2. 财政学的研究对象

财政活动是政府从事各种经济、社会和政治活动的基础，因此，在更为广泛的意义上，财政学是研究政府经济活动及其对经济运行产生影响的经济学分支，也称为公共部门经济学或公共经济学。财政学是一门综合性、交叉性、应用性较强的学科。其研究对象与研究领域较为广泛。本章旨在帮助读者了解现实中的财政问题，了解什么是财政学，了解整本书的内容与脉络。本章同时也对财政学的研究方法及学习过程中需要注意的问题作了简要的说明。

第一节　财政的概念与特征

一、现实生活中的财政现象

在现代市场经济条件下，财政作为政府的收支活动，是经济系统的一个重要组成部分，对整个社会经济的运行有着极为重要的影响。现代人几乎不可避免地要与财政问题打交道。财政问题不仅仅是政府部门的问题，不仅仅是财政部门和税务部门的问题，还与人们的日常生活关系密切。就日常生活而言，我们可能一来到人世间就要与财政问题打交道。我们中的许多人是在财政资助的公立医院中出生的；我们长大之后大部分人上的还是财政提供经费的公办学校，享受的是财政支持的义务教育；大部分人所上的大学还是主要靠财政拨款维持正常运转的公办大学；大学毕业之后，许多人所在的就业机构是靠财政拨款维持的。这就是通常所说的：生老病死，从摇篮到坟墓，都同政府和财政息息相关。很难想象，离开了财政，我们的现实生活会是一个什么样的世界。现代经济是由私人经济和公共经济组成的混合经济，而财政就是公共经济活动。

现代市场经济运行是由社会中的个人、家庭、企业、团体以及政府部门围绕着经济利益及相关的其他各种利益而形成的相互作用、相互影响的运作过程。在经济学中，通常需要对经济运行系统进行简化处理，以描述现代市场经济运行的基本轮廓和总体面貌。

我们先考察仅由家庭和企业组成的私人部门经济的运行，如图 1-1 所示。在这个经济系统中，基本决策单位只有两个：家庭和企业。家庭和企业通过两个有着不同性质的市场——产品市场和要素市场——从事各种交易活动。在产品市场上，家庭为消费而购买各种产品和服务，企业为获得利润而向家庭提供相应的产品和服务，并获得由家庭支付的费用。而在要素市场上，企业利用从产品市场上得到的收入，购买生产所需的各种资源，如劳动、资本、土地等，并通过各种资源的组合生产出市场所需的产品，而家庭也需要向企业售出他们所拥有的各种资源，并获得相应的回报，如工资、利润、租金等。

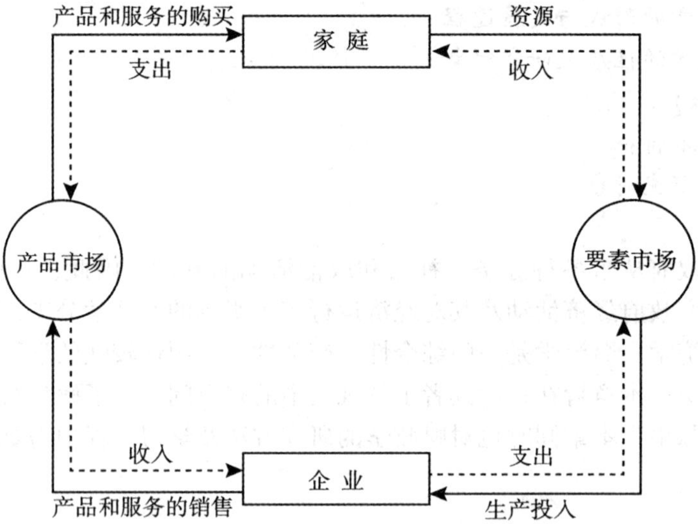

图 1-1 两部门经济运行图①

可以看出，纯粹私人部门经济的运行由两方面的运动构成：产品运动和货币运动。首先，家庭借助要素市场向企业提供各种资源，企业通过产品市场向家庭提供产品和服务，这是产品运动的过程（图 1-1 中的实线部分）。其次，在家庭通过产品市场向企业购买各种产品和服务时，需要向企业支付货币，企业通过要素市场从家庭获取资源时，需要给予家庭相应的回报，这是货币运动的过程（图 1-1 中的虚线部分）。对于两部门经济来说，产品运动和货币运动的过程是周而复始、循环往复的。

在现实生活中人们发觉，私人经济部门不是满足其需要的唯一系统，它不能包揽人们的一切需要。社会公共需要所具有的特征，决定了私人企业和家庭不愿提供、无力提供或无法有效提供，需要政府承担起此方面的责任。在现代市场经济中，政府作为一个决策单位，已经在经济运行中扮演着愈益重要的角色，不仅为社会公众提供了相当数量的产品和服务，而且还对私人经济活动进行一定程度的干预和管理。为了把握现实经济的运作，我们有必要了解私人部门和公共部门共同起作用的经济运行循环图，如图 1-2 所示。

① 邓子基，林致远．财政学．北京：清华大学出版社，2005.

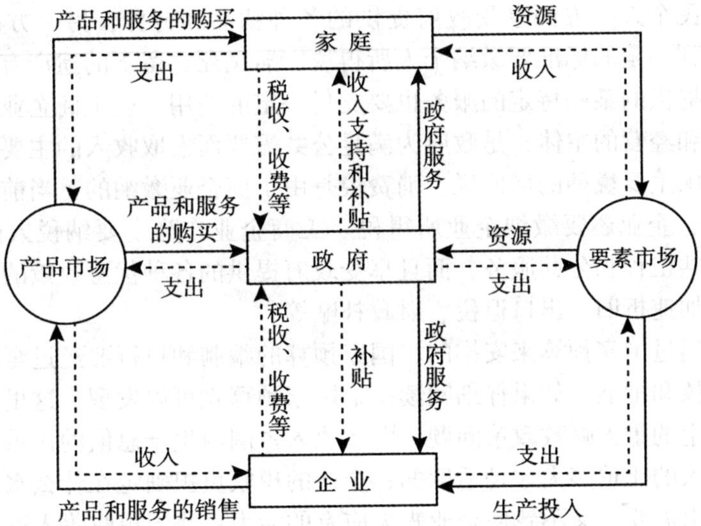

图 1-2　三部门经济运行图①

图 1-2 的中心部分代表政府及其财政活动。政府的财政活动主要包括：

（1）政府在要素市场和产品市场上，向家庭和企业购买各种资源和产品，然后利用这些资源和产品向家庭和企业提供各种政府服务，如国防、社会秩序、基础教育、基础研究、公共卫生、公共设施等，以满足家庭和企业的社会公共需要。

（2）为了调节收入分配或达到特定的经济、社会目的，政府还会向某些家庭和企业提供一定的收入支持或补贴。

（3）为了维持政府部门的正常运转和弥补购买各种产品和资源的开支，政府会通过税收、收费及国有企业收益等形式从家庭和企业那里取得财政收入。如果引入资本市场的话，政府还可以采用公债的形式从私人部门筹集财政收入。

（4）现代经济活动还经常伴随着经济波动、失业、通货膨胀、通货紧缩或国际收支不平衡等影响整个国民经济正常运行的一些宏观经济现象。这些通常需要由政府采取相应的政策手段来加以调节，而财政政策——通过政府收支活动的调整以实现宏观经济目标的决策则是最常用的政策手段之一。

政府承担着市场不可能承担的诸多政治和社会职能，包括行政、国防、治安、义务教育、基础科研、公共卫生和公共设施等等。最典型的事例是行政管理、国防、治安、司法和执法。我们手里有钱可以在市场上买到衣服、食品、住宅、轿车以及图书等，但即使有钱也买不到由行政管理、国防、治安等部门以及立法、司法和执法等机关所提供的行政服务、国土安全、国家法规和安定的社会秩序。另一种典型的事例是基础科学，其研究成果不能直接付诸应用，但却是应用技术和应用工程的基础。

政府与家庭和企业一样，要办事就要有钱，有支出就要有收入，但与家庭和企业不同

① 邓子基，林致远．财政学．北京：清华大学出版社，2005.

的是，政府作为公共权力和公共服务机构，本身没有收入来源，它的收入是来自于民，而后用之于民。居民个人一方面享受政府提供的各种物品和劳务，另一方面也是纳税义务人。个人收入达到一定的标准要缴纳个人所得税，居民死亡留下的遗产有些国家也要缴纳遗产税，对政府提供的某些特定的服务也要支付一定的费用。就工商企业而言，因为工商企业是商品生产和经营的主体，是政府为满足公共需要而索取收入的主要承担者，即主要纳税人。作为我国主要税种的增值税、消费税是由工商企业缴纳的，当前几乎占全部税收收入的50%以上，企业还要缴纳企业所得税。工商企业作为主要纳税人的同时，不仅享用政府提供的公共工程和公共服务，而且享受政府提供的各种优惠政策的支持，如税收优惠、投资抵免、加速折旧、出口退税、财政补贴等。

财政收支是通过国家预算来安排的，国家预算的编制和执行要经过全国人民代表大会及其常委会的审核和批准。如果仔细阅读一下国家预算就可以发现，这里综合反映了一系列的涉及国计民生的重大财政政策问题：财政收入占国内生产总值的比重以及中央财政收入占全国财政收入的比重多大才是适度的；企业的税收负担确定在什么水平上，才可能既保证政府各项支出需要，又不致使企业丧失应有的活力；我国税收收入近年来增长速度较快，是否应当实行减税政策；财政运行中为什么会出现财政赤字，财政赤字对经济发展有什么影响，财政赤字和通货膨胀或通货紧缩是什么关系；为筹集国家建设资金或为弥补财政赤字，政府连续多年向社会发行国债，积累的债务余额会逐年上升，是否会形成财政风险和债务危机；从 1998 年开始我国实施积极财政政策，2005 年转为实施稳健财政政策，2009 年又重新启动积极财政政策，财政政策发挥了什么作用，为什么要转变财政政策，不同的财政政策有什么不同等等。

以上所说，就是我们经常看到、听到以及切身体会到的种种财政现象，也就是现实生活中的财政学。

二、财政的基本含义

（一）“财政”一词的来源

从人类发展史来看，财政是伴随国家的产生而产生的，所以财政活动是一种历史悠久的经济现象。我国古代虽然没有“财政”这个词，却有属于财政范畴或接近于财政范畴的术语。综观我国几千年留存下来的古籍，可以看到“国用”、“国计”、“度支”、“理财”等一类用词，这些都是关于古代财政即政府理财之道的记载，“治粟内史”、“大农令”、“大司农”一类用词，则是有关古代财政管理部门的记载。我国使用“财政”一词，如今虽已经习以为常了，但“财政”一词出现在中文词汇中至今却只有百年的历史。据考证，清朝光绪二十四年，即 1898 年，在戊戌变法“明定国是”诏书中有“改革财政，实行国家预算”的条文，这是在政府文献中最初启用“财政”一词。“财政”一词的使用，是当时维新派在引进西洋文化思想指导下，间接从日本“进口”的，而日本则是来自英文“public finance ”一词。孙中山先生在辛亥革命时期，宣传三民主义时曾多次应用“财政”一词强调财政改革，民国政府成立时，主管国家收支的机构命名为财政部。美国政府相应机构的英文用词为“Department of Treasury”，本来的意思是金库或国库，在我国也译为财政部。

20世纪40年代中华书局出版的《辞海》对“财政”一词作如下解释：财政谓理财之政，即国家或公共团体以维持其生存发达之目的，而获得收入、支出经费之经济行为也。显然，这种解释也是从英文“public finance”译为中文引入的概念。因此，“财政”一词目前在中文词汇中的含义，虽然在学术研究上还有不同的理解，但在日常生活中，已经是一个没有什么疑义的十分确定的词语，已经约定俗成，为社会所公认，例如，管理国家收支的工作名之曰财政工作，管理机关名之曰财政部、财政厅、财政局等，研究财政的学问名之曰财政学。

（二）财政是一种经济行为或经济现象

财政是一种经济行为或经济现象，这种经济行为和经济现象的主体是国家或政府，因而财政是一种国家或政府的经济行为。从起源上考察，财政是伴随国家的产生而产生的。人类社会随着生产力的不断提高，出现私有财产，社会分裂为阶级才产生了国家。国家一旦产生，就必须从社会分配中占有一部分国民收入来维持国家机构的生存并保证实现其职能，于是才产生财政这种特殊的经济行为和经济现象。马克思、恩格斯对财政与国家的关系都有明确的论证：“为了维持这种公共权力，就需要公民缴纳费用——捐税……随着文明时代的向前进展，甚至捐税也不够了，国家就发行期票，借债，即发行公债。”① “赋税是政府机器的经济基础，而不是其他任何东西。”② 被恩格斯誉为创建了财政学的亚当·斯密所著《国民财富的性质和原因的研究》（以下简称《国富论》）一书，其中专门论述财政问题的第五编冠之以《论君主或国家的收入》的标题，另一本被誉为具有里程碑意义的约翰·穆勒所著《政治经济学原理》一书，其中专门论述财政问题的第五编的标题是《政府的影响》。财政首先是作为经济范畴加以研究的，所以财政学是一门经济学科，是经济学的一个分支。但是，经济与政治本来就是不可分的，而财政这种经济行为或经济现象的一个重要特点是它与政治的关系更为紧密，其主要原因就在于财政是一种国家（或政府）的经济行为，因而财政学是一门名副其实的政治经济学。综观当今西方国家的财政学，也都是十分重视财政与国家或政府的关系，甚至将财政学等同于“政府经济学”或“公共部门经济学”。自20世纪60年代以来学者们将政府经济活动视为与市场经济相对应的一个特殊的经济领域加强研究力度，特别是从政治角度研究政府经济活动的特殊规律性，从而协调政府与市场的关系，促进经济的稳定增长。

这里有必要说明一下本书对国家和政府二者的理解和用法。国家和政府是既相联系又有区别的两个概念。国家是政治权力机构和公共服务机构，国家具有政治、社会和经济职能，而财政是为国家实施并实现其职能提供财力的，因而说财政是国家的经济行为或以国家为主体的经济行为，无疑是正确的。而政府是国家的执行机构和行政机关，国家是通过它的执行机构和行政机关来实施并实现其职能的。我国全国人民代表大会是国家的最高权力机构，全国人民代表大会及其常务委员会行使国家立法权，国务院即中央人民政府是最

① 马克思恩格斯全集：第21卷．北京：人民出版社，1965：195.

② 马克思恩格斯全集：第19卷．北京：人民出版社，1963：32.

高国家行政机关，由最高权力机构产生，具体贯彻执行由最高权力机构制定的法律和通过的决议，并受最高权力机构的立法监督。因此，财政是政府经济行为和财政是国家经济行为两种说法的含义是一致的。说财政是政府经济行为，并不意味着忽视财政法制化和立法监督。特别是在市场经济体制下，政府、企业和居民共同构成市场的经济实体，在分析政府与市场关系时，说财政是政府的经济行为，对表达财政的含义则更为明确。

（三）简略的财政概念

在当今的市场经济体制下，财政概念当然有所延伸和发展。如果简略地概括财政的概念，从不同的角度，可以有不同的理解。从实际工作来看，财政是指政府的一个经济部门，即财政部门，它是政府的一个综合性部门，通过财政收支活动筹集和供给经费和资金，保证实现政府的职能。从经济学的意义来理解，财政是一个经济范畴，是一种以国家为主体的经济行为，是政府集中一部分国民收入用于满足公共需要的收支活动，以达到优化资源配置、公平分配及经济稳定和发展的目标；也可以理解为，财政是以国家为主体的分配活动，但这里的“分配”应理解为广义的分配，既包括生产要素的分配，也包括个人收入的分配。

应当指出，简略的定义，并非科学的研究方法，难免有以偏概全之弊。本书之所以给予简略的概念，纯属于教学的需要，供学员思考和探讨。还应指出，说财政是以国家为主体的收支活动，是就财政一般而言。但任何社会和国家的财政活动，都体现政府与其他经济主体以及各经济主体之间的利益关系，而这种利益关系在不同社会制度和不同国家则具有不同的性质，这是不同社会和不同国家的财政的特殊性。完整的财政概念，应是财政一般和财政特殊的统一。下面将对财政概念的相关问题做进一步的阐述。

三、财政的基本特征

（一）强制性

财政分配不遵循自愿性原则，它是依据国家政治权力进行的强制性分配；政府行为一旦发生，参加者都要接受，无法选择。例如，政府提供的道路、义务教育、社会治安等劳务，以及政府规定的税收政策等，个人必须接受。一般说来，财政行为是影响每一个居民的，而且居民是无法退出的。这与市场机制不同，个人可以通过不交换的方式退出。强制性是政治性集体行动的必然派生形式。

（二）无偿性

财政分配不遵循等价交换原则，国家不需要有等价物也可以参与分配，这主要表现在两个方面：首先，政府提供的公共商品由全体社会成员无偿消费，这种无偿性是由政府的职能以及公共商品的基本特征决定的。其次，国家可以无偿地占有其他主体的收入。这种无偿性是由政府为提供公共商品而进行的经济活动的性质决定的：政府提供公共商品使每个人受益。那么，政府进行这些活动所需要的“费用”就应由全体受益者——社会成员负担。

（三）国家主体性

一般性分配的主体可以不是国家，但不以国家为主体参与的分配不是财政分配。财政分配必然是以国家为主体进行的分配。当然，国家也可能进行一般性分配，但在这种情况下，国家是作为一般主体，所进行的分配一般不具有强制性和无偿性特征。这说明，以国家为主体的分配并非都是财政分配。

第二节 财政学的形成与发展

一、财政学的形成

财政是人类社会发展到一定历史阶段的产物。马克思主义认为，物质资料的生产是人类社会存在和发展的基础，当社会生产的产品超出了劳动者直接的个人消费需要而形成剩余产品，国家参与剩余产品分配的时候，就产生了财政。财政是一个历史范畴，它的产生以社会生产力发展到一定历史阶段为基础，以国家的产生为前提。

财政学作为经济学的一个重要分支，从早期对政府收支活动的简单描述，发展到完整的学科体系经历了漫长的历史过程。财政是伴随着国家的产生而产生的，但是对财政专门研究并形成独立的学科，则始于1776年，亚当·斯密《国富论》的出版标志着财政学的诞生。但是，财政学诞生之前，人们早已在探讨财政问题了。有无数的理财家从实践中提炼出许多精辟的财政思想。这些理财思想在财政学的形成和发展中占有重要地位。这一点在我国和西方国家都表现得十分突出。

作为人类文明古国，我国各种理财思想遍及古籍史册，许多著名理财家在当时的历史条件下，提出了不少富国裕民的理财思想。在财政收支方面，周公提出量入为出的理财思想；管仲提出了食盐应由国家专卖，粮食也应由国家统一经营的思想；桑弘羊提出盐铁酒实行专卖的思想；杨炎提出两税法主张。这一系列有价值的理财思想在今天仍然具有指导意义。在财政与经济关系方面，我国理财家初步阐述了经济决定财政，财政影响经济的辩证思想，如刘县提出理财常以养民为先的观点，同时认为财政必须调节经济；管仲提出税收应实行农轻于商的政策；桑弘羊推行均输平准法，对平抑物价和稳定经济起了较大作用。

二、财政学的发展

财政学理论的形成虽然只有200多年的历史，但其发展却十分迅速，变化很大。这其中主要以西方财政学说的发展为代表。西方国家理财思想派别繁多，观点迥异。有些视财政为政府的公共经济行为，有些强调财政是国家的中枢，有些主张充裕国库是理财的第一宗旨，还有些将之归结为理财的组织技术和方法等，如17世纪法国的财政部长柯尔伯特认为，所谓征税，乃拔最多鹅毛、鹅叫最少的技术。威廉·配第所著的《赋税论》（1663），广泛地论述了各种公共经费、税收理论、各种征税方法等，为财政学的创立奠定了基础。

如果以政府在经济中所起的作用为基本线索，可以大致将财政学的发展划分为三个时期。

（一）第一个时期：古典学派的财政理论（1776 年至 20 世纪 30 年代）

亚当·斯密是古典学派的创始人之一，也是财政学理论体系的建立者。他所著《国富论》的第五编专门论述了财政问题。他从增加财富问题入手，系统地论述了政府财政支出、税收和公债等问题。他把劳动分为生产性劳动和非生产性劳动，从而得出政府财政支出具有非生产性的结论。因此，他主张财政支出应尽量节省，以建立"廉价政府"。他根据"自由放任"和"自由竞争"的原则，把政府的功能缩小到仅为抵御外国入侵、维护社会秩序和建立一些大型公共工程的最低限度。政府功能缩小了，财政支出的内容也随之缩小为国防费用、司法费用和建设费用三项。他还根据当时国民经济情况，提出了税收四原则：公平、确实、便利、经济，并分析了各种赋税和公债对经济发展的影响，他认为发行公债是浪费，会妨碍生产资本的积累，会加重子孙后代的负担，公债是腐败、堕落、贫困的根源。亚当·斯密的某些理论至今仍在政府理财中被应用。他创造性地建立了财政学的理论体系，从而成为财政学的奠基者。《国富论》的出版，标志着财政学逐步成为一门独立的科学。在亚当·斯密之后，经过李嘉图、穆勒、萨伊、瓦格纳、巴斯坦布尔、道尔顿、庇古等大批学者的努力，西方财政学不断得到完善。财政学的内容体系大致包括财政支出、财政收入和财务行政三大部分，有的则扩大为四个领域：财政支出、财政收入、公债和预算管理。1776—1929 年，亚当·斯密的财政理论基本上占据主导地位，西方财政理论几乎没有什么变动。

（二）第二个时期：凯恩斯学派的财政理论（20 世纪 30—60 年代）

一直到 1929 年的经济大危机为止，由亚当·斯密创始的自由经济思想在经济学界和政治生活中占据着统治地位。1929—1933 年的大萧条，说明古典经济学和亚当·斯密的财政理论面临危机。为医治失业和经济危机，加强垄断资本的统治，垄断资产阶级迫切需要一套新的理论。凯恩斯的财政理论在这种背景下应运而生，并在西方经济学体系中占据了显赫地位。1936 年出版的《就业、利息和货币通论》一书是形成凯恩斯财政学说的理论基础。他认为，资本主义社会存在的失业和萧条，根源于纯粹市场机制下心理作用所造成的有效需求不足，危机的爆发主要是投资者对投资未来的收益缺乏信心引起的资本边际效率的"突然崩溃"。因此，他反对亚当·斯密的节俭理论和平衡理论，主张扩大政府职能和加强政府对经济的干预，认为只要政府通过税收、公债、利息等财政政策以及财政手段来调节消费倾向，用通货膨胀、增加工资、扩大预算赤字等办法来增加公共投资，就可以刺激消费，提高社会有效需求，实现充分就业，最终解决经济危机。

凯恩斯财政学说给西方财政学带来了巨大的变化。财政学研究范围由以微观为主转变为以宏观为主，由静态变为动态，由消极变为积极。财政学的内涵不但注重满足政府职能的公共需要，而且注重财政的经济绩效，把财政作为调节经济、稳定经济、促进经济增长的重要手段。大批经济学家如汉森、萨缪尔森、托宾等致力于凯恩斯财政理论的阐述和发展，凯恩斯财政理论得到进一步的发展和完善。

（三）第三个时期：新自由主义学派的财政理论（20 世纪 70 年代以后）

凯恩斯财政理论在西方广为流传，也在拯救资本主义经济危机上发挥了重要作用，因此成为西方主流理论。但是，20 世纪 70 年代初，当通货膨胀和失业率同时居高不下时，人们对该理论产生了怀疑。以米尔顿·弗里德曼为代表的一批经济学家借此发动了一场对凯恩斯传统的“反革命”。但是，凯恩斯主义的反对者并没有建立起一套足以与凯恩斯主义相抗衡的财政学说。事实上，他们仍然在凯思斯所建立的理论框架内活动，区别只在于他们力图在这个框架内恢复古典学派的传统。他们反对政府对经济的大规模干预，认为正是政府干预窒息了市场经济的活力，造成“滞胀”。“财政最重要”的政策主张也受到攻击，代之以“货币最重要”的政策。供给问题重新受到重视，甚至形成了“供给学派”。供给学派的政策主张是放松政府干预，促进市场调节，降低税率，刺激供给。

当人们围绕着凯思斯理论展开无休止的争论时，以布坎南和塔洛克为首的一批经济学家在财政学的一个重要领域取得了重大的理论进展。他们将财政作为公共部门经济，集中研究社会公共需要及满足这一需要的产品——公共产品问题，分析了决定公共产品生产和提供的过程，以及配置公共产品的机器——政府的组织和机构。布坎南等用经济分析方法研究政治问题，形成了“公共选择理论”，促进了现代财政学向公共经济学的转变。公共经济学就是财政学，当代财政学的研究范围已经超过了政府经济活动，还包括非政府公共部门的经济活动。当代财政学还出现了微观化的倾向，较多地涉及微观经济问题。

专栏 1-1

我国财政学说的发展

1949 年前，我国基本上处于引入西方公共财政学的阶段。我国学者从 20 世纪 20 年代起，开始编写财政学教材，但基本上是对西方财政学的编译，并不具有中国特色。对于财政概念的概括，以 1935 年尹文敬的《财政学》最具代表性：财政即国家或地方政府，当期欲满足共同需要时，关于所需经济的财货之取得管理及使用等各种行为之总称也。

1949 年之后，在中国有一定中国特色的财政理论逐渐形成。财政学流派有“国家分配论”、“货币关系论”、“剩余产品决定论”、“再生产论”、“社会共同需要论”等。这些理论的区别主要在于对财政本质的认识不同。在很长一段时间内，“国家分配论”占据了主流地位。“国家分配论”认为，财政是国家为了实现其职能（包括满足社会公共需要），运用政治权力，对一部分社会产品所进行的分配。提出建立社会主义市场经济的目标之后，“公共财政论”成为我国的主流财政理论。

“公共财政论”认为财政学应该在市场失灵的假设下构建。公共财政是弥补市场失灵的财政，是非营利性的财政，是一视同仁的财政，是法治化的财政。在中国，公共财政理论是在借鉴西方财政理论，结合国内财政实践活动而逐渐发展起来的。

三、关于财政与“公共财政”

前面已经说明，财政一词至今已经约定俗成地应用了100多年。在中国财政改革中，近年来人们提出了市场经济体制下的财政应是“公共财政”，并提出“构建公共财政框架”的命题，于是出现两个词同时并用，而且对两个词赋予了不同的含义，由此而引起一场学术争论。由于本书仍名之曰财政学，没有同时并用“公共财政”一词，需要做出必要的说明。“财政”与“公共财政”并用涉及三个方面的问题：

（一）有关英文“Public Finance”一词的译法问题

该词译为中文有意译和直译两种译法。意译时译为财政或财政学，这种译法的含义就是中文中的财政和财政学是由英文的“Public”和“Finance”两个词组成的。与此同时，也有人直译为公共财政或公共财政学，过去多是在书本上使用，实际工作中很少使用。这里有一点是清楚的，就是中文中财政与公共财政二词都是从国外引进的，都是来自英文“Public Finance”一词，而且习惯上是看作含义相同的两种不同译法。而目前提出计划经济体制下财政就是“财政”，市场经济体制下的财政应当是“公共财政”，也就是对同一个来源的两个词赋予不同的含义，这就不能不引起对“Public Finance”一词的中文译法的重新思考。问题是“Finance”这个词在中文中的用意十分广泛，含义不够确定，一般理解为“金融”，似乎只有加上一个定语才可以有确定的译法，如“Business Finance”译为企业财务，“Public Finance”译为财政。如果将由“Public”和“Finance”组成的英文词译为财政，再将同一个英文词译为公共财政，那么，从译法上说实际上是画蛇添足，“公共”两字是多余的。即使可以有两种译法，也不应当赋予两词以不同的含义。

（二）从理论上说，涉及财政学的发展方向问题

西方财政学进入20世纪50年代以后又称为“公共经济学”，它的内容基本上是财政学的提升和发展，那么，中国财政学的发展方向是借鉴“公共经济学”，还是另辟“公共财政学”？当年恩格斯指出是亚当·斯密的《国富论》创立了财政学（Public Finance）。斯密的经济观和国家观是大家所熟悉的，主张靠“看不见的手”自动调节经济，国家只作为“守夜人”。《国富论》的第五编专门研究财政问题，标题是《论君主或国家的收入》，其中主要内容是研究税收理论和国债理论，关于国家的费用列出了国防费、司法经费、公共机关费用和公共工程费用；关于公共工程，他指出“除上述国防及司法行政两方面所必需的公共设施和公共工程外，主要为便利社会商业，促进人民教育的公共设施和工程”。萨缪尔森在他1976年出版的《经济学》第十版中，对20世纪30年代的财政学曾有如下的评论：40年以前的经济学教科书中关于财政学的一章读起来还像是亚当·斯密时代写出的，从1776年到1929年没有什么看得出来的进步。由此看来，在自由资本主义时期，当时的财政学是建立在亚当·斯密的经济观和国家观的基础之上的，因而将“Public Finance”一词理解为“公共财政”，不论是作为财政学还是作为财政的一种类型，倒是名副其实的。然而，自从资本主义进入垄断阶段之后，特别是经历了20世纪30年代大危机和罗斯福新政的实施以及“凯恩斯革命”，政府的经济活动大为扩展，过去的所谓

"公共财政"越来越不能解释当代出现的新现象和新问题，人们已经开始酝酿建立一门公共经济学（Public Economics）来代替财政学。这是"公共财政"转向公共经济学的历史背景。至于理论方面，20世纪初逐渐形成的福利经济学和随后的凯恩斯主义，为公共经济学提供了理论基础和方法论。但直到马斯格雷夫于1959年出版《财政学原理：公共经济研究》才首次引入公共经济学概念，随后冠以公共经济学名称的著作陆续出版。值得注意的是，马斯格雷夫在该书的序言中曾表示，他一直不愿意把本书看作对财政学理论的研究，最好把本书看作对公共经济（Public Economy）的考察，而本书仍用财政学的标题，那只是为了避免读者感到称谓陌生的缘故。当然，关键不在于称谓的改变，而在于内容发生了时代性的变化。公共经济学主要是充实和增添了以"公共物品"为基础的支出理论，如公共物品的均衡模型、公共物品的最佳提供、成本-效益分析、公共定价、公共选择理论，还有社会保障制度和财政政策等，同时，这本书中首次提出了市场经济下财政的"三大职能"学说，即资源配置职能、收入分配职能和经济稳定职能。

应当说明，我们当今讲授的财政学已经不是借鉴亚当·斯密时代的财政学，而是借鉴公共经济学，即当代的财政学。

（三）公共财政一词的实际应用问题

显然，公共财政是针对计划经济时期的所谓"生产性财政"或"建设性财政"的提法而提出的，但提出"公共财政"之初，公共财政的含义是模糊不清的，有人质疑提出"公共财政"是否会导致"吃饭财政"，是否会和当时已经开始实施的积极财政政策相矛盾，从而忽视财政在经济建设中的作用。后来，经过讨论和争论逐步澄清"公共财政"的基本思路：一是，以满足公共需要为标准作为财政定位，逐步理顺政府（财政）与市场的关系，转变政府的经济职能和财政职能，构建公共财政的基本框架，切实解决过去财政的"越位"和"缺位"问题。二是，提出公共财政主要是强调财政的"公共性"，不是搞吃饭财政，因为任何社会和任何国家的财政都有一定比例的生产投资性支出。三是，不可一般地提出财政退出国有企业，因为财政投资即为政府投资，政府投资就要形成国有企业。四是，防止出现因"强调"财政的公共性而忽视财政关系中的利益冲突，必须认真对待并处理好多方面的利益关系。这样看来，在实际应用上，"公共财政"并没有在财政概念、财政改革和财政管理等词汇所表达的含义之外提出什么新的思路，因而本书没有使用"公共财政"一词。

第三节 财政学的性质、研究对象与研究方法

一、财政学的性质

首先需要明确，我们这里学习的是社会主义市场经济下的财政学。在市场经济体制下，市场是一种资源配置系统，政府也是一种资源配置系统，二者共同构成社会资源配置体系。而财政是一种政府的经济行为，是一种政府配置资源的经济活动，所以明确政府与市场的关系是学习财政学和研究财政问题的基本理论前提，不明确政府与市场的关系，就

难以说明为什么有市场配置还要有政府配置，政府配置有什么特殊作用，政府配置的规模多大为宜，政府采取什么方式配置资源，等等。

我国当前仍处于社会主义初级阶段，即不发达阶段。当前的主要任务是建设有中国特色的社会主义经济，就是在社会主义条件下发展市场经济，不断解放和发展社会生产力。我国是由计划经济体制转向市场经济体制的，要建设社会主义市场经济体制，首先要正确认识政府和市场的关系，而其中主要是市场与计划的关系问题。邓小平同志曾创造性地阐明了两者的关系："计划多一点还是市场多一点，不是社会主义与资本主义的本质区别。计划经济不等于社会主义，资本主义也有计划；市场经济不等于资本主义，社会主义也有市场。计划和市场都是经济手段。社会主义的本质，是解放生产力，发展生产力，消灭剥削，消除两极分化，最终达到共同富裕。"还指出："社会主义要赢得与资本主义相比较的优势，就必须大胆吸收和借鉴人类社会创造的一切文明成果，吸收和借鉴当今世界各国包括资本主义发达国家的一切反映现代社会化生产规律的先进经营方式、管理方法。"①

我国明确实行社会主义市场经济，如今仍处于体制转换过程中，因而必须从社会主义市场经济出发重新认识财政。实行社会主义市场经济，也就是由原来的计划经济体制转向市场经济体制，这个转变，是在坚持社会主义基本政治经济制度前提下资源配置方式的转变，因而从社会主义市场经济出发重新认识财政，也就是要从资源配置方式转变的角度重新认识财政。这是社会主义市场经济体制下财政体制改革和建设的基本出发点和立足点。

二、研究对象

财政学是一门应用理论学科，在学科体系中起着衔接一般经济理论课和财政专业课的中介作用：一方面将一般经济理论引向深化，另一方面对财政业务进行理论性分析。财政学的任务是阐明财政的基本知识、基本理论和基本管理技能。在现实经济生活中，人们经常接触的总是各种各样的财政现象，财政学自然要着眼于财政现象，从财政现象入手，但作为应用理论学科，它的视野不是囿于现象层次，而是要透过现象，探索本质，揭示支配这些现象的规律。

财政活动，或者说财政运行，是整个国民经济运行的一个部分，一个层次，或一个侧面。归根结底，是国民经济的运行决定财政的运行，它规定了财政运行的范围、目标和方式；财政运行也反过来影响国民经济的运行，直接影响投资、消费和进出口，影响 GDP 的增长速度、质量和结构，影响收入分配和各阶层之间的收入差距，影响经济的稳定和可持续发展。总之，经济决定财政，财政影响经济，财政与经济的关系是财政学的一条根本线索。但也应指出，在治学方法上，正如我国北宋的著名学者王安石所说"读经而已，则不足以知经"，财政现象是国民经济的综合反映，因而财政问题不仅是经济学问题，而且广泛地涉及政治学、行政学、法学、教育学、心理学等方面，只有具备广阔的知识面并且运用这些广阔的知识来综合分析财政现象，才可能透视财政现象的真谛。财政活动主要具体化为财政的收入和支出。财政收支均由若干项目构成，各收支项目得以成立的根据是

① 邓小平文选：第三卷. 北京：人民出版社，1993：373.

什么，各有什么特点，它们如何影响国民经济的运行，财政收支的平衡或不平衡怎样影响总供给和总需求的平衡关系，如此等等，都是财政学要研究的主要内容。政府在自己的收入和支出活动中，必须形成某些规则，并依据这些规则做出某些制度上的安排。例如，税制体系如何设置，如何发挥税收的收入功能和经济调节功能，支出管理制度如何制定，如何加强管理、提高支出效益，中央与地方的收支怎样划分，如何向人民反映国家财政活动，人民如何行使其对财政的监督权等都是财政学要回答的问题。

财政学的一个重点是研究财政政策。当然，研究财政政策不能不研究过去曾经实行的和当前正在实行的财政政策及其效果，但财政学关注的重点不是财政部门已经做了什么和正在做什么，也不是研究可供操作的政策设计，财政学研究政策的逻辑，是关注那些深藏在形形色色、往往朝令夕改的财政政策背后的稳定的规律性的东西。诸如，财政政策的目标是什么，为什么确定这些目标，可以采用哪些手段来实现这些目标，政策效力的传导机制是什么，政策效果如何以及怎样评价政策效果，财政政策如何同其他经济政策相配合，等等。简言之，财政政策的目标、手段、传导机制、效果，以及同其他政策手段的配合等，是财政学要研究的重点内容。

三、研究方法

这本《财政学》主要是提供给大学本科学生作为教材使用的，也可作为广大实际工作者的参考读物。作为教材，不是罗列财政现象，也不是制订解决实际问题的现成方案。如前所说，而是侧重阐述基本知识、基本原理和基本管理技能，有时也可能运用这些知识和原理直接回答现实中提出的问题，但更主要的是为学生开阔分析问题的思路，提供解决问题的原则和方法，以便为学生思考财政问题以及未来从事实际工作奠定一个良好的基础。从马克思主义观点看来，科学的方法论只有一个，就是唯物辩证法，这是自然科学研究和社会科学研究必须遵循的唯一科学的方法论。唯物辩证法要求我们一切从实际出发，从发展和联系上把握事物。在自然科学研究中贯彻这一方法，可以在最少受干扰的地方考察自然过程；或者，如有可能，则在保证过程以纯粹状态进行的条件下从事实验。在对经济现象和其他社会现象的研究中上述条件是不具备的，所以，“分析经济形式，既不能用显微镜，也不能用化学试剂。二者都必须用抽象力来代替”。①

于是，唯物辩证法体现在社会科学的研究上，就形成了一套从现象到本质、从具体到抽象地研究事物，再由本质到现象、由抽象到具体地描述事物的方法论体系。上述马克思主义的科学方法论，构成财政学的方法论基础。在本书中，马克思主义的科学研究方法具体化为实证分析与规范分析的统一。所谓实证分析，就是按事物的本来面目描述事物，说明研究对象“是什么”，它着重刻画经济现象的来龙去脉，概括出若干可以通过经验证明正确或不正确的基本结论。实证分析法运用于财政学，就是要按照财政活动的原貌，勾勒出从财政取得收入直至安排支出的全过程及其产生或可能产生的经济影响，说明财政活动同整个国民经济活动的相互作用，以及组织财政活动所建立的机构、制度和各种政策安排。规范分析要回答的问题是“应当是什么”，即确定若干准则，并据以判断研究对象目

① 马克思恩格斯全集：第23卷．北京：人民出版社，1972：8.

前所具有的状态是否符合这些准则，如果存在偏离，应当如何调整。规范分析运用于财政学，就是要根据社会主义市场经济这一制度前提，根据公平与效率这两大基本社会准则，来判断目前的财政制度是否与上述前提和准则相一致，并探讨财政制度的改革问题。当前是一个科学迅猛发展的时代，科学研究方法也在不断创新。经济学的研究，已经突破主要依赖于分析现实世界的经济现象的传统研究方法，有越来越多的研究工作者尝试将经济研究搬入实验室，用实验的方法研究经济学，从而开创了实验经济学的新领域。美国乔治·梅森大学教授弗农·史密斯，由于在奠定实验经济学基础方面做出的突出贡献而获得2002年的诺贝尔经济学奖。史密斯将经济分析引入实验室，发展了一系列的经济学实验方法，并为通过实验进行可靠的经济学研究确定了标准，提倡在实施经济政策前可以先在实验室进行模拟运行，如是否开放电力市场，是否对公共部门私有化等，都可以将实施方案在实验室模拟运行而后再做出决策。

本教材应用的具体分析方法是理论与实际相结合、规范分析与实证分析相结合、定性分析与定量分析相结合、纵向对比与横向对比相结合等，并提供一定的统计资料，供读者学习和研究时参考。

【本章小结】

财政学是研究财政收支活动及其对经济运行所产生影响的经济学分支学科，也称公共部门经济学或者公共经济学。

财政学是国家或政府为主体的分配活动，其基本特征可以概括为三个方面：财政分配的主体是国家或政府；财政分配的对象是部分社会产品与服务；财政分配的目的是满足社会公共需要。

财政伴随着国家的产生而产生，财政活动已有了数千年的历史，而成为一门独立学科则始于《国富论》的出版。西方财政学说的发展至今经历了古典学派时期、凯恩斯学派时期和以货币学派、供给学派、公共选择学派等为代表的新自由主义学派时期。

财政学的研究内容主要包括财政基本理论、财政收支活动、财政制度和财政政策。在财政学的研究中，需要采取实证分析与规范分析相结合，定性分析与定量分析相结合的研究方法。

【复习思考题】

1. 简述财政的一般概念。
2. 简述财政的基本特征。
3. 简述西方财政学说的形成与发展过程。
4. 简述财政与“公共财政”的关系。

【阅读书目】

1. 陈共．财政学．北京：中国人民大学出版社，2015.
2. 寇铁军．财政学教程．大连：东北财经大学出版社，2006.
3. 哈维·罗森．财政学．6版．赵志耘，译．北京：中国人民大学出版社，2003.

4. 高鸿业．西方经济学（微观部分·第6版）．北京：中国人民大学出版社，2014.
5. 曼昆．经济学原理：微观经济学分册．6版．梁小民，梁砾，译．北京：北京大学出版社，2012.

第二章　财政学的福利经济学基础

【学习目的与要求】

1. 理解帕累托效率的含义
2. 掌握福利经济学的基础

【教学重点与难点】

1. 帕累托最优
2. 生产、交换的帕累托最优条件
3. 福利经济学的思想

政府从事的经济活动多种多样，有必要确立某种一般的理论框架，评估各种政府活动的合意性和有效性。如果没有这种系统框架，各种政府方案就只能就事论事，无法得到前后连贯的经济政策。

第一节　资源配置与帕累托效率

一、帕累托效率

人类的生存和发展离不开各种资源，而社会资源的数量是有限的，即资源存在着稀缺性。正是由于稀缺性的存在，人们不得不考虑如何能够利用有限的资源来满足人类无穷的欲望，因此，效率问题成为人类社会的一个永恒主题。我们用帕累托效率来衡量资源的最佳状态。经济学家帕累托认为，如果有某种资源配置状态，任何可行的调整都无法使得调整之后的一些人的境况变好，而其他任何人的至少不变坏，这种状态就是最好的。我们把这种资源配置状态称为帕累托最优或者帕累托效率。如果有某种资源配置状态，通过一定的调整能使一些人的境况得到改善，而其他人的境况至少不变坏，我们就可以肯定地说，调整后的状态优于调整前的状态。我们把符合这一性质的调整称为帕累托改进。能够进行帕累托改进的状态肯定不符合帕累托最优，而帕累托最优是无法进行帕累托改进的资源配置状态。

要衡量资源配置是否达到帕累托效率，我们通常采用一般均衡分析和局部均衡分析的方法。在一般均衡分析中，我们使用三个标准，即是否同时满足生产效率、交换效率和产品组合效率。其中，生产效率是指在现有资源和技术条件的限制下，不同的产品应怎样被每个人所利用才最为理想；产品组合效率是指在产出给定的条件下，什么样的产品组合才能最大限度地满足社会的要求和愿望。从局部均衡分析的角度考察，实现资源配置的帕累托效率的条件是每一种产品的社会边际收益等于其社会边际成本。

二、理想的市场

完全竞争市场是指一种竞争不受任何阻碍和干扰的市场结构，在市场中，每个人不论是消费者还是生产者，都谋求自身利益的最大化。完全竞争市场需要具备的基本条件有：

(1) 有大量的买者和卖者。市场上有大量的买者和卖者，因此，经济权利是分散的，每个买者的需求数量和每个厂商的供给数量都只占很小的市场份额，任何一个买者或者卖者都无法单独影响价格。

(2) 产品同质无差别。所有厂商都只向消费者提供一种标准化的产品，任何厂商如果把价格提高到市场价格之上，就必然失去市场。

(3) 要素自由流动。厂商可以自由进入市场，也可以无障碍地退出市场，要素具有完全的流动性。

(4) 信息完备充分。参与市场活动的双方都可以自由地得到相关信息，买者和卖者对偏好、收入、产品的价格、质量、性能、成本和技术等相关信息完全了解和清楚。

(5) 生产者和消费者的行为是理性的。在完全竞争市场中，消费者和生产者都一致地追求效用最大化和利润最大化，各个经济主体的行为都是理性的。

(6) 经济利益可分，所有权确定。产品可以分为许多能够购买的单位，物品的所有权具有确定性，从而保证产品的经济利益和成本能以价格来计算。

由于完全竞争市场具备了上述条件，我们可以通过对完全竞争市场进行一般均衡和局部均衡分析，以考察资源配置效率是否达到了帕累托最优。通过分析，我们可以发现，完全竞争市场体系中的产品生产和资源配置满足生产效率、交换效率和产品组合效率，社会从某种产品消费中得到的边际收益与产出这种产品所付出的边际成本相等，即这种市场体系符合帕累托效率的标准，因此，完全竞争市场是一种理想的市场，在这个体系中，市场机制这只“看不见的手”可以发挥出完美的作用。

第二节　资源的帕累托有效配置与公平

大部分财政研究使用的框架是福利经济学，它是研究各种经济状态的社会有效性的经济理论的一个分支。本章将简要介绍福利经济学的基本原理。这一理论用来区分在什么条件下市场可能运行良好，在什么条件下市场不能产生有效的结果。

一、纯交换经济

我们首先考查一种非常简单的经济。在这种经济中，只有两个人，消费两种供给固定的商品。这里，唯一的经济问题是把这两种商品配置给这两个人。两人两物模型虽然简单，但由此得到的重要结论也适用于多人多物的经济。分析两人情形，是因为它比较简单。

两人是甲和乙，两物是 A 和 B。用艾奇沃斯框图（Edgeworth Box）这种分析工具，描绘 A 和 B 在甲和乙之间的分配。在图 2-1 中，艾奇沃斯框图的长度为 O_s，表示经济中现有的A的总量；其高度为O_r，表示产品B的总数。A消费的物品数量由距O点的距离表示；B消费的物品数量由距O'点的距离表示。例如在v点，甲消费O_u量B和O_x量A产品，乙消费O_y'量A和O_w'量B产品，因此，埃奇沃思框图内的任意一点，表示产品甲和乙在消费者甲和乙之间的某种配置。

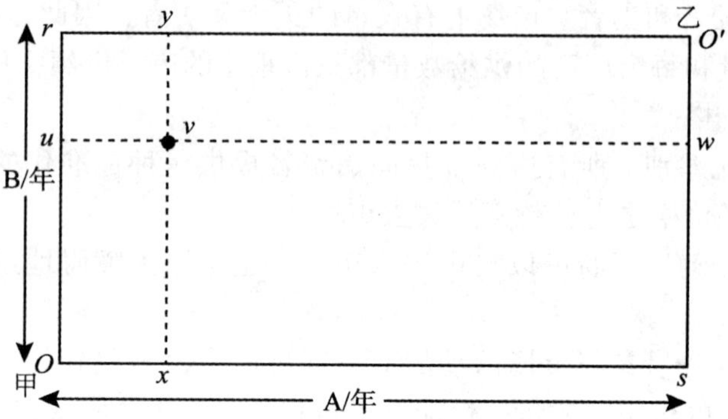

图2-1　艾奇沃斯框图

现在假定，甲和乙各有一组传统形状的无差异曲线，分别表示他们对产品A和B的偏好。在图2-2中，两组无差异曲线都放入埃奇沃思框图。甲的无差异曲线用M表示，乙的无差异曲线用N表示。数越大的无差异曲线，表明幸福程度（效用水平）越高。甲处于无差异曲线M_3，比处于M_1和M_2更幸福。乙处于N_3，比处于N_1和N_2更幸福。一般来说，乙的效用随着其位置向左下方移动而提高，甲的效用随着其位置向右上方移动而提高。

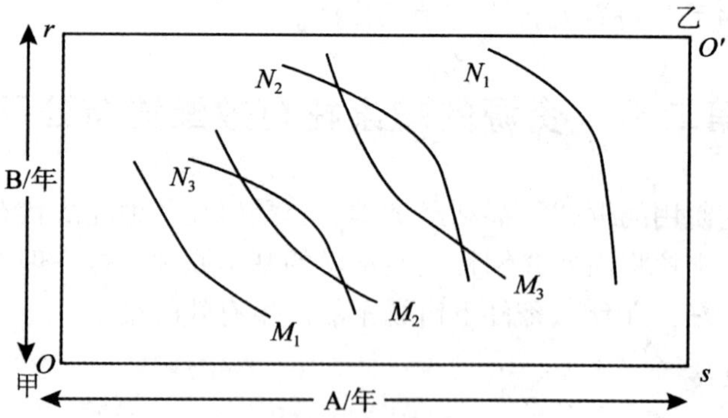

图2-2　放入无差异曲线的埃奇沃思框图（一）

假设任意选择A和B的某种分配——比如说在图2-3中的g点。M_g是经过g点的甲的无差异曲线，N_g是乙的无差异曲线。现在的问题是，能否在甲和乙之间重新配置A和B，使甲的境况变好而乙的境况不会变坏？可以看出，这种配置位于h点。在h点，甲的境况变好，因为对他来说，无差异曲线M_h代表的效用水平高于M_g代表的效用水平。另一方面，乙的境况没有变坏，因为 h 点仍在他原来的无差异曲线 N_g 上。

在不损害乙的情况下，甲的福利还能进一步提高吗？只要能使甲的无差异曲线进一步向右上方移动而乙仍停留在 N_g 上，这就是可能的。这个过程可一直持续到甲的无差异曲线与 N_g 相切为止，该切点就是图 2-3 中的 p 点。如果要使甲位于比 M_p 更高的无差异曲线上，唯一的办法就是使乙处于比较低的无差异曲线上。像 p 点所代表的这种配置被称为帕累托效率（Pareto efficient），因为在该点上，要使一个人的境况变好，唯一的办法就是使另一个人的境况变坏。帕累托效率常被用做评价资源配置合意性的标准。如果资源配置没有达到帕累托效率，那么，在不伤害任何其他人的情况下可能使某人的境况变好，从这个意义上说，这是一种“浪费的”资源配置。每当经济学家使用“效率”这一词时，通常暗指的是帕累托效率。

与此相关的一个概念是帕累托改进（Pareto improvement），其含义是：重新配置资源能使某人的境况变好而不使其他任何人的境况变坏。在图 2-3 中，从 g 点移动到 h 点、从 h 点移动到 p 点，都属于帕累托改进。

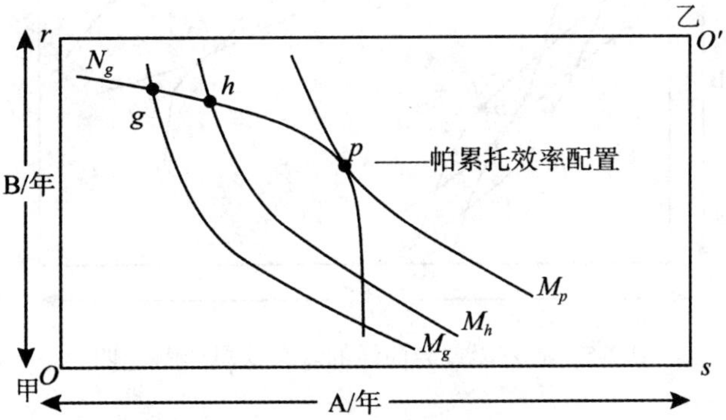

图 2-3 放入无差异曲线的埃奇沃思框图（二）

至此，我们分析的是使一个人的境况变好而使其他人的效用水平保持不变的无差异曲线的移动。在图 2-4 中，考察从 g 点开始，使甲和乙的境况都变好的重新配置情况。例如，在 p_2 点，甲的境况比在 g 点更好（M_{p2} 在 M_g 的右上方），乙也是如此（N_{p2} 在 N_g 的左下方）。P_2 点就代表帕累托效率，因为在该点已经不可能使任何一个人的境况变好而不使另一个人的境况变坏。现在我们应当很清楚，从 g 点开始，可以找到一组帕累托效率点，这些点反映的是各方从资源重新配置中获得的利益不同。

上述的起始点 g 是任意选定的。还可以从任何点开始，重复这个程序寻找帕累托效率配置。假定图 2-5 中的 k 点是初始配置点，可以找到帕累托效率配置点 p_3 和 p_4。以此类推，就可以在埃奇沃斯框图中找到所有帕累托效率点。所有帕累托效率点的轨迹称为契约曲线（contract curve），如图 2-6 中的 mm 线所示。请注意，如果某一配置点是帕累托效率的（在 mm 线上），它必然是甲和乙的无差异曲线刚好相切的点。用数学语言来说，这两条无差异曲线相切——无差异曲线的斜率相等。

用经济学术语来说，无差异曲线斜率的绝对值指的是一个人愿意以一种商品换取另一

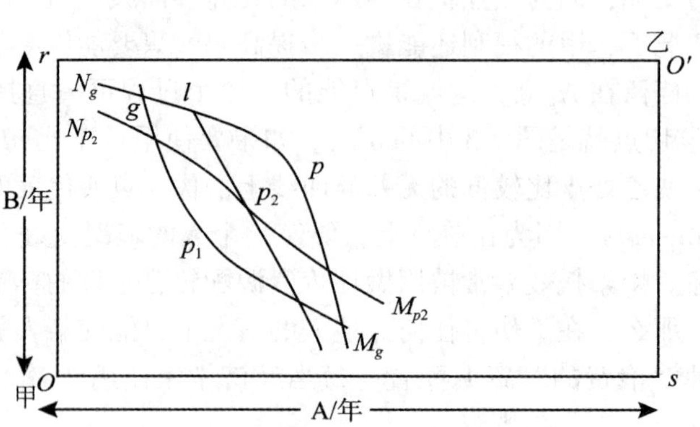

图 2-4　放入无差异曲线的埃奇沃思框图（三）

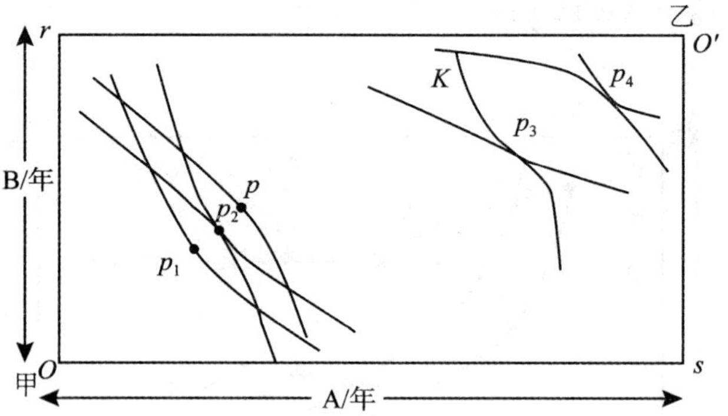

图 2-5　放入无差异曲线的埃奇沃思框图（四）

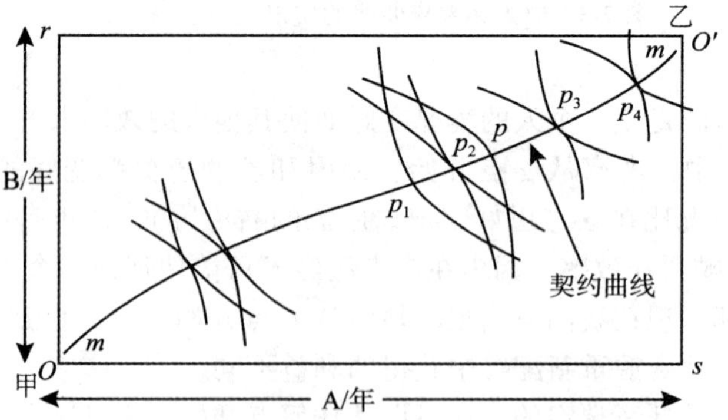

图 2-6　放入无差异曲线的埃奇沃思框图（五）

种商品额外数量的比率，即边际替代率（Marginal Rate of Substitution，MRS）。因此，帕累托效率要求所有消费者的边际替代率都相等，即

$$\mathrm{MRS}_{\mathrm{AB}}^{甲} = \mathrm{MRS}_{\mathrm{AB}}^{乙} \tag{2-1}$$

式中，$\mathrm{MRS}_{\mathrm{AB}}^{甲}$表示甲用 A 交换 B 的边际替代率；$\mathrm{MRS}_{\mathrm{AB}}^{乙}$表示乙的边际替代率。

二、生产经济

至此，我们的分析一直假定，所有商品的供给都是固定的。如果生产要素可以在 A 和 B 的生产之间转换，使得两种商品的数量可变。那么，情况会怎样？在生产要素得到有效利用的前提下，如果生产较多的 A，那么 B 的生产必然要下降；反之亦然。生产可能性曲线表明的就是，在 A 的生产量既定的情况下所能生产出来的 B 的最大数量。在图 2-7 中，*Cc* 线是一条典型的生产可能性曲线。如图 2-7 中，该经济的一种可能选择是生产 O_w 的 B 和 O_x的 A。该经济可以把 A 的生产量从 O_x增加到 O_z，增加 *xz*。为此，生产要素必须从 B 的生产转到 A 的生产上。如果 A 的产量增加 *xz*，B 的产量就得下降 *wy*。*wy* 与 *xz* 的比率就是所谓的 A 取代 B 的边际转换率（Marginal Rate of Transformation，MRT），因为它表明该经济能将 A 生产转换为 B 生产的比率。正如 MRS_{AB}表示的是无差异曲线斜率的绝对值一样，MRT_{AB}表示的则是生产可能性曲线斜率的绝对值。

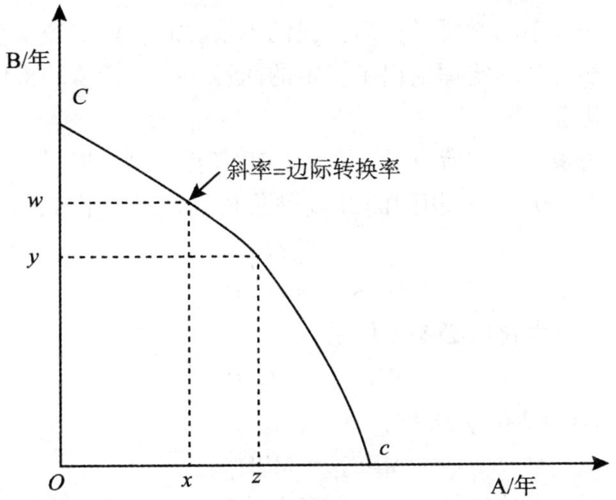

图 2-7　生产可能性曲线

用边际成本（Marginal Cost，MC）表示边际转换率很有用。边际成本是指增加一单位产量所增加的生产成本。如前所述，社会只要放弃 *wy* 的 B 商品，就能使 A 商品的产量增加 *xz*。实际上，距离 *wy* 代表的是生产 A 的增量成本，以 MC_A表示。同样，距离 *xz* 是生产 B 的增量成本，用 MC_B表示。根据定义，生产可能性曲线斜率的绝对值是距离 *wy* 除以距离 *xz*，或 MC_A/MC_B。根据同样的定义，生产可能性曲线斜率的绝对值是边际转换率。因此，我们有：

$$MRT_{AB}=MC_A/MC_B \tag{2-2}$$

生产可变情况下的效率条件：如果 A 和 B 的生产是可变的，那么，交换的帕累托效率的条件就必须加以扩展，该条件变为：

$$MRT_{AB}=MRS_{AB}^{甲}=MRS_{AB}^{乙} \tag{2-3}$$

用一个算术例子说明这是为什么。假定在某一既定的配置点上，甲的 MRS_{AB}是 1/3，MRT_{AB}是 2/3。根据 MRT_{AB}的定义，在该配置点上，要多生产 2 个单位的 B 商品，就得放弃 3 个单位 A 商品的生产。根据 MRS_{AB}的定义，如果甲额外放弃 3 个单位 A 商品，他只需 1 个单位 B 商品就能维持原有的效用水平。因此，甲放弃 3 个 A 商品，换取 2 个单位 B 商品，他的境况就能变得更好。在这一过程中，没有任何人的境况变差。只要边际替代率不等于边际转换率，这种交换就总是可能存在的。只有当每条曲线的斜率相等时，才不可能有帕累托改进。因此，$MRT_{AB}=MRS_{AB}$是帕累托效率的必要条件。A 商品转换为 B 商品的比率（MRT_{AB}）必须等于消费者愿意以 A 商品换取 B 商品的比率（MRS_{AB}）。

利用式（2-2），帕累托效率的条件也可以用边际成本的概念重新表述。将式（2-2）带入式（2-3），就可得到帕累托效率的必要条件：

$$MC_A/MC_B = MRS_{AB}{}^{甲} = MRS_{AB}{}^{乙} \tag{2-4}$$

三、福利经济学第一基本定理

讨论过实现帕累托效率的必要条件后，我们不禁要问，现实经济会自动达到这种最优的状态吗？福利经济学的基本定理给出了肯定的回答：完全竞争的市场条件会自动产生资源配置的帕累托最优状态。

在完全竞争的市场条件下，所有的消费者和生产者都面临相同的价格，假设甲和乙要支付相同的 A 商品价格（P_A）和相同的 B 商品价格（P_B）。那么，使消费者甲的效用最大化的必要条件是：

$$MRS_{AB}{}^{甲} = P_A/P_B \tag{2-5}$$

使消费者乙的效用最大化的必要条件是：

$$MRS_{AB}{}^{乙} = P_A/P_B \tag{2-6}$$

合并式（2-5）和式（2-6），得到：

$$MRS_{AB}^{甲} = MRS_{AB}^{乙}$$

甲的边际替代率等于乙的边际替代率是实现帕累托效率的必要条件之一，与式（2-1）相同。

要实现帕累托效率，除了考虑消费方面，还要考虑生产方面。从生产者的角度看，在完全竞争的市场条件下追求利润最大化，必然导致均衡产量达到边际成本和价格相等对应的产量水平。因此，生产 A 商品的价格（P_A）会等于 A 的边际成本（MC_A），即 $P_A=MC_A$；生产 B 商品的价格（P_B）会等于 B 的边际成本（MC_B），即 $P_B=MC_B$。由此，$MC_A/MC_B=P_A/P_B$。由式（2-2）可知，MC_A/MC_B是边际转换率。故 $MRT_{AB}=P_A/P_B$，再结合式（2-5）和式（2-6），得到：

$$MRS_{AB}{}^{甲} = MRS_{AB}{}^{乙} = MRT_{AB} \tag{2-7}$$

这也是帕累托效率的必要条件。竞争连同所有个体的最大化行为，导致了效率结果。

四、公平与福利经济学第二基本定理

如果运行良好的竞争市场能有效地配置资源，那么政府在经济中还要起什么作用呢？似乎只需要一个规模很小的政府，其主要职能是保护产权，使市场能起作用。政府提供法律和秩序、司法制度以及国防，其他活动都是多余的。然而，这种推理的基础是对第一福利定理的肤浅理解，实际上情况复杂得多。首先，这种推理暗含的假定是：效率是判断某种资源配置好坏的唯一标准。可是，帕累托效率本身是否合意并不清楚。

为说明这一点，回到每种商品总量是固定的这个简单模型上。请看图 2-8，再现了契约曲线 mm，比较 p_s和 q 这两个配置点。由于 P_s在契约曲线上，根据定义，它是帕累托效率点，相反 q 不是帕累托效率点。那么，p_s点的配置就比较好吗？这取决于“比较好”的含义是什么。如果社会偏好相对平等的实际收入分配，那么，q 可能好于 P_s，哪怕 q 并不是帕累托效率点。相反，社会也许根本不关心收入分配，或许社会对乙的关系甚于甲，在这种情况下，P_s可能优于 q。

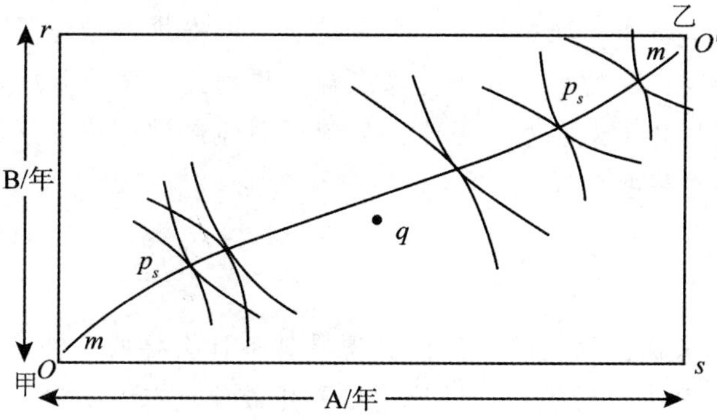

图 2-8　效率与公平

问题的关键在于，帕累托效率标准本身不足以对各种资源配置进行排序。相反，关于效用的分配是否公平，却需要明确的价值判断。要正式阐明这一概念，请注意，契约曲线隐含地界定了如下关系，即在乙的每一效用水平下，甲所能取得的最大效用量。在图 2-8 中，乙的效用用横轴表示，甲的效用用纵轴表示，曲线 UU 是根据契约曲线推导出来的效用可能性曲线。它表明，在一个人的效用水平既定时，另一个人所可能达到的最大效用水平。

社会可以获得位于或低于效用可能性曲线的所有点，但所有在该曲线之外的点都达不到。根据定义，UU 曲线上的所有点都是帕累托效率点，但它们代表的甲和乙的收入分配却极不相同。哪一点最好？回答这个问题的传统方法是假定一种社会福利函数，该函数体现了社会对甲和乙应得到多少的看法。

第一福利定理表明，运行良好的竞争制度会使某种资源配置位于效用可能性曲线上。然而，即使这种资源配置有效率，它也不一定能使社会福利最大化。

为了实现社会福利最大化，政府有必要直接干预市场吗？根据福利经济学第二定理，政府对初始资源禀赋进行适当的安排，然后放手让市场自行发挥作用，就能达到效用可能性边界上的任何一点。

第二福利定理很重要，因为它的含义至少在理论上是说效率和分配公平的问题可以分开。如果社会决心使现行资源分配不公平，就无须干预市场价格并损害效率。相反，社会只需以被认为是公平的方法在人们之间转移资源就行了。当然，政府需要以某种方法再分配资源，如果仅有的可利用机制（如税收）本身就造成无效率，则会出现问题。

【本章小结】

福利经济学研究不同经济状态的合意性。如果不使他人的境况变坏就不能使一个人的境况变好，这就实现了帕累托效率配置。福利经济学的第一基本定理指出，在某些条件下，竞争市场机制会产生帕累托效率结果。尽管帕累托效率很有吸引力，但并没有明确的理由可以作为伦理标准。基于公平或其他某种标准，社会也许倾向于无效率的配置。社会福利函数概括的是对每一社会成员效用的社会偏好，用来选择使社会福利最大化的资源配置。福利经济学的第二基本定理指出，社会通过适当地安排初始资源禀赋，然后让人们彼此自由地交易，就可以实现帕累托效率资源配置。福利经济学的基础是个人主义的社会哲学，对取得结果的过程并不太在意。因此，尽管福利经济学为政策分析提供了一个系统而有用的框架，但还存在一些争议。

【复习思考题】

1. 什么是帕累托最优？满足帕累托最优需要具备什么样的条件？
2. 为什么完全竞争的市场机制可以导致帕累托最优状态？
3. 试说明福利经济学在西方微观经济学中的地位。

【阅读书目】

1. 哈维·S. 罗森，特德·盖亚．财政学．10版．郭庆旺，译．北京：中国人民大学出版社，2015.

2. C. V. 布朗，P. M. 杰克逊．公共部门经济学．4版．张馨，等，译．北京：中国人民大学出版社，2000.

3. 陈共．财政学．8版．北京：中国人民大学出版社，2015.

4. 寇铁军．财政学教程．大连：东北财经大学出版社，2015.

5. 吴俊培，许建国，杨灿明．现代财政学．北京：中国财经出版社，2001.

6. 大卫·N. 海曼．财政学：理论在政策中的当代应用．张进昌，译．北京：北京大学出版社，2006.

7. 罗宾·鲍德威，戴维·威迪逊．公共部门经济学．2版．邓力平，译．北京：中国人民大学出版社，2000.

8. 刘怡．财政学．北京：北京大学出版社，2016.

9. 刘宇飞．当代西方财政学，北京：北京大学出版社，2003.

10. 高鸿业．西方经济学（微观部分·第6版）．北京：中国人民大学出版社，2014.

11. 曼昆．经济学原理：微观经济学分册.6版．梁小民，梁砾，译．北京：北京大学出版社，2012.

第三章　公共需求与公共物品

【学习目的与要求】

1. 理解公共需求与私人需求的区别
2. 掌握公共物品的含义及特征
3. 了解公共选择理论的主要观点

【教学重点与难点】

1. 公共产品的特征
2. 公共物品的分类
3. 公共物品的提供
4. 公共选择理论

第一节　公 共 需 求

一、公共需要与私人需要

公共需要是和私人需要相对应的。市场与政府作为两种资源配置方式，它们的运行机制是不同的，但它们的目标却是共同的，即都是为了满足人类社会的需要，实现公平与效率兼顾的目标。人类社会的需要尽管五花八门，但从最终需要来看无非是两类需要：一类是私人的个别需要，一类是社会的公共需要。在现代市场经济条件下，由市场提供私人物品用于满足私人的个别需要，由国家机关和公共部门提供公共物品用于满足社会的公共需要。

公共物品与公共需要是财政学的两个基础性概念，二者是一个事物的两个方面，公共物品是从供给方面表达的，公共需要则是从需求方面表达的。这里需要说明一下，有了公共物品的概念，为什么还要提出公共需要的概念？这是因为：第一，我们是研究经济学的，要通过“物”的关系来透视人们的社会关系，而公共物品是指商品和服务的使用价值形态，而它们的社会性需要通过以货币表现的价值形态来体现。例如，在当前市场经济条件下，国家机关和公共部门提供公共物品，不是实物供给，而是通过货币形式的征税和拨款等财政收支过程提供的。因而提出公共需要的概念是为了明确提供公共物品的目的，并有利于从货币价值形态上分析提供公共物品所体现的社会关系。第二，我们这里是研究财政学的，需要说明，提供公共物品是所有国家机关和公共部门的职责，而财政部门并不直接生产或提供公共物品，而是为国家机关和公共部门提供经费和资金，通过各机关和部门提供公共物品，最终满足社会的公共需要。因此，公共需要概念对于财政学更为确切和适用。本书引进并界定了公共需要概念①并非空穴来风，而是有理论依据的。当今美国著名财政学家理查德·A. 马斯格雷夫在研究财政职能时曾明确提出公共需要与私人需要的区别。他说："以资源利用的决定为转移并以私人需要与公共需要之间的区别为基础。这种区别是我们所关心的，因为这是财政职能的核心。"② 马克思在谈到社会产品的分配方式时曾提出"一般社会需要"的概念："在任何一种社会生产（例如，自然发生的印度公社的社会生产，或秘鲁人的多半是人为发展起来的共产主义的社会生产）中，总是能够区分出劳动的两个部分，一个部分的产品直接由生产者及其家属用于个人的消费，另一个部分即始终是剩余劳动的那个部分的产品，总是用来满足一般的社会需要，而不问这种剩余产品怎样分配，也不问谁执行这种社会需要的代表的职能。"③ 马克思在这里将社会产品分为"个人需要"和"社会需要"两个部分，为经济分析提供了一种科学的研究方法。至于用词，在当前市场经济条件下，应用社会公共需要来表达"一般的社会需要"显然更为确切。

二、公共需要的特征

如前所说，社会的公共需要是相对于私人的个别需要而言的，它具有以下的特征：(1) 公共需要是社会公众在生产、生活和工作中的共同的需要，它不是普通意义上的人人有份的个人需要或个别需要的数学加总，而是就整个社会而言，为了维持社会经济生活和社会再生产的正常运行，也为了维护市场经济的正常秩序，必须由政府集中执行和组织的社会职能的需要。(2) 公共需要是每一个社会成员可以无差别地共同享用的需要，一个或一些社会成员享用并不排斥其他社会成员享用。(3) 社会成员享用社会公共需要也要付出代价（如交税或付费），但这里的规则不是等价交换原则，各社会成员的付出与其所得是不对称的，不能说谁多付出就多享用，少付出少享用，不付出就不得享用。(4) 满足公共需要是政府的职责，所以，满足公共需要的物质手段，只能是通过政府征税和收费支撑的由国家机关和公共部门提供的公共物品。

三、公共需要的范围

公共需要涵盖的范围颇广，包括政府执行其职能以及执行某些社会职能的需要。诸如行政、国防、文化教育、卫生保健、生态环境保护的需要，也包括基础设施、基础产业、支柱产业和风险产业的投资，从广义上讲，还包括政府为调节市场经济运行而采取的各种措施和各项政策提供的服务，等等。

四、公共需要既是共同的，又是历史的、特殊的

一般地说，公共需要在任何社会形态下都是存在的，不因社会形态的更迭而消失，这

---

① 见四川出版社 1991 年出版的高等学校财经类专业核心课教材《财政学》第二章。

② 马斯格雷夫．比较财政分析．上海：上海人民出版社，1996：4.

③ 马克思．资本论：第 3 卷．2 版．北京：人民出版社，2004：993-994.

是共同性。公共需要又总是特殊的，即具体地存在于特定的社会形态之中。对它的历史性可以沿着两条线索去探讨：一是社会生产力发展的线索，研究在一个个具体的经济发展阶段上，社会产生了或可能产生怎样一些公共需要；另一条是生产关系变迁的线索，研究在一个个具体的社会形态下，统治阶级或集团如何以社会公共需要的名义将剩余产品的分配做有利于本阶级或集团的安排。在经济发展的不同阶段上，除保证执行国家职能那部分需要外，社会公共需要的主要内容是在不断发展变化的。在传统社会中，农业是国民经济的主导部门，提供农业正常发展的条件，是这一阶段主要的社会公共需要，农田水利建设几乎无一例外地是这一时期的一项重要财政支出。祭祀天地也常常耗去国家的大量资财，那时主宰一切的皇帝以至下属官民都存在一个共同的观念，认为他们的生产条件和生活条件是由天地之灵在冥冥中控制着的，对天地保持敬意并给以物质的贡献是天经地义的。在经济起飞阶段，工业上升为国民经济的主导部门，人们从工业发展的实践得知，扩大投资是推动经济发展的主要动力，这一认识塑造了经济起飞阶段的社会公共需要的模式。观之当今的发展中国家，政府无不把提供工业发展所需要的社会基础设施引为己任，并在主要工业部门直接投入大量资金。当经济发展进入发达阶段以后，物质财富增长的主要动力则来自科学技术，人们对社会生活福利的评价，也不再只注意物质财富的数量增长，而是日渐重视质量的提高，于是发展科学教育，提供高质量的生活福利条件，保护生态环境，越来越构成公共需要的主要内容。社会形态的变迁对公共需要的历史规定性，主要不在于各社会形态下的公共需要内容上的差异，而是表现为占统治地位的阶级或集团将自身的需要说成是社会公共需要，或将公共需要攫取为自身的需要。在奴隶社会和封建社会中，作为社会成员集合体的“国”和统治者的“家”是不分的，朕即国家，君主将家族的需要也宣称为公共需要，并通过横征暴敛来满足这种需要。在财政领域，资本主义的历史功绩之一，在于将统治者个人及家族的需要同社会公共需要区分开来，还为公共需要提供了显示或决定的途径。但是，代议制并不能完全反映公共需要的真谛，通过这一制度满足的公共需要也确有一些是“公共的”，但同时又通过这一制度将公共需要向那些操纵国家预算审批过程的阶级或集团倾斜。社会主义制度是以公有制为主导的广大劳动人民当家做主的制度，经济制度的本质决定了社会公共需要能够充分显示它的本来面貌，并通过不断完善民主化和法制化的进程给以保证。

第二节　公 共 物 品

一、公共物品与私人物品

公共物品是和私人物品相对应的。人类社会需要各式各样的商品和服务，例如，吃的食品，穿的衣服，居住的房屋，人行和车行的道路，文化、教育和卫生保健服务，社会行政管理服务和维持社会秩序，国土、领海、领空的安全，等等。从商品和服务需求的主体来看，有的是各社会成员的个人的需要，如吃的食品、穿的衣服，有的则是一种集体的社会性的共同需要，如国防和社会安定。从商品和服务的供给渠道来看，在市场经济体制下，凡是市场上有的东西人们可以到商店购买，但由于存在市场失灵，有些商品和服务市场不能提供，或不适于由市场提供，则必须由政府系统通过本身的特殊运行机制来提供。因此，人类社会需要的各式各样的商品和服务，依据需求主体和供给渠道的不同，可以分为公共物品和私人物品两大类：由市场供给用来满足个别人需要的商品和服务称之为私人物品，由国家机关和政府部门——公共部门提供用来满足社会公共需要的商品和服务称之为公共物品。“公共物品（public goods）是这样一些产品，不论每个人是否愿意购买它们，它们带来的好处不可分开地散布到整个社区里；相比之下，私人物品（private goods）是这样一些产品，它们能分割开并可分别地提供给不同的个人，也不带给他人外部的收益或成本。公共物品有效率的供给通常需要政府行动，而私人物品则可以通过市场有效率地加以分配。”①

二、区分或辨别公共物品和私人物品的标准

区分或辨别公共物品和私人物品通常应用两个基本标准：一是排他性和非排他性；二是竞争性和非竞争性。私人物品具有排他性和竞争性，公共物品具有非排他性和非竞争性。排他性是指个人可以被排除在消费某种物品和服务的利益之外，当消费者为私人产品付钱购买之后，他人就不能享用此种商品和服务所带来的利益。竞争性是指消费者的增加将引起生产成本的增加，每多提供一件或一种私人物品，都要增加生产成本。非排他性，即一些人享用公共物品带来的利益而不能排除其他一些人同时从公共物品中获得利益，例如，每个公民都可以无差别地受益于国防所提供的安全保障，每个适龄儿童都有权利和义务接受政府提供的义务教育，等等。有些公共物品虽然经过技术处理可以具有排他性，但有时排除成本太高，因而在经济上不可行。公共物品的非排他性意味着可能形成“免费搭车（free-rider）”现象，即免费享用公共物品的利益。非竞争性，即消费者的增加不引起生产成本的增加，或者说，提供公共物品的边际成本为零。纯私人物品和纯公共物品可以做如下表示：

纯私人物品：

$$X_j = \sum_{i=1}^{n} X_j^i \tag{3-1}$$

式（3-1）中，X_j为商品和服务的总量；X_j^i为第 i 个消费者对这种商品和服务的消费（拥有）量。此公式表明：（1）商品 X_j的总量等于每一个消费者 i 对这种商品和服务的消费数量之和；（2）私人物品在个人之间是可分的。

纯公共产品：

$$X_{n+j} = X_{n+j}^i \tag{3-2}$$

此公式说明：（1）任何一个消费者 i 都可以支配公共物品的总量 X_{n+j}；（2）公共产品在个人之间是不可分的。

三、混合物品

公共物品与私人物品是社会产品中典型的两极。许多公共物品同时具有上述的两种特征，属于纯公共物品，但也有些物品兼备公共物品与私人物品的特征，因而称之为混合物

① 保罗·A. 萨缪尔森，威廉·D. 诺德豪斯．经济学（上）．14 版．胡代光，等，译．北京：北京经济学院出版社，1996：571.

品或准公共物品。其中有些物品具有非竞争性而不具有非排他性。例如，一座桥梁，在不过分拥挤的条件下，多出一辆车通行，并不影响其他车辆的正常通行，也就是增加一辆车通行并不增加边际成本，具有非竞争性；但要阻止车辆通行也是可能的，只要设置一个岗亭即可做到，所以又具有排他性。其中有些物品只具有不充分的非竞争性和非排他性，这种特征往往是由过分拥挤和外部效应两种不同情况引起的。前一种情况可以用桥梁为例，该桥梁通行的车辆已经接近或超过负荷能力，如若再增加通行车辆，则必须增加执勤人员来缓解通行的车流量。后一种情况可以用一座花园为例，一座花园，即使设置围墙，也不可能排除路人闻到花香并享受净化空气的好处。

识别公共产品与私人产品、纯公共产品和准公共产品的标准可以用图 3-1 来说明。

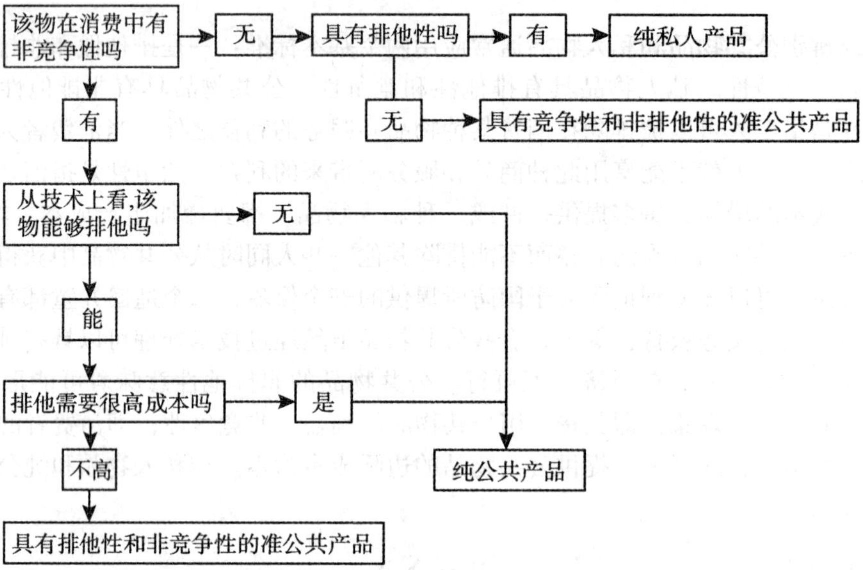

图 3-1　纯私人产品、纯公共产品与混合产品的识别标准

从图 3-1 中可以看出识别公共产品的第一步是看产品的消费中是否存在竞争性，有竞争性那就肯定不属于纯公共产品的范畴，反之则相反。第二步是看该产品在消费中是否能够排他。如果不能排他，或虽可排他但排他成本很高，则有可能成为公共产品；反之，则成为私人产品。

根据以上两步识别，我们大致可以区分出以下四种类型的产品：

一是同时具有排他性与竞争性的纯私人产品。

二是同时具有非排他性与非竞争性的纯公共产品。

三是具有非排他性与竞争性的准公共产品。如森林、渔场、草原等公共资源。

四是具有排他性与非竞争性的准公共产品。如收费的公园、博物馆、图书馆、学校、不拥挤的收费道路等。这类产品有一个饱和界限，在产品还未达到饱和状态时，产品的消费具有非竞争性。

专栏 3-1

政策透视：拥挤定价

在堵车的道路上，每位驾车者因增加拥挤程度而给其他驾驶者造成成本，但没有一个人被迫考虑这些成本。这是一个典型的公共产品外部性的例证。对新进入者收取等于其对其他已进入的驾车者造成的边际拥挤成本之和（如浪费的汽油、时间等）的“排污费”，效率可能提高。为了有效率，这种收费可能要根据不同时间和不同地点进行调整。驾车者在城市的交通拥挤时间开车要比在乡村或非交通拥挤时间开车的付费高。温斯顿和雪莉估计，这种被称为拥挤定价的政策，在美国每年至少要产生32亿美元的福利收益。

有些城市已试行了拥挤定价。比如，新加坡就有电子通行税（费），根据一天当中的不同时段收取不同的数额。挪威的特隆赫姆市对进入市中心的车辆收费，时段不同收费标准也不同。在圣地亚哥市，只有司机一人的车辆可以用快车道，但要付出代价，该代价视当时道路的拥堵程度而定。

第三节　公共提供

一般来说，私人产品主要由市场来提供，而公共产品主要由政府来提供。这是由市场运行机制和政府运行机制的不同决定的。

市场是通过买卖提供产品和服务的。在市场上，谁有钱就可以购买商品或享用服务，钱多多买，钱少少买，无钱就不能买，买卖要求利益边界的精确性。由于公共产品具有非排他性和非竞争性的特征，它的需要或消费是公共的或集合的，如果由市场提供，每个消费者都不会自愿掏钱去购买，而是等着他人去购买自己顺便享受它所带来的利益，这就是经济学中的“免费搭车”现象。从一定意义上说，由于“免费搭车”问题的存在，便需要政府来提供公共产品。

政府主要是通过无偿征税来提供公共产品。但是，征税是可以精确计量的，如按率征收或定额征收，而公共产品的享用一般是不可以分割的，无法量化，因而每个人的纳税额与他对公共产品的享用量是不对称的。不能说多纳税就可以多享用，少纳税就少享用，不纳税就不能享用。也就是说，相对于市场买卖中利益边界的精确性而言，纳税人负担与公共产品享用之间的关系缺乏精确的经济依据。

由以上分析可以得到结论：市场只适用于提供私人产品和服务，对提供公共产品是失效的，而提供公共产品恰恰是政府活动的领域，是政府的首要职责。

由于公共产品可以分为纯公共产品和准公共产品，所以公共产品的提供方式也是有区别的。纯公共产品同时具备非排他性和非竞争性决定了其主要提供者应为政府；而对于介于纯私人产品和纯公共产品之间的准公共产品，因为非排他性和非竞争性的不完全而导致采用市场提供的方式也会存在一定的效率损失。因此，准公共产品也应该成为财政支出的一个组成部分。当然，与纯公共产品不同，准公共产品由于具有排他性或具有较大的内部效益，对于部分准公共产品，可考虑采用市场提供与政府提供相结合的方式（部分公共提供的方式）。其中，政府提供的份额应该建立在成本效益分析的基础上，从而既能较好地避免市场提供可能造成的消费不足的效率损失，又能有效防止公共产品提供可能造成的消费过度而带来的效率损失。

第四节 公共选择

使用公共一词来描述具有消费的非竞争性和非排他性的物品，几乎就能对它们是否应由公共部门提供这一问题作出预先判断。的确，我们已证明，私人市场不太可能以帕累托效率数量生产纯公共物品。关于公共物品的提供数量，必须作出某种集体决策。然而，与像国防这样的纯公共物品相反，有时候公共提供的物品也可以由私人提供。但是在这种情况下，也需要公共的集体决策，这时要选择公共提供的程度。因此，公共物品和公共选择的主体是紧密相关的。

对公共物品（以及公共资源）的处理涉及与政府行为相关的“集体选择”。所谓集体选择，就是所有的参加者依据一定的规则通过相互协商来确定集体行动方案的过程。公共选择理论则特别注重研究那些与政府行为有关的集体选择问题。

一、集体选择的规则

（一）一致同意规则

所谓一致同意规则，是指一项集体行动方案只有在所以参加者都认可的情况下才能实施。这里的“认可”意味着赞成或者至少不反对。例如联合国安理会的任何议案必须得到五个常任理事国的一致认可才可实施，如果有一个反对，则相关议案即被否决。

（二）多数规则

所谓多数规则，是指一项集体行动方案必须得到所有参与者中的多数认可才能实施。这里的多数，可以是简单多数，即超过总数的一半，也可以是比例多数，如达到总数的三分之二以上。美国国会、州和地方的立法常常使用简单多数规则，但在弹劾和罢免总统、修改宪法时，则采取三分之二的比例多数规则。

（三）加权规则

一个集体行动方案对不同的参加者会有不同的重要性。于是，可以按照重要性的不同，给参加者的意愿“加权”，即分配选举的票数。相对重要的，拥有的票数就较多，否则就较少。所谓加权规则，就是按照实际得到的赞成票数（而非人数）的多少来决定集体行动方案。

（四）否决规则

这一规则的具体做法如下：首先让每个参加对集体行动方案投票的成员提出自己认可的行动方案，汇总之后，再让每个成员从中否决自己所反对的那些方案。这样一来，最后剩下的没有被否决的方案就是所有成员都可以接受的集体选择结果了。

二、政府官员制度的效率

按照公共选择理论，政府官员制度是指那种由通过选举所产生的、被任命的以及经过考试而录用的政府官员来管理政治事务的制度。总的来说，这种政府官员制度的效率是比较低的。

公共选择理论认为，解决政府官员制度低效率的主要途径是引入竞争机制。具体做法是：第一，使公共部门的权力分散化。分散有利于减少垄断的成分。例如，可以把过于庞大的公共机构分解成几个较小的、有独立预算的机构。第二，由私人部门承包公共服务的供给。由政府投资的公共服务，并不一定必须由政府来生产。例如，街道清扫、垃圾处理、消防、教育等公共服务的生产都可以实行私有化。第三，在公共部门和私人部门之间展开竞争。如果允许私人部门和公共部门一样提供公共服务，则它们之间就会展开竞争，竞争将提高公共部门的效率。第四，加强地方政府之间的竞争。地方政府的权力不仅受到公民选票的制约，而且受到居民自由迁徙的制约。当一个地方政府的公共服务的成本（税收）太高而质量太低时，居民就可能迁移到其他地区去。居民的迁出会减少当地政府的税收。因此，地方政府之间的竞争也可以促使它们提高效率。

专栏 3-2

政策透视：机场安检应由公共生产还是私人生产

订立契约分析框架为思考机场安检提供了一个很好的工具。支持机场安检私人生产的人认为，像筛分行李这类常规工作，完全可能签订完备的合同。政府可以订立标准，对执行情况实施监管。利润最大化的私人企业会积极利用技术，把劳动力成本降下来。他们还认为，由本地企业经营的私人系统比政府系统更负责任。他们指出，以色列的机场安检可以说是世界上最好的，就是与机场当局签订了合同，私人雇员取代了政府雇员。以色列政府制定和实施安全标准，机场经营者负责操作并承担过失责任。相反，力主机场安检应由公共生产的人认为，不可能签订一份囊括所以不测事件的合同，而且私人企业为了增加利润而在职工培训上偷工减料。他们指出 2001 年的“9·11”事件就是这种体制，机场安检是由航空公司出资的，安检人员的报酬低且缺乏培训。还有一种批评意见是，私有化的体制会导致不同机场的安检水平不同。

这场争论以支持机场安检的公共生产的人胜利而告终。2001 年 11 月，美国机场安检由一个新的联邦机构——运输安全管理局（TSA）监管，安检人员成为联邦工作人员。虽然研究安全管理局成效的成果寥寥无几，但有限的证据表明，它并没有提高安全保障。

【本章小结】

公共物品的特征是消费的非竞争性和非排他性。因此，每个人消费的公共物品数量都相同，但不一定是其所偏好的数量。市场机制不可能有效地提供消费具有非竞争性的物品，即使它们具有消费的排他性。公共物品可以由私人提供，私人物品也可以由公共提供。即使在某种物品由公共提供的情况下，还是要在公共生产和私人生产之间作出选择，决定由公共生产还是私人生产更有效率。

【复习思考题】

1. 学习财政学为什么要从政府与市场的关系说起？
2. 简述公共需要的历史性与特殊性。
3. 举例说明公共产品的基本特征。
4. 简述公共产品的分类，并说明各类公共产品应如何提供。
5. 为什么纯公共产品必须由政府提供？举例说明。
6. 简述区分公共物品与私人物品的基本标准。

【阅读书目】

1. 哈维·S. 罗森，特德·盖亚．财政学．10版．郭庆旺，译．北京：中国人民大学出版社，2015.

2. C. V. 布朗，P. M. 杰克逊．公共部门经济学．4版．张馨，等，译．北京：中国人民大学出版社，2000.

3. 陈共．财政学．8版．北京：中国人民大学出版社，2015.

4. 寇铁军．财政学教程．大连：东北财经大学出版社，2015.

5. 吴俊培，许建国，杨灿明．现代财政学，北京：中国财经出版社，2001.

6. 大卫·N. 海曼．财政学：理论在政策中的当代应用．张进昌，译．北京：北京大学出版社，2006.

7. 罗宾·鲍德威，戴维·威迪逊．公共部门经济学．2版．邓力平，译．北京：中国人民大学出版社，2000.

8. 刘怡．财政学．北京：北京大学出版社，2016.

9. 刘宇飞．当代西方财政学．北京：北京大学出版社，2003.

10. 高鸿业．西方经济学（微观部分．第6版）北京：中国人民大学出版社，2016.

11. 曼昆．经济学原理：微观经济学分册．6版．梁小民，梁砾，译．北京：北京大学出版社，2012.

第四章　市场失败与财政职能

【学习目的与要求】

1. 掌握市场失败的主要表现
2. 掌握政府干预的必要性
3. 掌握财政三大职能

【教学重点与难点】

1. 外部性的分类及其表现
2. 什么是市场失败
3. 政府失败的表现
4. 什么是财政三大职能

第一节　外部效应

一、外部影响及其分类

完全竞争市场要求成本和效益内在化，产品生产者要负担全部成本，同时全部收益归生产者所有。但实际上不完美的市场不可避免地会产生外部效应。外部性是指某一个体的经济行为影响了其他个体，却没有为之承担应有的成本或没有获得应有报酬的现象。外部性的存在，使得人们进行经济决策时所依据的价格无法准确反映经济交易全部的边际收益或边际社会成本，由此将导致价格信号失真。依据失真的价格信号所作出的经济决策，将使资源配置无法达到有效状态。

外部性有正外部性和负外部性之分。产生正外部性的经济活动给他人产生积极的影响，无偿给他人带来利益，比如，对某种传染病的免疫接种。相反，产生负外部性的经济活动则给他人带来消极的影响，对他人施加了成本，但并不因此而付出代价。例如，化工厂释放的污染物给附近居民的生活带来了负面的影响，但这些居民却未获得任何补偿。因此，外部效应就是指在市场活动中没有得到补偿的额外成本和额外收益。当出现正的外部效应时，生产者的成本大于收益，利益外溢，得不到应有的效益补偿，市场竞争就不可能形成理想的效率配置；当出现负的外部效应时，生产者的成本小于收益，受损者得不到损失补偿，同样市场竞争也不可能形成理想的效率配置。外部效应典型的例子是“公共物品”，因为大部分“公共物品”的效益是外在化的，市场对提供纯公共物品是失灵的。

二、纠正外部性的办法

一般来说，纠正外部性问题有三种设想：（1）通过重新分配产权由私人交易自行解决，其根据是科斯定理：只要财产权的交易费用为零，那么不论财产权开始时分配格局是怎么样的，市场机制所导致的均衡会最终达到最有效率的状态。但这一过程受到两方面的限制：一方面交易费用为零的假设不大符合现实，财产权的重新分配会大大增加交易费用；另一方面，即使是交易费用为零，由于制度、心理以及信息方面的原因，也并不一定会产生竞争性均衡。（2）合并与外部性影响有关的企业，由这个大企业来规划总产出，使外部效应内部化。（3）使用税收和补贴计划，对造成外部负效应的企业，国家对其征税，其税额等于该企业所造成的损害，以便使私人成本等于社会成本。不难看出上述设想的后面，都有政府行为以及计划调节的色彩。

专栏 4-1

经验证据：空气污染对住房价格的影响

在让所有其他科学度量的特征保证不变的情况下，研究人员利用回归分析，可以估计空气质量与住房价格之间的关系。不过，这很难说是不是一个因果关系，因为其他不能度量的特征可能既影响空气质量，又影响住房价格。例如，高度工业化的住宅区，其住房价格可能较低，因为它们看起来没有吸引力，而且空气质量也较差，但这并不意味着空气质量导致住房价格较低。查伊和格林斯通进行了准实验，估计一个县的总悬浮颗粒物（TSP）与平均住房价值之间的因果关系。他们的分析依据的是 20 世纪 70 年代的立法，该立法规定了总悬浮颗粒物排放的上限。超过该上限的县受到严厉管制。实际上，超过该上限的县作为处理组，低于该上限的县作为控制组。查伊和格林斯通发现，由于这种管制，处理组中的县总悬浮颗粒物大幅下降，导致住房价格上升。根据他们的估计，空气质量因管制而得到改善，使 1970—1980 年的住房价值总体增加 450 亿美元。

第二节 市场失败

一、市场与市场效率

什么是市场？完整的市场系统是由家庭、企业和政府三个相对独立的主体组成的。在市场经济下，政府构成市场系统的一个主体，这是毋庸置疑的。比如，政府为市场提供诸如基础实施、教育和社会保障之类的公共物品和准公共物品，同时从市场采购大量的投入品和办公用品。但政府又是一个公共服务和政治权力机构，具有与市场不同的运行机制，因而在市场中又具有特殊功能和特殊的地位，可以通过法律、行政和经济等手段，“凌驾”于市场之上介入和干预市场。因此，为了说明政府与市场的关系，需要先分析没有政府介入的市场，这时市场只有两个主体，即家庭和企业。

家庭是社会的基本细胞，是社会生活的基本单位。它为市场提供劳动力、资本和土地（在土地私有的条件下）等生产要素，并通过提供生产要素获取收入，而后用家庭收入到市场上购买生活消费品或从事投资，家庭的基本目标是满足需要和效用水平的最大化。企业是商品生产和商品交换的基本单位，它从家庭那里买进生产要素，通过加工转换为商品或劳务，而后将商品或劳务又卖给家庭并获取收入和利润，企业的基本目标是利润最大化并实现扩大再生产。市场从日常生活来看，就是商品（包括生产要素）交易的场所，如百货商场、汽车市场、证券市场等等，但从经济学的角度来看，市场不是指商品交易的场所，而是指在无数个买者与卖者的相互作用下形成的商品交易机制。市场机制的基本规律就是供求规律：供大于求，价格下降，库存增加，生产低迷；求大于供，价格上涨，库存减少，生产增长。通过价格和产量不断地波动，达到供给和需求的均衡。市场是一种结构精巧而且具有效率的商品交易机制，这已经为经济发达国家几百年的经济发展史所证实，而且为各种经济学说所论证和肯定。亚当·斯密将市场规律形容为“看不见的手”，认为不需要任何组织以任何方式干预，市场可以自动地达到供给与需求的均衡，而且宣称当每个人在追求私人利益的同时，就会被这只“看不见的手”牵动着去实现社会福利。马克思同样赞叹市场机制的效率，并将价格规律提升为价值规律，认为商品的价值是由生产商品的社会必要劳动时间决定的，而价格围绕价值上下波动来调节生产和流通，并促进技术进步和经济发展，同时马克思也指出了市场波动是导致经济危机的可能性因素。福利经济学的代表人物意大利的经济学家帕累托，提出了一个在学习西方经济学和财政学时经常提到的帕累托经济效率标准，又称为帕累托最优状态。简单一点说，帕累托最优状态是指这样一种状态：任何一种改变都不可能使一个人的境况变好而又不使别人的境况变坏，帕累托还论证了达到帕累托最优所必须满足的条件，包括交换的最优条件、生产的最优条件、交换和生产的最优条件。帕累托效率标准或帕累托最优状态，可以作为我们分析经济效率和财政效率的一个规范性参照标准。

二、市场失灵

市场是一种有效率的经济运行机制，这是毋庸置疑的。市场失灵是和市场效率对应的。上面谈到的市场配置效率是以完全的自由竞争作为严格假设条件的，而现实的市场并不具备这种充分条件。所以，市场的资源配置功能不是万能的，市场机制本身也存在固有的缺陷，这里我们统称之为“市场失灵”。市场失灵为政府介入或干预提供了必要性和合理性的依据。市场失灵主要表现在以下几个方面：

（一）垄断

市场效率是以完全自由竞争为前提的，然而当某一行业在产量达到相对较高水平之后，就会出现规模收益递增和成本递减问题，这时就会形成垄断。当一个行业被一个企业或几个企业垄断时，垄断者可能通过限制产量，抬高价格，使价格高于其边际成本，获得额外利润，从而丧失市场效率。

（二）信息不充分和不对称

竞争性市场的生产者和消费者都要求有充分的信息，特别是在现代信息社会的条件下，信息构成商品生产、消费和营销的最敏感的神经系统。生产者要知道消费者需要什么，需要多少，以及需求瞬息万变的变化。消费者要知道产品的品种、性能和质量，生产者之间也需要相互了解，商品营销是生产与消费之间的连接环节，更需要灵敏地掌握生产和消费的信息。在市场经济条件下，生产者与消费者的生产、销售、购买都属于个人行为，信息本身也成为激烈竞争的对象，而信息不充分和信息不对称也是影响公平竞争的重要因素。

（三）外部效应与公共物品

外部效应说明的是一个厂商从事某项经济活动而对其他人带来利益或损失的现象。如上游水库可以使下游地区从中受益，是正的外部效应，造纸厂对河流造成污染，是负的外部效应。因此，外部效应就是指在市场活动中没有得到补偿的额外成本和额外收益。典型的例子是“公共物品”，因为大部分“公共物品”的效益是外在化的，市场对提供纯公共物品是失灵的。

（四）收入分配不公

市场机制效率是以充分竞争为前提的，而激烈的竞争不可能自发地解决收入分配公平问题。市场经济的第一道分配是要素分配，个人收入取决于劳动投入的数量和质量以及投入资本的多少，即承认个人天赋、受教育的程度以及私人财产所有权，因而必然形成收入差距，而且差距会越来越大。效率和公平是矛盾的统一，效率是前提，首先是把“蛋糕”做大，没有效率，即使是公平的，也是低水平的平均主义；但公平既是经济问题，也是社会问题，收入差距过大，严重不公，会带来社会不安定，反过来又会影响效率。

（五）经济波动

市场机制是通过价格和产量的自发波动达到需求与供给的均衡，而过度竞争不可避免地导致求大于供与供大于求的不断反复：求大于供，物价上涨，会导致通货膨胀；供大于求，压缩生产，会导致失业率上升，这是市场机制不可避免的弊端。

第三节 政府失败

一、政府的经济作用

人们从日常生活中可以察觉到，政府的作用几乎是无处不在的，广泛地执行着政治、社会和经济职能。经济学和财政学，当然更加关注的是经济职能方面，而且主要是关注市场经济条件下政府的经济作用。事实上，政治职能和社会职能是以经济职能为依托的，一个简单的事实是，政府必须从社会产品分配中集中一部分社会产品，才有可能实施并实现其全部职能。这里需要说明的是，财政学是研究财政运行规律的一门学科，而财政部门作为政府的一个经济部门，首先是直接执行政府的经济职能，并通过执行经济职能来保证政治职能和社会职能的有效实施。

在市场经济体制下政府的经济作用是什么？西方经济学的新凯恩斯主义学派综合西方经济学多年关于政府和市场关系的观点，提出一种新型的政府-市场观，认为现代经济是一种混合经济（指私人经济和公共经济），政府和市场之间不是替代关系，而是互补关系。这里我们用中国的思维和语言来说明这个问题。我国在明确提出我国经济体制改革的目标是社会主义市场经济体制的时候，曾对社会主义市场经济体制做出一个简明的概括："就是要使市场在社会主义国家宏观调控下对资源配置起基础性作用……"这个简明的概括清楚地说明了市场和政府的关系，也说明了社会主义市场经济体制下政府的经济作用。其一，所谓使市场在资源配置中起基础性作用，既肯定了市场的配置效率，指明市场的作用是基础性的。同时也指明，不是所有资源都是可以通过市场来配置，市场经济要有政府介入，政府在资源配置中弥补市场的失灵，而不是替代市场，主要是提供具有外部效应的公共物品；其二，所谓国家宏观调控，则是指市场机制本身存在固有的缺陷，必然存在收入分配不公和经济波动，要求政府通过宏观政策协调国民经济健康、稳定地运行。我国目前仍处于经济体制转换过程中，而建成社会主义市场经济体制的核心问题之一，就是正确处理政府和市场的关系，转变政府职能，规范政府行为，其中包括转换财政职能。

二、政府干预程度和干预手段

政府干预程度是和政府规模相联系的，而政府规模一般是以财政支出（或财政收入）占 GDP 的比重这一综合性指标来表示。一般而言，随着经济发展和人均收入的提高，政府规模呈逐步上升的趋势，达到一定阶段则相对稳定。但是，由于各国的经济制度、政治体制、意识形态、历史传统以及经济发展阶段的不同，市场经济体制自然有所不同，政府规模也存在很大的差别。因为社会经济运行是错综复杂的，所以，不可能有一种精确的计量方法和模型能够准确地计算出一个比重，用于确定每个国家不同时期的政府规模。就各国之间的差别来说，一般而言，经济发达国家高于发展中国家，集权化倾向的国家高于分权化倾向国家。例如，类似英国那样的多数欧洲国家实行"新自由主义"的市场模式，但其中有些国家政府仍支配钢铁、煤炭、铁路、空运等垄断行业及公用事业，政府集中的 GDP 达 50%以上。美国也属于这种类型，但政府的集中度较小，经济运行的自由度较大，政府集中的 GDP 大体为 30%以上。德国实行所谓的"社会市场经济"，主要是将自由竞争机制和一套完整的社会政策相结合，政府集中的 GDP 相对较低，但要高于美国。北欧国家号称为"高福利国家"，政府承担大量的社会服务和社会福利负担，政府集中的 GDP 达 60%以上。以日本为代表的市场经济被称为"东方模式"或"亚洲模式"，一方面主张充分自由竞争，另一方面又通过政府计划、发展战略、产业政策引导和控制市场的运行。东南亚的新兴国家大体都仿效这种模式，而且这些国家属于后发展国家或发展中国家，政府集中 GDP 的比重大体为 20%上下。我国是由计划经济体制转向市场经济体制的，当前仍处于体制转轨过程中，所以，我国以财政支出占 GDP 比重表示的政府规模形成了本身特有的变化轨迹，即从 1979 年开始逐年下滑，到 1997 年开始逐年回升，目前已达到25%，至于符合我国国情的适度的政府规模，还需要通过经济改革和经济发展的实践来探索。

政府干预手段可以概括为三个方面：

（1）立法和行政手段。主要是制定市场法规，规范市场行为，制定发展战略和中长期规划，制定经济政策，实行公共管制，规定垄断产品和公共物品价格等。比如，为了对付垄断，政府可以制定反垄断法，实行公共管制，由政府规定价格或收益率；对外部效应大的物品，政府可以采取行政手段或法律手段，如强制排污工厂停产、限期治理或对受损单位给予应有的补偿。

（2）组织公共生产和提供公共物品。公共生产是指由政府出资兴办的所有权归政府所有的工商企业和事业单位，主要是生产由政府提供的公共物品，也可以在垄断部门建立公共生产，并从效率或社会福利角度规定价格。政府组织公共生产，不仅是出于提供公共物品的目的，而且是出于有效调节市场供求和经济稳定的目的。按广义的生产概念，公共生产既包括生产有形物品的工商企业，也包括提供无形物品和服务的学校、医院、文艺团体、气象部门以及政府机关和国防部门等。比如，为了弥补市场信息的不充分和不对称，政府有关部门要定期向社会提供有关商品供求状况、价格趋势以及宏观经济运行和前景预测资料，而政府提供经济信息，是一种社会性服务，也属于公共物品和公共服务的范围。

（3）财政手段。应当指出，财政手段既不直接生产也不直接提供公共物品，而是通过征税和收费为政府各部门组织公共生产和提供公共物品筹集经费。财政的目标，是最终满足社会公共需要，同时又通过税收优惠、财政补贴和财政政策等手段调控市场经济的运行。

三、政府干预失效

应当指出，市场经济需要政府干预，但政府干预并非总是有效的，市场机制存在失灵问题，政府机制同样会带来政府干预失效的问题。政府的运行是以政治权力为基础和前提的，而经济是政治的基础，政治权力不能创造财富，却可以支配财富，甚至凌驾于经济之上支配经济，这正是政府干预失效的根本原因。恩格斯论述暴力在历史中的作用时曾指出："在政治权力对社会独立起来并且从公仆变为主人以后，它可以朝两个方向起作用。或者按照合乎规律的经济发展的精神和方向去起作用，在这种情况下，它和经济发展之间就没有任何冲突，经济发展就加速了。或者违反经济发展而起作用，在这种情况下，除去少数例外，它照例总是在经济发展的压力下陷于崩溃。"① 政治体制和经济体制是相辅相成的，政治体制改革和经济体制改革必须相互适应，政治体制改革迟滞，必然会导致经济改革效率的损失并制约经济的发展。因此，建立"统一、高效、公正、廉洁"的政府，健全政府机制，转变政府职能，是经济改革的内在要求，也是社会经济发展的重要保证。

政府干预失效的原因和表现可能发生在诸多方面：

（1）政府决策失误。大的方面包括发展战略和经济政策失误，小的方面包括一个投资项目或准公共物品提供方式选择不当等，而政府决策失误会造成难以挽回的巨大损失。

① 马克思恩格斯全集：第20卷．北京，人民出版社，1971：199.

比如，提供居民出行便利的城市交通是地方政府的一项重要职责，但公共交通属于准公共物品，可以由政府举办，也可以由企业举办，这里可以有多种决策方案：是提倡私人购车还是发展公共交通，何者更有利于缓解交通拥挤和居民便利；发展公共交通，是建设地铁还是建设地上轻轨，何者成本更低，效益更高；是由政府包办，还是吸引企业参与；等等。这些既是决策问题，也就是效率问题。

（2）寻租行为。在市场经济体制下，几乎不可避免地会产生由于滥用权力而发生的寻租行为，也就是公务员特别是领导人员，凭借人民赋予的政治权力，牟取私利、权钱交易、化公为私、受贿索贿、为“小集体”谋福利，纵容亲属从事非法商业活动，等等。

（3）政府提供信息不及时甚至失真，也可视为政府干预失误。这里且不说政府提供的经济信息有可能失真或不及时，而政府应提供的信息是多方面的，诸如经济形势判断、气象预报、自然灾害预测等都是引导经济运行的重要信息，一旦失误，都会带来不可估量的损失。

（4）政府职能的“越位”和“缺位”。这种政府干预失效，主要可能发生于经济体制转轨国家。经济体制转轨的一个核心是明确政府与市场的关系，规范政府经济行为，转变政府经济职能，其中包括转变财政职能。如前所说，政府干预是为了弥补市场失灵，而政府干预失效，是指政府干预非但没有弥补市场失灵，反而干扰了正常的市场规则，损害了市场效率。财政职能的“越位”，是指应当而且可能通过市场机制办好的事情而政府却通过财政手段人为地参与，如政府热衷于竞争性生产领域的投资，代替了市场职能。财政职能的“缺位”，是指该由政府通过财政手段办的事情而财政没有办或者没有办好，如公共设施、义务教育、公共卫生、环境保护等投入不足等，这些都是政府干预失效或财政失职的表现。当然，政府职能和财政职能的规范和转变，要靠经济体制和政治经济体制整体改革的逐步到位来实现，需要一个相当长的过程。但可以说，规范政府经济行为，转变政府职能和财政职能，是建设社会主义市场经济体制的一个基本理论和实践问题，政府的经济行为缺乏规范，政府职能和财政职能没有真正转变，就不能说已经建成社会主义市场经济体制，从而政府干预效率也就不可能达到理想状态。

第四节 财政职能

一、研究财政职能的思路和意义

研究财政职能的任务，是从理论上概括财政在国民经济中的地位和作用，因而财政职能的概括与分类对构建财政学的理论体系，对确定财政学研究的内容、方向和目标有至关重要的意义。我国财政理论界对财政职能的研究有不同的思路，因而有不同的表述。本书总的思路是，财政是政府的一种经济行为，是履行和实现政府经济职能的手段，所以财政职能就是政府的经济职能，即资源配置、收入分配、经济稳定和发展。这里要研究的问题，主要是分析和研究财政在履行和实现政府经济职能中的地位和作用，以及财政履行和实现政府经济职能的特殊机制和手段。

（1）财政职能是指财政作为一个经济范畴所固有的功能：只要存在着政府和财政，

这种功能就不会消失。财政职能要说明的是财政同其他经济活动或其他经济主体之间的相互关系和相互影响，而不在于罗列或说明财政做了哪些具体工作。组织收入与安排财政支出原本是财政部门的本职工作，如果将筹集资金和供应资金概括为财政职能，实际上没有理论升华，并且没有增添什么新意，不会对财政工作起理论指导作用。财政职能所揭示的恰恰是财政同其他经济活动和其他经济主体之间的相互关系及其对国民经济的影响。例如，对哪些产品征收消费税，对哪些产品给以税收优惠，对这些产品的资源耗费和产量的相对量会产生什么影响；对哪些产品投资或不投资，对哪些产品给以补贴或不给以补贴，会对产业结构、产品结构、地区结构以及产品的相对价格产生什么影响；对哪些人征收高税率的个人所得税，免税额定在什么水平上，对个人收入分配会产生什么影响；等等。总之，财政职能是对财政工作的理论抽象和概括，反过来又对财政工作起理论指导作用。概括财政职能的意义，就在于使广大财政工作者从日常繁杂的具体工作中解脱出来，开阔视野，从本职工作出发总揽全局，摆正财政工作在国民经济中的地位，充分发挥财政工作应有的作用。

（2）政府与市场关系是实行社会主义市场经济或者说是经济体制转轨中的基本问题，所以政府与市场关系是重新认识财政概念的基本立足点，也同样是分析财政职能的基本立足点。离开这个基本立足点，既不能正确认识社会主义市场经济条件下的财政概念，也不可能准确地概括财政的职能。在界定财政概念时，对政府与市场的关系已经作了阐述，这里需要再明确以下三点：①从总的方面说，政府（或财政）与市场的某些经济职能是共同的，如配置资源和收入分配是两者共同的基本职能，只是由于两者的运行机制不同，在实现同一职能的适用领域、作用方式、经济效应方面有所不同。②上面已经述及，由于市场失灵才存在政府介入或干预的必要性和合理性。同样政府也存在失效和缺陷，财政作为政府干预的主要手段，可能产生正效应，也可能产生负效应，即不仅无助于弥补市场失灵，甚至会干扰市场的正常秩序，给国民经济带来效率损失。但不论是正效应还是负效应，都是财政职能的表现。③正是出于以上两种原因，财政学关心的问题，不是在市场或政府的经济职能之外另寻什么新的财政职能，而是如何界定各自的最适领域和最佳的结合方式，最终实现公平与效率的最优结合。

（3）经济学研究国民生产总值或国民收入决定及分配时采取部门法，将整个国民经济分为政府、企业（集体）、家庭（个人）和对外四个部门，研究财政同其他经济活动的相互关系，也就是研究政府、企业、家庭和进出口之间的关系。因而从四个部门的相互关系出发，也是分析财政职能的另一种思路。财政涉及微观的个量，也涉及宏观总量，财政学是采取微观与宏观相结合的方法研究政府同其他经济活动的相互关系。这里含有作为经济活动的量的关系，也含有由量的关系所体现的利益关系。

二、资源配置职能

资源配置，广义地理解可以是指社会总产品的配置，狭义地理解可以是指生产要素的配置。不论何种理解，资源配置就是运用有限的资源形成一定的资产结构、产业结构以及技术结构和地区结构，以实现优化资源配置的目标。世界上所有国家都将高效地配置资源作为头等重要的经济问题，而资源配置的核心是效率问题，效率问题又是资源的使用方式和使用结构问题。如前面所说，在市场经济体制下，市场在资源配置中起基础性作用，在具备充分竞争条件下的市场，会通过价格与产量的均衡自发地形成一种资源配置最佳状态。西方经济学中的“帕累托标准”就是论证资源配置的最佳状态。但由于存在市场失灵，市场自发形成的配置不可能实现最优的效率状态，因而需要政府介入和干预。财政的配置职能是由政府介入或干预所产生的，它的特点和作用是通过本身的收支活动为政府提供公共物品提供经费和资金，引导资源的流向，弥补市场的失灵和缺陷，最终实现全社会资源配置的最优效率状态。因此，财政的资源配置职能要研究的问题主要是：资源配置效率用什么指标来表示，如何通过政府与市场的有效结合提高资源配置的总效率以及财政在配置资源中的特殊机制和手段。在实际生活中，各国政府通常是采取某些指标（如失业率和经济增长率）或由若干指标组成的“景气指数”来表示资源配置效率，我国当前实际上仍然主要是采取 GDP 增长率指标。GDP 增长率指标无疑存在某些缺陷，如 GDP 增长有可能不会带来居民福利和社会福利的提高等。但是，GDP 是按市场价格表示的一个国家的所有常驻单位在一定时期生产活动的最终成果，可以反映一个国家经济总体规模和经济结构，反映一个国家的贫富状况和居民的平均生活水平，反映当前经济的繁荣或衰退以及通货膨胀或通货紧缩的态势，等等。因而对于以经济增长为主要目标的发展中国家来说，仍是可取的。当然，采用 GDP 增长率指标，还必须与其相关指标相配合，如通货膨胀率、就业率等。

财政配置的机制和手段主要有：

（1）在明确社会主义市场经济中政府经济职能的前提下，确定社会公共需要的基本范围，确定财政收支占 GDP 的合理比例，从而实现资源配置总体效率。我国过去一段时间内，预算内的财政收支占 GDP 的比重、中央财政收入占全部财政收入的比重明显偏低，不能有效地保证理应由财政承担的重要投入，对引导社会资金的合理流动也缺乏力度，教育、公共卫生、环境保护、社会保障、科技进步、农业发展等方面的投入不足，财政在支持经济建设特别是结构性调整方面处于软弱无力的地位。这些都是财政资源配置职能弱化的表现。当前，我国财政收入占 GDP 的比重已由逐年下降转为逐年上升，但也要防止财政收入增长速度过快，财政收入占 GDP 的比重过高，以致影响市场在资源配置中的基础性作用。

（2）优化财政支出结构，保证重点支出，压缩一般支出，提高资源配置的结构效率。我国国民经济和社会发展战略规划，明确规定了当前对资源配置的要求：向农业、教育、社会保障、公共卫生和就业等经济社会发展的薄弱环节倾斜；向困难地区和群体倾斜；向科技创新和转变经济增长方式倾斜。着力支持就业再就业，完善社会保障，促进构建和谐社会。着力推动自主创新，促进经济增长方式的转变。着力加大转移支付力度，促进区域协调发展。着力支持改革，完善社会主义市场经济体制。着力财政保障力度，加强政权建设。

（3）合理安排政府投资的规模和结构，保证国家的重点建设。政府投资规模主要指预算内投资在社会总投资中所占的比重，表明政府集中的投资对社会总投资的调节力度。而预算内投资结构和保证重点建设，在产业结构调整中起着重要作用，这种作用对发展中国家有着至关重要的意义。过去一段时间内，我国预算内投资占全社会投资比重过低，公共设施和基础设施发展滞后对经济增长形成了“瓶颈”制约。自实施积极财政政策以后，大有改观，今后仍然必须从财力上保证具有战略性的国家重大建设工程，但切忌越俎代庖，排挤市场的作用。

(4) 通过政府投资、税收政策和财政补贴等手段，带动和促进民间投资，吸引外资和对外贸易，提高经济增长率。

(5) 提高财政资源配置本身的效率。对每项生产性投资的确定和考核都要进行成本-效益分析，对于公用建筑和国防工程之类的属于不能回收的投资项目，财政拨款应视为这种工程的成本，力求以最少的耗费实现工程的高质量，甚至作为财政收入主要形式的税收，也存在税收收入与税收成本的对比问题。我国近年来编制部门预算，实行政府采购制度，实施集中收付制度、“收支两条线”制度以及加强税收征管，都是提高财政资源配置本身效率的重大举措。

三、收入分配职能

如前所说，在市场经济体制下，GDP 分配的起始阶段是由市场价格形成的要素分配，即各种收入首先是以要素投入为依据，由市场价格决定，要素收入与要素投入相对称。我国明确实行按劳分配与要素分配相结合的分配原则，各阶层居民的收入分为劳动收入与非劳动收入，劳动收入包括工资、薪金、奖金、津贴等，非劳动收入包括财产收入、租金、利息、红利和企业留利等。我国依法保护法人和居民的一切合法收入和财产，鼓励城乡居民储蓄和投资，允许属于个人的资本等生产要素参与收入分配。收入分配的目标是实现公平分配，而公平分配包括经济公平和社会公平两个层次。经济公平是市场经济的内在要求，强调的是要素投入和要素收入相对称，它是在平等竞争的环境下由等价交换来实现的。在个人消费品的分配上，实行按劳分配，个人通过诚实劳动和合法经营取得收入，个人的劳动投入与劳动报酬相对称，这既是效率原则，又是公平原则。但在市场经济条件下，由于各经济主体或个人所提供的生产要素不同、资源的稀缺程度不同以及各种非竞争因素的干扰，各经济主体或个人获得的收入会出现较大的差距，甚至同要素及劳动投入不相对称，而过分的悬殊将涉及社会公平问题。社会公平是指将收入差距维持在现阶段社会各阶层居民所能接受的合理范围内，平均不等于公平，甚至是社会公平的背离。

在我国国民经济核算体系中，流转税被视为商品价格的追加，直接构成要素收入的一个项目，而所得税则是要素收入分配的再分配。因此，财政既参与由价格形成的起始阶段的要素分配，又参与在要素分配基础上的再分配。收入分配的核心问题是实现公平分配，因而财政的收入分配职能所要研究的问题，主要是确定显示公平分配的标准和财政调节收入分配的特殊机制和手段。实际上，由于各国的经济发展水平和历史传统的不同，不可能有一个统一的衡量公平分配的标准，当前各国几乎公认由洛伦兹曲线计算基尼系数来显示公平分配的程度。

根据国际惯例，一般认为，系数处于 0.3~0.4 被视为合理区间。我国目前的基尼系数已经超过 0.4，说明收入差距较大，因此缩小收入分配差距已被我国政府作为当前的一项重要经济政策。

财政实现收入分配职能的机制和手段主要有：

（1）划清市场分配与财政分配的界限和范围，原则上属于市场分配的范围，财政不能越俎代庖，凡属于财政分配的范围，财政应尽其职。比如，应由市场形成的企业职工工资、企业利润、租金收入、财产收入、股息收入等。财政的职能是通过再分配进行调节，而医疗保健、社会福利、社会保障等，则应改变过去“企业办社会”的状况，由财政集中分配，实行社会化。

（2）规范工资制度。这里是指由国家预算拨款的政府机关公务员的工资制度和视同政府机关的事业单位职工的工资制度。凡应纳入工资范围的收入都应纳入工资总额，取消各种明补和暗补，提高工资的透明度；实现个人收入分配的货币化和商品化；适当提高工资水平，建立以工资收入为主、工资外收入为辅的收入分配制度。

（3）加强税收调节。税收是调节收入分配的主要手段：通过间接税调节各类商品的相对价格，从而调节各经济主体的要素分配；通过企业所得税调节公司的利润水平；通过个人所得税调节个人的劳动收入和非劳动收入，使之维持在一个合理的差距范围内；通过资源税调节由于资源条件和地理条件而形成的级差收入；通过遗产税、赠与税调节个人财产分布，等等。

（4）通过转移性支出，如社会保障支出、救济金、补贴等，使每个社会成员得以维持起码的生活水平和福利水平。

四、经济稳定与发展职能

经济稳定包含充分就业、物价稳定和国际收支平衡等多重含义。充分就业并非指可就业人口百分之百的就业。由于经济结构不断调整，就业结构也在不断变化，在任一时点上，总会有一部分人暂时脱离工作岗位处于待业状态，经过一段时间培训后重新走上工作岗位，因而充分就业是指可就业人口的就业率达到了由该国当时社会经济状况所能承受的最大比率。物价稳定也不意味着物价冻结，上涨率为零。应当承认，即使在经济运行正常时期，物价的轻度上涨也是一个必须接受的事实，而且有利于经济增长。相反，物价长时间低迷并不利于经济的正常运行。所以物价稳定是指物价上涨幅度维持在不至于影响社会经济正常运行的范围内。国际收支平衡指的是一国在国际经济往来中维持经常性项目收支（进出口收支、劳务收支和无偿转移收支）的大体平衡，因为国际收支与国内收支是密切联系的，国际收支不平衡同时意味着国内收支不平衡。

发展和增长是两个不同的概念。增长是指一个国家的产品和劳务的数量的增加，通常用国民生产总值（GNP）或国内生产总值（GDP）及其人均水平来衡量。发展比增长的含义要广，不仅意味着产出的经济增长，还包括随着产出增长而带来的产出与收入结构的变化以及经济条件、政治条件和文化条件的变化，表现为在国民生产总值中农业比重相应下降，而制造业、公用事业、金融贸易、建筑业等的比重相应上升，随之劳动就业结构发生变化，受教育程度和人才培训水平逐步提高。简言之，发展是一个通过物质生产的不断增长来全面满足人们不断增长的基本需要的概念，对发展中国家来说，包括消除贫困、失业、文盲、疾病和收入分配不公等现象，发展的总目标就是构建和谐社会。

财政实现稳定和发展职能的机制和手段主要有：

（1）经济稳定的目标集中体现为社会总供给和社会总需求的大体平衡。如果社会总供求保持了平衡，物价水平就是基本稳定的，经济增长率也是适度的，而充分就业和国际收支平衡也是不难实现的。财政政策是维系总供求大体平衡的重要手段。当总需求超过总供给时，财政可以实行紧缩政策，减少支出和增加税收或两者并举，一旦出现总需求小于总供给的情况，财政可以实行适度放松政策，增加支出和减少税收或两者同时并举，由此扩大总需求。在这个过程中，财政收支发生不平衡是可能的而且是允许的。针对不断变化的经济形势而灵活地变动支出和税收，被称为“相机抉择”的财政政策。

（2）在财政实践中，还可以通过一种制度性安排，发挥某种“自动”稳定作用，例如累进税制度、失业救济金制度，都明显具有这种作用。原则上说，凡是业已规定了的，当经济现象达到某一标准就必须安排的收入和支出，均具有一定的“自动稳定”作用。当然，这种“自动稳定”的机制究竟有多大的作用尚可存疑，更何况，在一些发展中国家，这种机制本身就是欠缺的。

（3）通过投资、补贴和税收等多方面安排，加快农业、能源、交通运输、邮电通信等公共设施的发展，消除经济增长中的“瓶颈”，并支持第三产业的兴起，加快产业结构的转换，保证国民经济稳定与高速发展的最优结合。

（4）财政应切实保证前面提到的那些非生产性的社会的公共需要。诸如，为社会经济发展提供和平的和安定的环境，治理污染，保护生态环境，提高公共卫生水平，加快文教的发展，完善社会福利和社会保障制度，使增长与发展相互促进，相互协调，避免出现某些发展中国家曾经出现的“有增长而无发展”或“没有发展的增长”的现象。

【本章小结】

市场存在着固有的缺陷，即市场失灵。市场失灵是指在市场充分发挥其资源配置基础性作用的基础上，市场天然无法有效配置资源，并引起收入分配不公、经济乃至社会不稳定的态势。政府干预的理由是市场失灵，如果存在市场影响力或者市场不存在，就会出现市场失灵。市场不能完全配置资源，不一定意味着政府能做得更好，具体情况要具体分析。

与市场失灵的主要表现相对应，财政具有资源配置、收入分配和经济稳定与增长三大职能。所谓资源配置职能，是指通过财政收支活动及其相应财政政策、税收政策的制定、调整和实施，可以对社会现有人力、物力、财力等社会资源结构与流向进行调整与选择。所谓收入分配职能，是指财政的经济职能中对参与收入分配的各主要利益关系的调节，达到收入公平合理分配的目标。所谓经济稳定与增长职能，是指通过财政政策的制定、实施与调整，使整个社会保持较高的就业率，以达到充分就业、物价稳定、经济稳定增长以及国际收支平衡等政策目标。

【复习思考题】

1. 什么是市场失灵？
2. 市场资源配置失效的主要表现有哪些方面？
3. 如何理解财政的三大职能？
4. 简述资源配置职能、收入分配职能和经济稳定与增长职能的内容。

5. 政府干预手段有哪些？为什么会出现政府干预失效？
6. 简述研究财政职能的基本思路。
7. 简述经济稳定和发展的含义及财政实现经济稳定和发展职能的机制和手段。
8. 简述财政的资源配置职能的目标及实现这一目标的机制和手段。
9. 简述财政的收入分配职能的目标及实现这一目标的机制和手段。

【阅读书目】

1. 哈维·S. 罗森，特德·盖亚. 财政学.10版. 郭庆旺，译. 北京：中国人民大学出版社，2015.

2. C.V. 布朗，P.M. 杰克逊. 公共部门经济学.4版. 张馨，等，译. 北京：中国人民大学出版社，2000.

3. 陈共. 财政学.8版. 北京：中国人民大学出版社，2015.

4. 寇铁军. 财政学教程. 大连：东北财经政法出版社，2015.

5. 吴俊培，许建国，杨灿明. 现代财政学. 北京：中国财经出版社，2001.

6. 大卫·N. 海曼. 财政学：理论在政策中的当代应用. 张进昌，译. 北京：北京大学出版社，2006.

7. 罗宾·鲍德威，戴维·威迪逊. 公共部门经济学.2版. 邓力平，译. 北京：中国人民大学出版社，2000.

8. 刘怡. 财政学. 北京：北京大学出版社，2016.

9. 刘宇飞. 当代西方财政学. 北京：北京大学出版社，2003.

10. 高鸿业. 西方经济学（微观部分·第6版）. 北京：中国人民大学出版社，2016.

11. 曼昆. 经济学原理：微观经济学. 分册.6版. 梁小民，梁砾，译. 北京：北京大学出版社，2012.

第五章　财政支出概论

【学习目的与要求】

1. 掌握财政支出的原则及其分类
2. 掌握衡量财政支出规模的指标类型、相关理论以及影响财政支出规模的因素
3. 掌握财政支出成本与效益的类型、评估财政支出项目的决策标准

【教学重点与难点】

1. 财政支出的分类
2. 财政支出的规模分析和效益分析
3. 财政支出规模增长变化的一般趋势
4. 评估财政支出项目的决策标准

财政支出也称公共财政支出，是指在市场经济条件下，政府为提供公共产品和服务，满足社会共同需要而进行的财政资金的支付。财政支出是国家将通过各种形式筹集上来的财政收入进行分配和使用的过程，它是整个财务分配活动的第二阶段。国家集中的财政收入只有按照行政及社会事业计划、国民经济发展需要进行统筹安排运用，才能为国家完成各项职能提供财力上的保证。

第一节　财政支出原则和分类

一、财政支出的原则

财政支出是政府实现资源配置的重要手段。在安排财政支出的过程中会遇到诸如财政支出与财政收入的关系、财政支出中各项支出比例是否合理以及财政资金使用效率的高低等问题，因此在安排财政支出时必须遵循一定的准则，以保证国民经济的健康发展。在我国现行的市场经济体制下，在安排和组织财政支出时一般遵循以下三个原则。

（一）量入为出原则

在经济发展的不同时期，西方国家的学者对于财政支出是采取量入为出还是量出为入的原则存在不同意见，我国一贯坚持量入为出的原则，与现今的主流思想一致。量入为出指的是政府在进行财政资金分配时，考虑到财政收入总量的限制性，应当根据财政收入来合理安排财政支出，支出总量不能超过收入总量。这是由资金的供求关系决定的。财政收入作为可供政府支配的有限的供给方，面对社会对于财政支出巨大的需求，坚持量入为出

原则可以使得财政支出与财政收入之间保持平衡，避免政府的财政赤字。

在运用此原则时，应当注意量力而行，按照事情的轻重缓急有序地安排资金分配，要根据经济的发展和财政支出的增长情况，合理地订立财政收入的各项指标。另外，在安排财政支出时要有科学依据，不留缺口，在编制预算时，要留有适当的后备。

（二）优化支出结构原则

优化支出结构是指合理安排财政支出中的各种比例，使其结构达到最优，以促进国民经济的健康可持续发展。为实现支出结构的优化，应当正确处理积累与消费的比例关系、国民经济各部门之间的比例关系以及生产性支出与非生产性支出之间的比例关系。

运用此原则时应当注意界定财政支出的范围，对于市场办不到、不愿办或者办不好的领域才利用财政支出来解决，比如国防、义务教育，风险性较大产业的扶持、自然资源的保护以及天然垄断行业的主导等，对于市场能解决的领域，财政不应介入，已经介入的要逐步退出，没有到位的要逐步到位。另外，政府的财政支出结构要保持相对稳定，这样才能保证各个行业的均衡发展。

（三）公平与效率兼顾原则

任何经济活动最终目的都是满足人们的需要，或者说增进社会经济福利，财政活动也不例外。社会经济福利是公平与效率的函数，由此产生了评价一切经济活动的两个准则：一是公平准则，二是效率准则。因此，在考虑财政职能对经济活动的影响时，必须兼顾公平与效率两个方面。

在经济领域中，公平是指社会收入分配的公平，包括社会成员参与分配的权利平等和分配结果合理化两层含义，但公平不等于平均，是财政机制通过工资制度和转移支付制度以实现按劳分配和居民基本生活需要的保障。效率是指通过优化生产要素组合与经济运行方式，把有限的社会资源进行最优的配置，借以创造更高的劳动生产率，从而获得最大的经济效益与社会效益。

公平和效率之间既有内在统一性也存在矛盾。公平是提高效率的前提，而效率则是公平分配的基础，所以只考虑其中之一是不可行的，必须两者兼顾。要解决公平与效率之间的矛盾，采取牺牲效率以实现公平或牺牲公平以实现效率的极端做法都是不当的。合理的做法是争取对两者进行协调统一。一方面，执行以按劳分配为主的原则，多劳多得，促进效率的提高和社会财富的增长，另一方面，贯彻效率原则，使对社会财富增长贡献大的社会成员和生产单位得到更多的物质利益，同时也为实现公平分配提供物质条件。公平与效率兼顾，还应遵循一条原则，那就是效率优先，兼顾公平。

二、财政支出的分类

财政部门的支出可以按多种方式分类，每一种分类都为研究和分析政府活动提供了有价值的信息。

（一）按支出功能分类

为了更好地进行统计分析、财政管理、财政监督以及为宏观决策提供全面、真实且准确的经济信息，我国政府在2007年按照公开透明、便于操作和参照国际经验的原则对《政府收支分类科目》进行了全面改革。新的《政府收支分类科目》在财政支出分类改革中设置新的支出功能分类体系，新的分类和科目体系与分类编码、基本支出预算、项目支出预算相配合，更为清楚地反映政府各项功能活动。

根据政府管理和部门预算的要求，按照新的支出功能分类方法，目前我国的政府支出可以分为类、款、项三级。类级科目反映的是政府的职能活动，如国防支出、外交支出、科技支出、环境保护支出等；款级科目反映为完成某项政府职能所进行的某一方面的工作，如“一般公共服务支出”类下的“人大事务”、“外交支出”类下的“对外合作与交流”等；项级科目反映为完成某一方面的工作所发生的具体支出事项，如“普通教育”款下的“高等教育”、“扶贫”款下的“扶贫贷款奖补和贴息”等。

（二）按支出的经济性质分类

按照财政支出是否与商品和服务发生交换为标准，可将财政支出分为购买性支出和转移性支出。

购买性支出指的是政府向企业和个人购买产品和劳务的支出。如政府为更好地履行职能会购置办公楼以及办公设备，支付政务人员的工资等。这类支出遵循等价交换的原则，政府直接以产品或服务的购买者身份出现在市场上，会对社会的生产和就业产生直接影响，对收入分配会产生间接影响。根据基本的供求关系，政府购买的增加会直接导致产品的供给量增加，也会促进该产品所在行业的就业率。

转移性支出指的是政府无偿地将一部分资金的所有权转让给他人所形成的支出。包括补助支出、捐赠支出、债务利息支出等，如职工退休后发放的养老金、对灾区的救济金、对困难家庭的补助等。此类支出直接影响收入分配，间接影响生产和就业。当政府大规模投资高速公路建设时，会大大改善道路交通供给情况，同时会增加对水泥、建材、机械等产品的需求，间接促进了生产和就业。

根据2016年底提出的《支出经济分类科目改革试行方案》，我国的支出经济分类充分考虑政府预算、部门预算的特点和管理要求，分设政府预算经济分类和部门预算经济分类两套科目，并根据《预算法》的有关要求，两套科目均设置“类”“款”两个层级，两套经济分类之间保持一定的对应关系，以利于部门预算与政府预算相衔接。

（三）按支出产生效益的时间分类

国际货币基金组织按支出产生效益的时间将财政支出分为经常性支出、资本性支出和净贷款三大类。

经常性支出是维持政府部门的正常运转而产生的支出，所产生的效益只对本期产生影响，比如，行政管理费用（包括办公费、公务员的工资、差旅费等）的消耗会形成为当期服务的公共物品（如行政管理、社会秩序等），给社会带来了直接效益或当期效益。

资本性支出是用来购买或生产使用寿命在一年以上的耐用品所需的支出，只是价值形式的转移，支出的资金形成了某种形式的资产，这些资产会在未来的一段时间内发挥其功能。例如用于建设厂房、修建铁路和公路等生产性支出，以及用于修建办公楼、购买办公用品等非生产性支出。这类支出所形成的结果有一部分在当期受益，更多的是在以后较长时间内受益。

三、我国财政支出的具体内容和分类

2007年起，基于有利于公共财政体系建立，有利于预算的公正、公开、细化、透明，有利于加强财政分析与决策，有利于国际比较与交流，我国进行了财政支出分类的改革，实行支出的功能分类和经济分类。

（一）支出功能分类

根据经调整的《政府收支分类科目（2017）》中新的支出功能分类方法，目前我国的政府支出可以分为类、款、项三级，类级科目现行规定有26项，其中类、款两级科目设置情况如下：

(1) 一般公共服务。分设28款，包括人大事务、政协事务、政府办公厅（室）及相关机构事务、发展与改革事务、统计信息事务、财政事务、税收事务、审计事务、海关事务、人力资源事务、纪检监察事务、商贸事务、知识产权事务、工商行政管理事务、质量技术监督与检验检疫事务、民族事务、宗教事务、港澳台侨事务、档案事务、民主党派及工商联事务、群众团体事务、党委办公厅（室）及相关机构事务、组织事务、宣传事务、统战事务、对外联络事务、其他共产党事务支出、其他一般公共服务支出。

(2) 外交。分设8款，包括外交管理事务、驻外机构、对外援助、国际组织、对外合作与交流、对外宣传、外界勘界联检、其他外交支出。

(3) 国防。分设5款，包括现役部队、国防科研事业、专项工程、国防动员、其他国防支出。

(4) 公共安全。分设12款，包括武装警察、公安、国家安全、检察、法院、司法、监狱、强制隔离戒毒、国家保密、缉私警察、海警、其他公共安全支出。

(5) 教育。分设10款，包括教育管理事务、普通教育、职业教育、成人教育、广播电视教育、留学教育、特殊教育、进修及培训、教育费附加安排的支出、其他教育支出。

(6) 科学技术。分设10款，包括科学技术管理事务、基础研究、应用研究、技术研究与开发、科技条件与服务、社会科学、科学技术普及、科技交流与合作、科技重大项目、其他科学技术支出。

(7) 文化体育与传媒。分设5款，包括文化、文物、体育、新闻出版广播影视、其他文化体育与传媒支出。

(8) 社会保障和就业。分设20款，包括人力资源和社会保障管理事务、民政管理事务、补充全国社会保障基金、行政事业单位离退休、企业改革补助、就业补助、抚恤、退役安置、社会福利、残疾人事业、自然灾害生活救助、红十字事业、最低生活保障、临时救助、特困人员救助供养、补充道路交通事故社会救助基金、其他生活补助、财政对基本养老保险基金的补助、财政对其他养老保险基金的补助、其他社会保障和就业支出。

（9）医疗卫生与计划生育。分设12款，包括医疗卫生和计划生育管理事务、公立医院、基层医疗卫生机构、公共卫生、中医院、计划生育事务、食品和药品监督管理事务、行政事业单位医疗、财政对基本医疗保险基金的救助、医疗救助、优抚对象医疗、其他医疗卫生与计划生育支出。

（10）节能环保。分设15款，包括环境保护管理事务、环境监测与监察、污染防治、自然生态保护、天然林保护、退耕还林、风沙荒漠治理、退牧还草、已垦草原退耕还草、能源节约利用、污染减排、可再生能源、循环经济、能源管理事务、其他节能环保支出。

（11）城乡社区。分设6款，包括城乡社区管理事务、城乡社区规划与管理、城乡社区公共设施、城乡社区环境卫生、建设市场管理与监督、其他城乡社区支出。

（12）农林水。分设10款，包括农业、林业、水利、南水北调、扶贫、农业综合开发、农村综合改革、普惠金融发展支出、目标价格补贴、其他农林水支出。

（13）交通运输。分设7款，包括公路水路运输、铁路运输、民用航空运输、成品油价格改革对交通运输的补贴、邮政业支出、车辆购置税支出、其他交通运输支出。

（14）资源勘探信息等。分设8款，包括资源勘探开发、制造业、建筑业、工业和信息产业监管、安全生产监管、国有资产监管、支持中小企业发展和管理支出、其他资源勘探信息等支出。

（15）商业服务业等。分设4款，包括商业流通事务、旅游业管理与服务支出、涉外发展服务支出、其他商业服务业等支出。

（16）金融。分设5款，包括金融部门行政支出、金融部门监管支出、金融发展支出、金融调控支出、其他金融支出。

（17）援助其他地区。分设9款，包括一般公共服务、教育、文化体育与传媒、医疗卫生、节能环保、农业、交通运输、住房保障、其他支出。

（18）国土海洋气象等。分设6款，包括国土资源事务、海洋管理事务、测绘事务、地震事务、气象事务、其他国土海洋气象等支出。

（19）住房保障支出。分设3款，包括保障性安居工程支出、住房改革支出、城乡社区住宅。

（20）粮油物资储备。分设5款，包括粮油事务、物资事务、能源储备、粮油储备、重要商品储备。

（21）预备费。

（22）其他支出。分设2款，包括年初预留、其他支出。

（23）转移性支出。分设8款，包括返还性支出、一般性转移支付、专项转移支付、上解支出、调出资金、年终结余、债务转贷支出、援助其他地区支出。

（24）债务还本支出。分设3款，包括中央政府国内债务还本支出、中央政府国外债务还本支出、地方政府一般债务还本支出。

（25）债务付息支出。分设3款，包括中央政府国内债务付息支出、中央政府国外债务付息支出、地方政府一般债务付息支出。

（26）债务发行费用支出。分设3款，包括中央政府国内债务发行费用支出、中央政府国外债务发行费用支出、地方政府一般债务发行费用支出。

（二）支出经济分类

支出经济分类主要反映政府支出的经济性质和具体用途。主要分为10类。

（1）工资福利支出。包括基本工资、津贴补贴、奖金、其他社会保障缴费、伙食补助费、绩效工资、机关事业单位基本养老保险缴费、职业年金缴费、其他工资福利支出。

（2）商品和服务支出。包括办公费、印刷费、咨询费、手续费、水费、电费、邮电费、取暖费、物业管理费、差旅费、因公出国（境）费用、维修（护）费、租赁费、会议费、培训费、公务接待费、专用材料费、被装购置费、专用燃料费、劳务费、委托业务费、公会经费、福利费、公务用车运行维护费、其他交通费用、税金及附加费用、其他商品和服务支出。

（3）对个人和家庭的补助。离休费、退休费、退职（役）费、抚恤金、生活补助、救济费、医疗费、助学金、奖励金、生产补贴、住房公积金、提租补贴、购房补贴、采暖补贴、物业服务补贴、其他对个人和家庭的补助支出。

（4）对企事业单位的补贴。企业政策性补贴、事业单位补贴、财政贴息、其他对企事业单位的补贴。

（5）转移性支出。不同级政府间转移性支出、同级政府间转移性支出。

（6）债务利息支出。国内债务付息、国外债务付息。

（7）债务还本支出。国内债务还本、国外债务还本。

（8）基本建设支出。房屋建筑物购建、办公设备购置、基础设施建设、大型修缮、信息网络及软件购置更新、物资储备、公务用车购置、其他交通工具购置、其他基本建设支出。

（9）其他资本性支出。房屋建筑物购建、办公设备购置、专用设备购置、基础设施建设、大型修缮、信息网络及软件购置更新、物资储备、土地补偿、安置补助、地上附着物和青苗补偿、公务用车购置、其他交通工具购置、产权参股、其他资本性支出。

（10）其他支出。预备费、预留、补充全国社会保障基金、对社会保险基金补助、赠与、贷款转贷、其他支出。

第二节　财政支出的规模分析

一、财政支出规模的衡量

（一）绝对指标

绝对指标是以一国货币单位表示的财政年度内政府实际安排和使用的财政资金的数额。绝对指标是计算相对指标的基础，并且对绝对指标按时间序列加以研究可以看出财政支出规模发展变化的趋势。但这一指标不能很好地反映政府支配的社会资源在社会资源总量当中所占的比重，政府在整个经济社会发展过程中的地位没有充分反映出来。另外，绝对指标是以本国货币为单位，无法直接用来与其他国家进行比较，需要利用汇率进行换算，不直观且不方便。以绝对指标衡量只是名义上的财政支出规模，因为以现价反映的财政支出数额并没有考虑通货膨胀因素的影响。

（二）相对指标

相对指标可以分为两种，一种是指财政支出总额占 GDP（或者 GNP）的比值，另一种指的是财政支出项目金额占 GDP（或者 GNP）的比值（如转移支付/GDP），是绝对指标与有关指标的比率，第一种可以从宏观上把握国家财政支出规模的总体情况，第二种指标可以用来考察具体财政支出项目的规模情况，方便进行结构上的分析。相对于绝对指标而言，相对指标本身就可以反映政府在整个经济社会发展以及社会资源配置过程中的地位，通过该指标的横向对比可以反映不同国家或地区的政府在社会经济发展中地位的差异，通过纵向比较则可以看出政府在社会经济发展中地位和作用的变化趋势。另外，相对指标剔除了通货膨胀因素的影响，反映的是财政支出的实际规模。应用过程中可根据实际需要对两种指标进行选择。

（三）动态指标

（1）财政支出增长率，用 $\Delta G(\%)$ 来表示。该指标反映当年财政支出比上年同期财政支出增加的百分比（%），即同比增长率。用公式表示如下：

$$\Delta G(\%)=\frac{\Delta G}{G_{n-1}}=\frac{G_n-G_{n-1}}{G_{n-1}}$$

式中，ΔG 表示当年财政支出比上年增（减）额，G_n 表示当年财政支出数额，G_{n-1} 表示上年财政支出数额。

（2）财政支出增长的弹性系数，用 E_g 来表示。该指标指的是财政支出增长率与 GDP 增长率的比值。若弹性系数大于 1 则表明财政支出增长速度快于 GDP 增长速度。用公式表示如下：

$$E_g=\frac{\Delta G/G_{n-1}}{\Delta \mathrm{GDP}/\mathrm{GDP}_{n-1}}$$

式中，$\Delta \mathrm{GDP}/\mathrm{GDP}_{n-1}(\%)$ 表示 GDP 的增长率，ΔGDP 表示当年 GDP 相对于上年的增长额。

（3）财政支出增长边际倾向，用 MGP 来表示。该指标反映财政支出增长额与 GDP 增长额之间的关系，GDP 每增加一个单位的同时财政支出增加多少，也可以表明在 GDP 的增加额中，用于增加财政支出的那部分所占的份额。边际倾向大于 1，说明财政支出绝对量增加的幅度小于 GDP 的增加幅度，财政支出相对规模呈现上升趋势。用公式表示如下：

$$\mathrm{MGP}=\frac{\Delta G}{\Delta \mathrm{GDP}}$$

二、财政支出规模增长变化的一般趋势

各国的财政支出规模都经历了一个由小到大的过程。从 19 世纪 70 年代直至 20 世纪

90年代中期，工业化国家财政支出基本保持增长态势，包括绝对规模以及相对规模的增长。财政支出不断增长的问题，一直吸引着经济学家们的关注，许多学者做了大量的研究，在众多关于财政支出增长的理论中，最具代表性的主要有瓦格纳法则、梯度渐进增长理论和“发展型”增长论。

（一）瓦格纳法则

最早对财政支出进行理论解释的是19世纪德国经济学家阿道夫·瓦格纳（Adolph Wagner）。他在考察了18世纪至19世纪西方国家（主要是西欧国家）的财政支出增长状况后，提出了财政支出扩张论，后人称之为“瓦格纳法则”。但是，瓦格纳在当时并未指出这种增长是相对规模还是绝对规模的增长，他只是在将财政支出与人均收入的增长进行对比后提出，在国民经济发展中，随着人均收入的增长，财政支出也会随之增长的结论。

瓦格纳的结论是建立在经验分析的基础上的，他在经过考察以后，提出财政支出的增长是政治因素和经济因素共同作用的结果。他指出随着经济的工业化，不断扩张的市场和市场主体之间的关系越来越复杂，市场关系的复杂化引起了对商业法律和契约的需要，这样就需要配套的司法制度来执行这些法律，要求国家把更多的资源用于提供治安和法律以及其他方面的社会管理。城市化进程的加快和居住密度的提高，加剧了拥挤等外部性问题，需要政府进行干预和管理。因此，政府的服务就具有紧迫性。除了法律、警察和金融等方面的服务以外，瓦格纳将教育、娱乐和文化、医疗和服务方面的财政支出的增长归因于需求的收入弹性，即随着实际收入的上升，这些项目财政支出的增长将会快于GDP的增长。

（二）梯度渐进增长理论

英国经济学家A. T. Peacock和J. Wiseman在1961年出版的《联合王国公共支出的增长》一书中对1890—1955年的英国财政支出的演变情况进行了分析，提出了梯度渐进增长理论，该理论建立在“政府喜欢多支出，公民不愿多纳税，因此政府必须密切注意人民的意愿”的前提假设下，认为公民所能容忍的税收水平是政府财政支出的约束条件。

按照A. T. Peacock和J. Wiseman的分析，导致财政支出规模增长的因素可归结为两种，即在正常时期的内在因素和在非正常时期的外在因素。内在因素是指经济增长对财政支出增长的作用。随着经济的发展和收入水平的提高，在既定税制和税率水平下，政府的税收收入也会上升，因为政府支出的上升和国民生产总值的上升呈线性关系，所以，财政支出在正常时期也会上升。

外在因素是指在社会发展过程中的动荡时期（如战争、饥荒、经济危机及其他社会灾难等），政府为了应对这些突变情况，会加大政府支出，以致超过国民生产总值的增长速度。这种因动荡增加的财政支出会产生三种效应：一是替代效应。为了满足大量支出增加的需要，政府会被迫提高税率或增加新税，税收水平在正常情况下不会被公众所容忍，但在特殊时期却容易接受。因财政支出的增加，排挤了许多私人支出。而且，非正常时期过后，财政支出很难再回到原来的水平，此时的国家需要通过维持较高的财政支出水平来解决其面临的重建、抚恤、债务支出等问题，使得财政支出又从一个新起点开始其增长之旅。二是检查效应。动荡使政府和公众更强烈地意识到社会问题，认识到自己对社会负有责任，社会可接受的课税水平会比正常水平明显提高，使得政府可以继续维持高水平的财政支出以改善社会环境。三是集中效应。在动荡时期，公众会给予政府更多的理解和支持，中央更容易集中地方财政来应对急剧增加的支出水平，政府把新增财政收入用于动荡后政府新增加的职能活动，实现了财政支出规模的一次大跳跃。

专栏 5-1

战争使美国联邦政府预算得以顺利扩张

美国总统布什于2002年2月4日向国会正式提交了联邦政府2003年度预算。受“9·11”事件影响，2002年度联邦政府支出将达到2.12万亿元美元，比2001年增加3.7%，特别是国防和国内安全开支将大幅增长，因此这个预算计划又被媒体称为“战争预算”。2003年国防开支达到3790亿美元，比2002年增长14.5%，为过去20年来的最高增幅，其中，海、陆、空军预算分别增长10%、9.5%和13%，总额为3050亿美元，主要用于给军人加薪、购买精密武器、无人驾驶飞机和其他高科技装备等。根据该预算报告，由于经济衰退、反恐战争和加强国内安全等原因，2002财政年度联邦政府出现1062亿美元的赤字，这是自1997年以来联邦政府首次出现赤字。2003年联邦政府收入虽可达到2.04万亿美元，比2002年增加5.2%，但因新预算大幅度增加了军费和国内安全支出，2003年度和2004年度联邦政府赤字预计仍将分别达到802亿和137亿美元。为此，布什不得不在新预算中削减了公路建设、环境保护、文教卫生和职业培训等许多国内项目的开支，在其他主要国内项目中，新预算也仅增加了2%的开支，如果将通货膨胀因素考虑在内，则基本没有增加。民主党人科拉德指出，布什政府的新预算报告无疑将使联邦政府陷入巨额财政赤字危机。由于伊拉克战争的展开，美国参议院在2003年4月3日一致通过了近800亿美元的增加预算案，用于伊拉克战争、奖励主要盟友、支持反恐，并帮助苦苦挣扎的美国航空业。众议院很快通过了这一议案。

资料来源：刘怡．财政学．北京：北京大学出版社，2010：163.

（三）“发展型”增长论

理查德·A. 马斯格雷夫和华尔特 W. 罗斯托用经济发展阶段论来解释财政支出增长的原因。在对不同国家不同阶段的财政支出状况进行大量研究之后，他们认为，在经济发展的早期阶段，基础设施落后制约着整个经济的发展，政府会增加投资兴建交通运输、通信及水利等基础设施，在这一阶段，政府投资在社会总投资中占有较高的比重。在经济发展中期，私人部门获得了很大的发展，政府投资还应继续进行，但也只是对私人投资的补充，因此政府投资在总投资中的比重会相对下降。但在经济发展的所有阶段，随时都有可能出现市场失灵的问题，政府还要通过增加财政支出来解决市场失灵。马斯格雷夫认为，在整个经济发展过程中，当GDP中总投资的比重上升时，政府投资的比重会趋于下降。

罗斯托认为，当经济发展进入成熟阶段，人均收入水平大幅提升，人们开始追求高质量的生活，财政支出将从基础设施支出转向不断增加的教育、卫生保健服务等支出，从而使政府投资又出现较高的增长，特别是用于社会保障和收入再分配的支出会大大超过其他方面支出的增长，使得财政支出的增长速度加快。

三、影响财政支出规模的因素

为了全面解释、反映财政支出的增长状况，需要对影响财政支出的各方面因素进行分析，研究这些因素也是确定支出合理规模的基础。

（一）需求方面因素

随着经济的不断发展和人均国民生产总值的提高，人们对财政支出的客观需求也在不断上升，决定财政支出增长的需求方面的因素包括经济因素、政治因素、社会和历史因素。

（1）经济因素。经济发展水平是影响财政支出规模的基础性因素。经济的发展使得社会财富不断增加，公众对公共设施和基础设施的需求量加大，如因为公众收入的增加，对汽车的需求量上升，从而政府对公路设施等市政建设的投资会加大。随着人均收入的增长，个人消费也在不断提升，人们更加追求高质量的生活，如更好的社会治安、更好的教育、更好的医疗保障设施等，这些都对财政支出施加了压力。

（2）政治因素。政局不稳、发生战争或出现自然灾害时，财政支出规模必然会超乎寻常地扩大。如美国联邦政府支出在南北战争时期，第一次突破 10 亿美元，第一次世界大战时高达 185 亿美元，第二次世界大战期间超出 1000 亿美元。并且在这种增长情况下，事后一般难以回到原来的水平，第二次世界大战后的联邦政府支出也只降到了 360 亿美元。

（3）社会和历史因素。社会因素（如人口状态、文化背景等）也在一定程度上影响政府的财政支出规模。人口增加促使公共治安、教育、住房、社会福利、城市公用设施等需求的增加，人口结构的变化也会导致财政支出的增加，如学龄人口的增加要求提供更多的中小学教育，老龄化的加剧使得社会保障支出中养老金支出不断增加，此外还需提供更多的老年福利机构。随着经济的发展，政府用于转移支付和补贴的支出占财政支出的比重也在增加，在市场经济发达的国家更明显。

（二）供给方面因素

财政支出规模受到其来源以及供给效率的影响，从供给的角度考虑，影响财政支出规模的因素包括税收水平、财政支出的效率水平、财政支出的生产水平以及财政政策调控。

（1）税收水平。经济的发展使得社会财富不断增加，维持基本生活所需的部分在社会财富中占比下降，政府可以集中更多的社会财富来满足公共需要，这就导致税基的不断扩大，另外作为政府取得财政收入主要手段的一些税种具有累进性，尤其是所得税，使得政府通过税收取得财政收入具有累进性，这些都为财政支出规模的扩大提供了可能。

（2）财政支出的效率水平。财政支出的效率包括政府部门工作效率以及财政支出本身的资金使用效率。具体而言，政府部门工作效率的高低会使财政支出水平出现两种不同的状态，较低的工作效率必然导致较高的财政支出，而且政府部门活动所追求的直接目标不是利润，也不是通过市场竞争进行，容易导致效率低下，使财政支出规模扩大的可能性增加。另外财政支出项目安排不当、浪费或其他管理方面的原因都可能造成资金的使用效率低下，为保证一定的服务水平和活动目的，必然要求财政支出的相应增加。

(3) 财政支出的生产水平。财政支出中的资本性支出包含生产性支出和非生产性支出两种，对于生产性支出而言，其投入会在后期为政府带来收益，收益的高低会对财政支出规模产生影响。另外，财政支出在投入过程中，投入品的定价也会对财政支出产生影响。投入品价格是由物价水平所决定的，而物价水平既受到商品劳动生产率的影响，又受到货币供给量的影响。如货币供给量的过度会导致通货膨胀的增长，币值下跌，财政支出在名义上会增加，这种扭曲虽然可以通过统计方法的调整来剔除，但价格扭曲会使财政支出中的补贴性支出增加，这是不容忽视的。

(4) 财政政策调控。我国社会主义市场经济体制是由计划经济体制转换而来的，是在政府推动下建立和形成的，因此政治决策对我国财政支出规模的发展变化以及最终形成最佳的相对稳定状态具有决定性作用。财政在政府对经济进行宏观调控时具有重要的地位，政府会根据经济运行的态势，采取扩张性或压缩性的财政政策以达到一定的财政政策目标。

专栏 5-2

我国财政支出规模发展变化的特殊性

世界各国特别是发达国家的财政支出不论是从绝对规模还是相对规模来看，都呈现出随着人均收入的提高而增长，达到一定水平则相对稳定的状态。我国财政支出占GDP 比重的发展变化有其本身的特殊性。改革开放以来，我国财政支出增长率总是波折上升的，我国财政支出除了 1980 年、1981 年两年负增长外，其余年份都呈现增长态势，且速度可观，如年均增长速度“六五”时期达到10.3%，“七五”时期达到9.0%，“八五”时期达到 17.2%，“九五”时期达到 18.4%，“十五”时期达到16.2%，“十一五”时期达到 21.5%，“十二五”时期达到 14.4%。但财政支出占GDP 的比重的变化却呈现与发达国家不一样的趋势。1995 年以前一路下滑，1996 年停止下滑，1997 年开始回升，而且回升速度很快，这种变化趋势充分体现了我国经济转轨时期的特征（见图 5-1）。

在 1978 年以前，我国实行的一直是高度集中的计划经济体制，计划经济时期政府包得过高、统得过死，财政支出占 GDP 的比重必然较高，改革开放不可避免要经历一个简政放权和提高人民生活水平的过程，财政收入增长速度下降和财政支出下降，同时导致财政支出增长弹性和增长边际倾向的下降。一旦经济体制迈上市场经济的运行轨道，随着经济改革的逐步到位和 GDP 的增长，逐年下滑的趋势理应逆转。我国财政支出占 GDP 的比重在 1997 年开始回升，特别是自 1998 年实行积极的财政政策以后，回升速度较快，2003 年转向稳健型的财政政策，随后几年虽然财政赤字

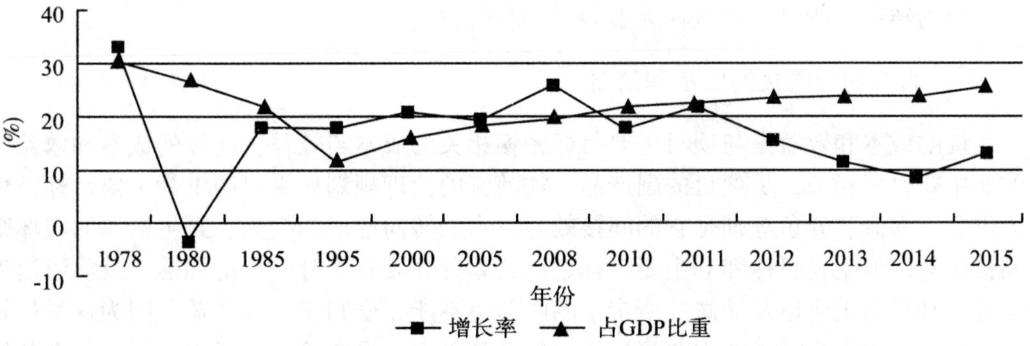

图 5-1　我国财政支出增长率和财政支出占 GDP 比重发展变化趋势

数据来源：根据《中国财政统计年鉴 2016》整理。

逐年压缩，但同时财政收入增长率却在不断上升，因此财政支出占 GDP 的比重仍旧是上升趋势。

资料来源：陈共．财政学．7 版．北京：中国人民大学出版社，2012：63-64.

第三节　财政支出的效益分析

由于资源的稀缺性，政府在安排财政支出时，必须考虑资源的配置效率问题。目前评估项目效益较实用的方法是成本效益分析法，这是本节重点叙述的方法。成本效益分析法是通过比较各种备选项目的全部预期收益和全部预期成本的现值来对项目进行评价，以此作为决策依据的一种方法。

一、成本与效益的类型

财政支出项目的成本效益与私人部门的成本效益有着明显的不同，私人部门追求的是利润最大化，而财政支出项目的目标是追求社会福利最大化。私人部门支出只考虑支出项目自身直接的和有形的所费和所得，财政支出项目要考虑得更全面，主要分为以下几种类型。

（一）实际的与金融的成本和效益

实际的成本，是指由于某项工程的实施而实际耗费的人力、物力以及对社会、经济和人民生活造成的实际损失。实际的效益，是指财政支出项目最后的消费者获得的收益，即由于某项工程的实施而生产出的更多的社会财富，以及由此带来的社会的发展和人民生活水平的提高。

金融的成本或效益，则是受到市场上相对价格变化影响的成本或效益，即项目的实施使社会某方面受到影响，导致价格变动而产生的成本或收益。这种成本和效益并不表示社会财富的实际损失或增加，仅仅是价格对财政支出所作出的反映，代表收入在各个集团和成员之间的转移。所以，又被称为虚假成本和效益。

（二）直接的与间接的成本和效益

直接的成本和效益是与项目主要目标密切相关的成本与效益，间接的成本和效益与项目的非主要目标相关，是项目的副产品。如河流的治理规划如果以防洪为主要目标，那么动力供应、灌溉、养鱼等则是它的间接效益，水的转向造成的损失、野生资源的破坏则属于间接成本。但主要目标和非主要目标之间的划分并没有十分严格的标准，就河流治理规划而言，其动力供应以及灌溉等所带来的收益也不能完全归于间接效益，因为这类规划不可能单纯把防洪作为唯一的主要目标，一般会和蓄水、发电等一起考虑。所以，在分析项目的成本和效益时，为了使结果更准确，必然要综合考虑直接和间接两种情况。

（三）有形的与无形的成本和效益

能够以市场货币价值计量并且按惯例应入账的成本和效益就是有形的成本和效益，反之则是无形的成本和效益，不能用货币计量因此也不能入账。如新建一条高速公路，使交通便捷，运货量、乘客量都有所增加，属于可计量的效益，而新建的公路降低了车祸发生的概率，节约了路上所耗的时间，增加了舒适度，还可能会带动公路沿线旅游业的发展，这些都为无形的效益。

（四）内部的与外部的成本和效益

内部的成本和效益指的是工程所在地区内发生的成本和效益，发生在所在辖区之外的即为外部成本和效益。如新建一座水库，不仅能使所在地获益，而且河流经过的其他地方也会有所获益。表 5-1 列出了建设水坝的成本效益分析。

表 5-1 **建设某水坝的成本效益分析**

成本和效益类型			成本	效益
实际的	有形的	直接的	建设成本、购买设备、维修成本	灌溉、发电
		间接的	对历史文物的破坏	航运、旅游
	无形的	直接的	自然景观遭到破坏	美化环境
		间接的	对移民的影响	对非居民带来的影响
金融的			地价、工资上升、成本上升	有关厂商的收入增加

二、成本与效益的衡量

财政支出的成本效益分析的主要难题是对成本和效益的衡量。因为财政支出的成本和效益并非全都可以直接量化，政府的一些支出完全是非市场化的，如国防、教育等，还有些支出虽然本身具有明确的市场价格，但这些价格并不能准确反映成本和效益，如政府兴办水利工程，可以促进周边经济的发展，降低农业生产的边际成本，但也可能对自然环境造成了破坏。所以，对财政支出的成本和效益的衡量是一个复杂的过程，需要综合考虑成本和效益的类型适当选取衡量方法，对于无法直接量化的类型，可以采取间接的方法来解决。

（一）计算项目引起的消费者剩余变动

财政支出项目经常会导致价格变化，从而使消费者获得的效益发生改变，此时可以通过考察消费者剩余的变动来估算效益变化的大小。从微观经济学基础可以知道，消费者剩余反映的是某一产品最终消费的净效益，是消费者对一定数量某产品或服务愿意支付的最高价格与实际支付的价格之间的差额。如图 5-2 所示，横轴表示某一产品的数量，纵轴表示该产品的价格，D 表示消费者对该产品的需求曲线，S 表示该产品的供给曲线，则均衡点 E_1 决定的产出和市场价格为 Q_1 和 P_1，相应的消费者剩余为 P_1AE_1。

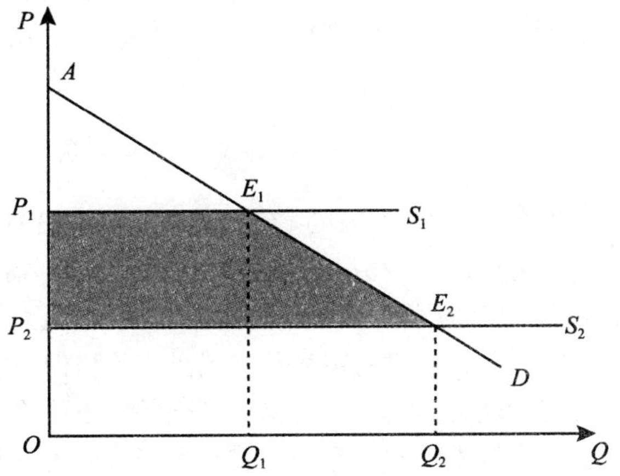

图 5-2　消费者剩余变动分析

假定通过财政支出提供了能降低私人成本的基础设施，供给曲线下降到 S_1，达到新的均衡点 E_1，新均衡决定的产出和市场价格变为 Q_2 和 P_2，消费者剩余增加至 P_2AE_2，增加量为图中阴影部分 $P_2P_1E_1E_2$，这是消费者能以较低价格购买所得到的好处，也就是该项财政支出所带来的社会效益。

（二）从经济行为进行判断

1. 时间价值的估计

政府的许多财政支出可以通过为公众节约时间而产生效益，这种效益可以通过时间价值来进行量化。如交通系统的改善，可以节约人们在路上的时间，可通过使用相关交通设施的人们的小时工资率计算。在简单的经济模型中，人们在工作和闲暇之间进行选择，一个人放弃一小时闲暇进行工作，可以获得相当于一小时工资价值的消费品。因此，在理想的条件下，工资可以作为衡量人们时间价格的尺度。但这种方法也存在一些问题：第一，一些人并不能自由选择他们的工作时间，许多人愿意在现有工资率下进行更多的工作但并没有那么多的工作机会；第二，并非所有的工作时间都是等效的，比如周末出游，一些人并不在意时间的机会成本；第三，由于个人节约的时间给此时没有使用交通设施的人们造成便利，这种效益在时间价值的分析中并没有体现，低估了节约时间产生的效益，比如赴约时节省客户等待的时间给客户带来的效益。

2. 生命价值的估计

在财政支出中，涉及生命价值估价的项目占比很大，如国防支出、公检法支出、医疗保健支出等。生命是无价的，按照道德标准政府用于改善人们健康、保障公共安全的支出也应该是无价的，但这会造成财政支出成本效益分析的失灵，一些财政支出项目的评价将变得毫无意义，政府也不可能将所有的或大部分的收入用于这些方面。所以，在成本效益分析中，必须对生命价值进行估价。可以使用的方法有两种：一是估计一个人死亡损失的收入，即假定一个人能活到他的正常年龄，他生命的剩余时间能赚到多少钱；二是用人们所要求的风险补偿来估计生命价值，从事危险职业的人们一般会要求一定的风险补偿，健在的时候要求一个更高的工资，可以通过考察人们为补偿较多的死亡机会而增加的收入来衡量生命的价值。

（三）影子价格

在对成本和效益进行度量时，有时会遇到有的商品和劳务没有市场价格，需要估价，或者不完全竞争等原因造成有的商品和劳务的市场价格不合理，需要纠正的情况。为此，经济学家引入“影子价格”对市场不存在或市场价格歪曲了社会价值时的成本和效益进行分析。所谓影子价格，指的是针对没有市场价格或虽有价格但不能反映出边际成本或社会收益的商品或劳务所规定的较合理的替代价格。理想的影子价格应该为不存在市场失灵时的帕累托效率均衡价格，在成本效益分析中，它比市场价格更具有代表性。

三、评估财政支出项目的决策标准

完成财政支出成本和效益的估算之后，接下来需要确定财政支出项目的评价标准。现阶段常用的评价标准有三种，即净现值法、内在收益率法和成本效益比率法。

（一）净现值法

利用净现值法判断项目是否可行的基本思想是：将项目未来净收益之和按照一定的贴现率进行贴现，判断收益现值与成本现值的差值（净现值）的大小，若净现值为正，则说明项目有正向的收益，净现值越大，项目的投资效益越高。净现值公式为：

$$\mathrm{NPV}_i = \sum_{t=0}^{n} \frac{B_i(t) - C_i(t)}{(1+r)^t} - K_i \tag{5-1}$$

其中，i 为若干供选择项目中的第 i 个项目，$B_i(t)$ 为项目 i 在第 t 年所产生的收益，$C_i(t)$ 为项目 i 在第 t 年所花费的成本，n 为所分析的项目持续的时间，K_i 为项目最初的资本投入，NPV_i 为项目 i 所可能产生的净现值。

（二）成本效益比率法

成本效益比率法与净现值法的步骤类似，首先都需要进行贴现计算，但不同的是将收益与成本分别贴现，再用收益总现值除以成本总现值，若比值大于1，则项目可行，比值越高，则投资越有利，这一指标实质上与净现值是相同的。值得注意的是，净现值着重强调的是净效益而不是收益与成本之间的关系，成本效益比率法更侧重单位成本所取得的收益，可根据具体项目权衡使用。公式为：

$$\mathrm{BCR}=\frac{\sum_{t=0}^{n}B_i(t)/(1+r)^t}{\sum_{t=0}^{n}C_i(t)/(1+r)^t} \tag{5-2}$$

（三）内在收益率法

内部收益率（IRR）是指收益总现值与成本总现值相等时的贴现率，或者是使净现值为零的贴现率。设贴现率为 P，则 P 满足方程：

$$\sum_{t=0}^{n}\frac{B_i(t)-C_i(t)}{(1+r)^t}=0 \tag{5-3}$$

将所求得的内部收益率 P 与市场收益率 r 进行比较，若 $P>r$，意味着投资该项目比投资其他项目所获得的收益更多，该项目可行。当面临许多相互排斥的项目供选择时，可比较这些项目的内部收益率，数值最大的即为最优项目。

四、财政支出效益的其他分析方法

（一）最低费用分析法

最低费用分析法可以看做对成本效益分析法的补充，该方法与成本效益分析法的区别之处在于不用货币单位来计量被选财政支出项目的效益，只计算每个备选支出项目的有形成本，并最终以成本最低作为选择的标准。最低费用分析法多用于军事、政治、文化、卫生等公共项目上，这些项目的成本易于计算但收益不易衡量，且这类支出所提供的商品和劳务不可能以任何方式进入市场交换。对于某些难免涉及政治、文化、社会等因素的支出项目，在运用此方法时，需要进行除成本之外的综合且更加细致的考虑，以保证所选的项目是最优的。

（二）公共定价法

公共定价法又称为公共劳务收费法，指的是政府将价格机制的作用运用到公共劳务的提供和使用中，通过制定和调整公共劳务的价格和收费标准，适当地限制和约束社会公众对公共劳务的消费量，从而使公共劳务得到最有效、最节约的运用，以达到提高公共效益的目的。

公共定价分为管制定价和纯公共定价，前者指的是政府规定竞争性管制行业的价格，如金融、农业和教育等行业，后者指的是政府直接制定自然垄断行业的价格，如能源、通信和交通等公共事业。该方法也适用于成本易于衡量而收益难以计算但这类支出所提供的商品或劳务可以全部或部分进行市场交易的公共支出项目，这也是其与最低费用分析法的区别之一。两种方法的另一个区别是难点的不同，公共定价法难点在于制定合理的价格和收费标准，而最低费用分析法难点在于公共项目备选方案的确定。另外，公共定价法只适用于可以买卖以及采用定价管理的公共服务部门。

【本章小结】

财政支出也称公共财政支出，是指在市场经济条件下，政府为提供公共产品和服务，满足社会共同需要而进行的财政资金的支付。财政支出可以按照支出功能、支出的经济性质、支出产生效益的时间等进行分类，每一种分类都为研究和分析政府活动提供了有价值的信息，我国2007年进行了财政支出分类的改革，实行支出的功能分类和经济分类。对财政支出规模进行分析是更好实现政府职能的需要，其衡量指标一般包括绝对指标、相对指标以及动态指标等，对于财政支出规模一直保持增长的一般趋势，经济学家们致力于寻求合理的解释，代表性的理论有瓦格纳法则、梯度渐进增长理论等。财政支出的成本和效益可以从实际的与金融的、直接的与间接的、有形的与无形的、内部的与外部的等角度进行分类，在进行具体的衡量时需要综合考虑成本和效益的类型适当选取衡量方法，对于无法直接量化的类型，可以采取间接的方法来解决。完成财政支出成本和效益的估算之后，需要确定财政支出项目的评价标准，一般包括净现值法、内在收益率法和成本效益比率法等。

【复习思考题】

1. 简述财政支出的原则及分类。
2. 简述“瓦格纳法则”阐述的基本原理。
3. 简述梯度渐进增长理论。
4. 简述影响财政支出规模的因素。
5. 简述财政支出成本与效益的类型及衡量方法。

【本章参考书目】

1. 陈共．财政学．8版．北京：中国人民大学出版社，2015.
2. 盖锐．财政学．2版．北京：北京大学出版社，2015.
3. 李友元，等．财政学．北京：机械工业出版社，2009.
4. 蒋洪，等．财政学．北京：高等教育出版社，2004.
5. 刘怡．财政学．2版．北京：北京大学出版社，2010.
6. 杨志勇，等．公共经济学．北京：清华大学出版社，2013.

7. 张馨，等．财政学．2 版．北京：科学出版社，2010.

8. 高培勇．公共经济学．2 版．北京：中国人民大学出版社，2008.

9. 林炜．财政支出规模变化趋势的理论依据与影响因素分析．商场现代化，2008，(11)：350-351.

第六章　购买性支出——公共消费性支出

【学习目的与要求】

1. 掌握消费性支出的内容
2. 了解国防支出的经济效应

【教学重点与难点】

1. 行政管理支出、国防支出、文教科卫支出的内容和性质
2. 行政管理支出、国防支出、文教科卫支出的概况

消费性支出是购买性支出的重要组成部分，表现为政府直接在市场上购买并消耗商品和服务，是国家执行其政治和社会职能的财力保证。消费性支出与投资性支出同属购买性支出，其主要区别在于消费性支出是非生产性的消耗性支出，并不形成任何资产，但两者都是社会再生产正常运行所必需的。消费性支出包括行政管理支出、国防支出、文教科卫支出等。

第一节　行政管理支出

一、行政管理支出的内容和性质

行政管理支出的目的主要是提供公共产品和公共服务，是国家财政用于国家各级权力机关、行政管理机关、司法机关和外事机构等行使其职能所需的费用支出。我国的行政管理支出的内容基本上也属于广义的行政管理支出，由于财政支出科目的调整，2007 年以后原行政管理支出的内容反映在新类别下的以一般公共服务为主的三类科目：一是一般公共服务，包括人大事务、政协事务、发展与改革事务、审计事务、民族事务、群众团体事务等；二是外交，包括外交管理事务、驻外机构、对外援助、国际组织、对外合作交流等；三是公共安全，包括武装警察、公安、检察、法院、司法、监狱等。按费用要素划分，行政管理支出可分为人员经费和公用经费。人员经费是用于保证行政人员正常行使其职责的费用支出，主要包括工资、福利费、离退休人员费用等，公用经费是用于保证政府机构正常开展公务的费用支出，包括公务费、修缮费、设备购置费和业务费等。

行政管理支出是维持国家各级政权存在，保证各级国家管理机构正常运转所必需的费用，也是纳税人所必须支付的成本，其具有纯公共物品和劳务的性质，只能由政府来提供。因此，行政管理支出的安排是否合理，是能否建立高效率政权机关和其他各类管理机关的重要前提，是社会经济事务能否得到及时有效协调的重要保证，也是社会资源是否能

得到有效配置的重要表现。在我国，注意控制和节约行政管理支出，对于合理安排国家财政总支出，用更多的资金支援经济建设和各项文化教育科学卫生事业的发展，发扬艰苦奋斗、勤俭建国的优良传统，克服官僚主义，都有非常重要的意义。

二、我国行政管理支出的概况

中华人民共和国成立之初，“一五”到“四五”期间，行政管理费占财政支出的比重呈现下降趋势，改革开放后，行政管理支出占财政支出的比重有所上升。如表 6-1 所示，按照 2007 年《政府收支分类科目》改革前口径计算，行政管理费占财政支出的比重从 1978 年的 4. 37%上升到 1995 年 12. 79%，随后有一个先下降后上升的过程，2005 年达到 14. 25%；按照改革后新分类科目（包括一般公共服务、公共安全和外交支出）口径计算，2008 年达到 22. 52%。另外，从行政管理支出占 GDP 的比重来看，1978—2000 年变化不大，基本维持 2%以下，此后突破 2%且呈现先上升后下降的态势。GDP 是行政管理支出增长的经济基础，行政管理支出占 GDP 比重的上升说明中国对非经济费用支出的负荷能力和负担水平的提高。

表 6-1　**我国行政管理支出及其增长趋势**　单位：亿元

年份	行政管理支出	比上年增长	占财政支出的比重（%）	占 GDP 的比重（%）
1978	49. 09	238. 62	4. 37	1. 33
1980	66. 79	36. 05	5. 44	1. 46
1985	130. 58	95. 51	6. 52	1. 44
1990	303. 1	37. 21	9. 83	1. 61
1995	872. 68	19. 65	12. 79	1. 42
2000	1787. 58	17. 17	11. 25	1. 78
2005	4835. 43	19. 1	14. 25	2. 58
2006	5639. 05	16. 62	13. 95	2. 57
2007	12215. 68	116. 63	24. 54	4. 52
2008	14096. 4	15. 4	22. 52	4. 41
2009	14159. 24	0. 45	18. 56	4. 06
2010	15124. 08	6. 81	16. 83	3. 66
2011	17601. 63	16. 38	16. 11	3. 60
2012	20145. 89	14. 45	15. 99	3. 73
2013	21897. 67	8. 7	15. 62	3. 68
2014	21986. 27	0. 4	14. 49	3. 41
2015	23408. 07	6. 47	13. 31	3. 41

资料来源：根据 2007—2016 年《中国统计年鉴》整理。

以上是从行政管理支出的相对规模进行分析，改革开放后，我国行政管理支出的绝对规模也迅速膨胀。1978 年以前，中国行政管理支出年平均增长率为 4.7%。1978—2015 年，行政管理支出由 49.09 亿元上升到 23408.07 亿元。采取新口径统计后，我国行政管理支出绝对规模依然呈现上升趋势，但增长速度波动明显。

值得注意的是，改革后行政管理支出占财政支出比重的变化，主要是行政管理支出中的一般公共服务支出在做贡献。如图 6-1 所示，在 2008 年行政管理支出占财政支出比重达到 22.52%的时候，一般公共服务支出的占比为 15.65，也是全部财政支出中占比最大的科目，近几年一般公共服务支出的比重一直呈现下降趋势，但依旧很高，这是由其基本作用决定的。其主要用于保障机关事业单位正常运转，支持各机关单位履行职能，保障各机关部门的项目支出需要等，门类繁多，所以占比较大。由此来看，经济体制改革的不断深化要求加快政治体制改革，与之相适应，精简机构，压缩党政人员编制，加强行政管理支出的管理和约束，提高行政经费的效率，是当前经济发展和经济改革的内在要求。从一般公共服务支出比重的持续下降可以看出，政治体制改革在近几年的确取得了一定的成果。

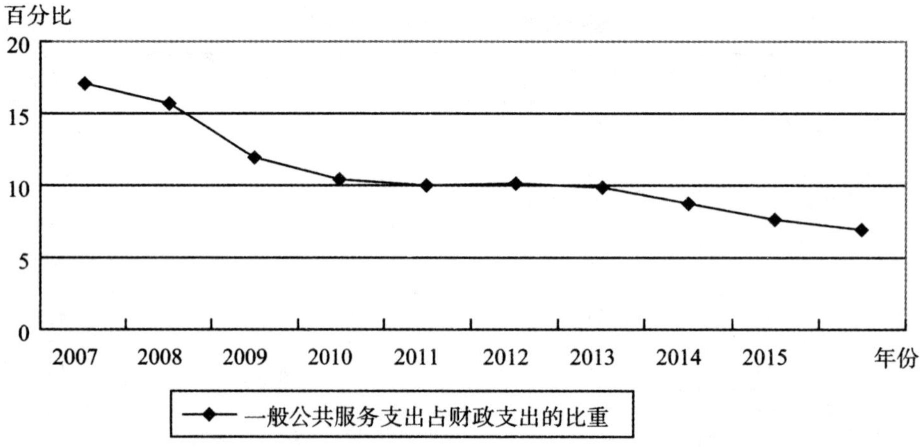

图 6-1 2007—2015 年一般公共支出占财政支出的比重

第二节 国 防 支 出

一、国防支出的内容和性质

国防支出即国家防卫支出，是指国家用于国防建设、国防科技事业、军队正规化建设和民兵建设、各军兵种和后备部队的经常性开支、专项军事工程以及战时的作战经费等方面的军事支出。《2017 年政府收支分类科目》的一般公共预算支出功能分类科目中的国防支出科目主要包括现役部队、国防科研事业、专项工程、国防动员等，均属于中央支出专用科目。

国防支出和行政管理支出都是实现国家政治职能的经济保障，国防支出也同样具备行政管理支出公共性和非生产性的特点。国防支出受到国际国内局势变动的影响，具有波动性。国防支出在财政支出中占有重要地位，透过国防支出占国内生产总值的比例、国防支出占财政支出的比例以及国防支出内部的分配和使用结构，可以看出各个国家不同的国力、国策和国防建设的方针、政策，它实际上是一个国家国防战略的数字化。合理安排国防支出，是谋求国家综合安全和世界持久和平的重要保障，国防政策的落实，是全面实现小康社会的有利保证。

二、国防支出的经济效应

国防支出的经济效应即国防支出对经济的影响。传统观点认为，国防支出是一国国防安全产品及劳务的非生产性投资，是政府一项沉重的财政负担，对经济增长具有负效应。但不排除国防支出产生正效应的可能性。本诺伊特在其 1973 年出版的《发展中国家的国防与经济增长》一书中提出，一些发展中国家军费开支与经济增长正相关。事实上，国防支出对一国的经济增长既可能产生负效应，也可能产生正效应，如果处理得当，正效应是可以占主导地位的。

具体来说，国防支出的负效应主要表现在以下几个方面：一是总投资效应，投资是经济增长的主要动力之一，而国防作为消费性支出，其增加会导致社会总投资的减少，从而降低经济增长率；二是总体排挤效应，国防支出通过预算赤字对经济产生挤出效应，可能导致政府储蓄降低，间接影响经济增长率；三是开放经济效应，国防支出的增加可能导致军用商品进口的增加，资金的大量外流可能会对经济产生不利影响。

国防支出也会对经济增长产生很多正向影响，具体而言有以下几个方面：一是总需求效应，国防支出的扩大意味着政府会增加对军事劳务、军事工程和武器装备等的购买，直接增加社会总需求，促进相关产业的发展，带动就业；二是技术扩散效应，现代国防的科学技术水平不断提高，武器装备日益自动化、智能化、集约化，战争对科学技术发展的要求具有刺激作用，新的科学技术往往首先突破并应用于军事领域。20 世纪下半叶以来，以军事科技进步为先导的科学技术迅猛发展，成为经济发展的助推器和催化剂。

三、我国国防支出的概况

国防支出作为维护国家安全统一的资本保障，会根据国际和国内形势的变化而变化，和平时期趋于减少，发生战争时骤然增加。因此，国防支出的规模及其占财政支出和 GDP 的比重变化也会呈现有时平缓有时波动较大的状态。20 世纪 50 年代，第二次世界大战虽已尘埃落定，“热战”已停，但“冷战”持续升温，国际环境依旧紧张，各国都在积极准备侵略或反侵略，军费支出自然高居不下。20 世纪 60 年代末期以后，局部战争虽仍旧存在，但战争的危险日趋减少，尤其是进入 20 世纪 80 年代以后，国际社会发起了几次规模较大的裁军活动，国际形势趋于缓和，因此各国的军费支出大都相对减少。20 世纪 80 年代，我国国家建设的重点开始转移到经济建设上来，国防建设处于低投入和维持性状态。进入 20 世纪 90 年代，在经济建设发展的基础上，为维护国家主权和安全统一，适应世界新军事变革的发展，我国保持了国防支出的逐步增长。但是这种增长仍属于弥补国防基础薄弱的补偿性增长。如表 6-2 所示，1979 年到 1989 年，国防费年均增长 1.23%，与同期居民消费价格总指数年均增长 7.49%相比，实际为负增长。1990 年到 2005 年期间是实际在增长，国防费年均增长 15.36%，扣除同期居民消费价格总指数年均增长率 5.22%，实际年均增长 9.64%。国防支出占财政支出和 GDP 的比重，在 1995 年有所上升，1995 年以后有所下降或保持相对稳定的趋势，这是财政收入增长速度加快所导致的。按改革后的政府收支科目计算，我国国防支出在 2007 到 2015 年间呈现波动下降态势，2010 年增长率创新低，仅为 7.7%，绝对规模为 5333.37 亿元，占财政支出的比重为 5.93%，占 GDP 的比重为 1.29%。值得注意的是，国防支出自改革开放以来占 GDP 和财政支出的比重总体呈现下降趋势。

表 6-2　**我国国防支出及其增长趋势**　单位：亿元

年份	国防支出	比上年增长	占财政支出的比重（%）	占 GDP 的比重（%）
1978	167.84	12.6	14.96	4.56
1980	193.84	-12.9	15.77	4.23
1985	191.53	6	9.56	2.10
1990	290.31	15.4	9.41	1.54
1995	636.72	15.6	9.33	1.04
2000	1207.54	12.2	7.60	1.20
2005	2474.96	12.5	7.29	1.32
2006	2979.38	20.4	7.37	1.36
2007	3554.91	19.3	7.14	1.32
2008	4178.76	17.5	6.68	1.31
2009	4951.10	18.5	6.49	1.42
2010	5333.37	7.7	5.93	1.29
2011	6027.91	13	5.52	1.23
2012	6691.92	11	5.31	1.24
2013	7410.62	10.7	5.29	1.24
2014	8289.54	11.9	5.46	1.29
2015	9087.84	9.6	5.17	1.33

资料来源：根据 2005—2016 年《中国统计年鉴》整理。

第三节　文教科卫支出

文教科卫支出是指国家财政用于文化、教育、科学、卫生、体育、通信、广播电影电视等事业单位的经费支出。从广义上讲，文化、教育、科学、卫生等事业不属于纯公共产品，而属于混合公共产品。由于它具有较强的外部正效应，有助于整个社会文明程度的提高，有利于提升全体社会成员的素质，从而对经济的繁荣与发展具有决定作用，各国均对文教科卫事业给予较大程度的财力支持，特别是发展中国家。

一、教育支出

（一）教育支出的内容和性质

教育支出指的是政府用于教育事业方面的支出。在当今时代，一国教育的发达程度、全社会用于教育的投入水平，常常是衡量一个国家国民素质和文明程度的主要标志。因此，教育支出已经成为财政支出的最重要内容之一。按照《2017 年政府收支分类科目》，教育支出按财政支出功能分类分设 10 款，包括教育管理事务、普通教育、职业教育、成人教育、广播电视教育、留学教育、特殊教育、进修及培训、教育费附加安排的支出、其他教育支出。

从经济性质看，教育支出一般被看作一种混合物品，既具有私人性，也具有公共物品的特征。具有私人性原因在于每个人接受教育后会增加知识积累，提高适应社会发展的能力和工作技能，这种性质表现为随着个人受教育程度的提高和能力的提升，用人单位获得了高质量的劳动力，相应的愿意支付较高的劳动报酬，受教育者就能够得到较高的内部收益。教育服务具有公共物品的非竞争性和非排他性，因为在一定范围内增加一个人消费教育产品，并不会引起教育成本的增加，这就是非竞争性。另外，非排他性表现为，在一定条件下，一个人对教育产品的消费不会影响其他人对该产品的消费。但教育产品并不是纯公共物品，其非竞争性和非排他性是在一定条件下的，是有限的。

教育产品还具有外部性的特征，具体表现为国民接受教育有助于国民素质的提高，会促进社会交流和经济发展，也有助于缩小贫富差距，有利于社会的公平分配。

（二）我国教育支出的概况

中华人民共和国成立以来特别是改革开放以来，我国教育事业得到了很大的发展。首先，基本普及九年义务教育和基本扫除青壮年文盲的目标基本完成。2015 年是《国家中长期教育改革和发展规划纲要（2010—2020 年）》实施五周年，也是“十二五”的收官之年，中国教育发展的评估数据表明，学前教育毛入学率为 75%，达到世界中上收入国家平均水平，小学净入学率为 99. 9%，初中毛入学率为 104%，中国九年义务教育普及率超过世界高收入国家的平均水平。其次，高中阶段毛入学率为 87%，高等教育毛入学率为 40%，2015 年各类高等教育在学总规模达到 3647 万人。其中，研究生教育发展迅猛，2015 年在学研究生 191. 14 万人。另外，社会力量兴办教育机构方兴未艾。截至 2015 年底，各级各类民办学校共有 16. 27 万所，在校生总规模达 4570. 42 万人。

教育支出的性质决定了政府在提供教育服务方面的主要作用。长期以来，中国的教育主要由政府承办，但对于中国这样一个地域广阔人口众多的发展中国家来说，仅靠政府承办教育是远远不够的。随着市场化改革的不断深化，我国教育逐步形成了投资主体多元化、投资形式多样化的格局。如表6-3所示，教育经费来源已不再单一，以学杂费为主的事业收入占整个教育经费的比重呈上升趋势，1992年的学杂费比重为5.07%，到2014年事业收入的比重上升到16.54%，其中学杂费占比12.35%。同时，还有来自民办学校中举办者投入和社会捐赠经费，一个多渠道的教育经费格局正在走向成熟，这一变化适应了社会对教育产品的多样性需求。

表6-3　**1992—2014年中国教育经费的规模和来源结构（%）**

年份	合计（亿元）	国家财政性教育经费	民办学校中举办者投入	社会捐赠经费	事业收入	其他教育经费
1992	867.05	84.05	—	8.03	—	—
1995	1877.95	75.16	1.44	8.67	—	—
2000	3849.08	66.58	3.35	2.96	24.38	3.86
2001	4637.66	65.92	4.19	2.43	24.96	3.93
2002	5480.03	63.71	4.94	2.32	26.66	4.16
2003	6208.27	62.02	6.73	1.68	27.73	4.38
2004	7242.60	61.66	7.79	1.29	27.77	4.47
2005	8418.84	61.30	8.76	1.11	27.79	4.42
2006	9815.31	64.68	8.65	0.92	24.53	4.29
2007	12148.07	68.16	0.98	0.77	26.15	4.25
2008	14500.74	72.06	0.67	0.71	23.22	3.53
2009	16502.71	74.12	0.61	0.76	21.38	3.29
2010	19561.85	74.99	0.72	0.55	20.99	2.93
2011	23869.29	77.87	0.60	0.47	18.54	2.66
2012	28655.31	80.78	0.55	0.33	16.12	2.32
2013	30364.72	80.65	0.60	0.28	16.22	2.36
2014	32806.46	80.53	0.50	0.24	16.54	2.28

资料来源：中华人民共和国国家统计局．中国统计年鉴2016．北京：中国统计出版社，2016．

我国财政性教育经费在过去的30多年里，虽然占全部经费来源的比重呈现先下降上升的态势，上升的原因在于“十一五”与“十二五”期间对教育的重视。但财政性教育经费的绝对规模是在不断扩大的，如表6-4所示，2003年比1992年增长了5倍以上。到2014年，财政性教育经费达到26420.58亿元，占财政总支出的17.41%。

表 6-4　　**我国财政性教育经费情况**　　单位：亿元

年份	国家财政性教育经费	占财政支出的比重（%）	占 GDP 的比重（%）
1992	728.75	19.47	2.68
1995	1411.52	20.69	2.30
2000	2562.61	16.13	2.56
2001	3057.01	16.17	2.76
2002	3491.40	15.83	2.87
2003	3850.62	15.62	2.80
2004	4465.86	15.68	2.76
2005	5161.08	15.21	2.76
2006	6348.36	15.70	2.89
2007	8280.21	16.63	3.06
2008	10449.63	16.69	3.27
2009	12231.09	16.03	3.50
2010	14670.07	16.32	3.55
2011	18586.70	17.01	3.80
2012	23147.57	18.38	4.28
2013	24488.22	17.47	4.11
2014	26420.58	17.41	4.10

数据来源：中华人民共和国国家统计局．中国统计年鉴 2016. 北京：中国统计出版社，2016.

在总量增长的同时，财政性教育经费的支出水平仍然较低。如表 6-4 所示，1992 年财政性教育支出占 GDP 的比重为 2.68%，此后这一比例虽然每年有所上升，但速度很慢，到 2014 年也仅为 4.10%。而根据世界银行《2000—2001 年世界发展报告》的数据，政府教育投入占 GDP 的比重在 1997 年全世界平均水平为 4.8%，低收入国家为 3.3%，中等收入国家为 4.8%，高收入国家为 5.4%。而中国 2014 年的财政性教育支出的水平，不仅低于 1997 年的全世界平均水平，甚至比中等收入国家的水平还要低。表 6-5 列出了 2011 年到 2013 年世界部分国家财政性教育经费支出占 GDP 的比重，尽管我国在 2014 年财政性教育支出水平达到了 4.10%，但与 2014 年美国的 5.2%、德国的 4.9%、英国的 5.7%，以及韩国的 4.6%、阿根廷的 5.3%、法国的 5.5%、澳大利亚的 5.3%、新西兰的 6.4%相比，中国的教育投入仍有距离。

表 6-5　　国家公共教育经费占 GDP 的比重（%）

国家	2012 年	2013 年	2014 年
印度	3.9	—	3.8
以色列	—	—	5.9
日本	—	3.8	3.8
韩国	4.6	—	4.6
泰国	4.9	—	4.1
美国	—	—	5.2
阿根廷	5.1	—	5.3
法国	5.5	—	5.5
德国	—	—	4.9
英国	—	—	5.7
澳大利亚	4.9	—	5.3
菲律宾	—	—	3.4
新加坡	—	2.9	2.9
新西兰	7.4	—	6.4

数据来源：中华人民共和国国家统计局．国际统计年鉴 2016. 北京：中国统计出版社，2016.

二、科学技术支出

（一）科学技术支出的内容和性质

科技的进步对经济的增长有着巨大的拉动作用，20 世纪 90 年代以来“科技兴国”已成为许多国家的基本国策。我国也实施了“科教兴国”战略，加大了科技事业的支持力度。科技支出指的是财政在科学技术研究方面的专项支出。按照中国财政支出的划分标准，科技支出包括：（1）科技三项费用，即中间试验费、新产品试制费和重大科研项目补助费，是实施中央和地方各级重点科技计划项目的重要资金来源；（2）科学事业费，包括自然科学事业费、科协事业费、高技术研究专项经费和社会科学事业费，主要用于科学事业单位的正常运行支出和国家科技计划、科学基金等的支出；（3）科研基建费，指的是科研事业单位基本建设工程及设备更新费，是政府预算安排的基本建设支出中用于科研基本建设的资金；（4）其他科研事业费，包括部门事业费、国防费、企业挖潜改造资金和其他财政预算内资金中实际用于各部门、各行业公司的科研费用。

科技投入的构成由科技活动的内容所决定，科技活动按其在社会经济中的地位和作用不同而定义诸多。科研活动可以由个人或某一集体去完成，一般而言，科学研究的成果也可以有偿转化。但是，有一些情况会使科研结果的交易十分困难，因为科学研究是一种社会公共需要，科研的成本与运用科研成果所获得的利益不易通过市场交换对称起来。所以，用于那些外部性较强的科学研究活动，主要是基础性、公益性以及高新科技的科研经费，必须由政府来承担，而那些可以通过市场交换来充分弥补成本的科学研究，主要是应用性的科研经费，则可由微观主体来承担。

（二）我国科学技术支出的概况

科研支出与 GDP 总量之间存在着一定的正向关系，科技作为一个特殊的非物质生产部门，在国民经济发展中发挥了巨大的作用。1929—1978 年，美国经济增长率的 40%来源于科技进步，到了 20 世纪 80 年代，经济发达国家的技术贡献由 20 世纪初的 5%~20%提高到 60%~80%，全面超过劳动力增加和资本增加对经济增长的贡献。近年来，我国政府的科技投入力度不断加大，带动全社会科技投入一直以较快速度增长。自国家提出科教兴国战略以来，中国财政性科研支出的绝对规模不断增加。表 6-6 表明，改革开放初科技支出不到 65 亿元，到 1995 年仅为 302. 36 亿元，到 2005 年增加到 1334. 91 亿元，到 2016 年规模已达到 6568 亿元。从相对规模来看，中国财政对科学研究的投入水平没有一个稳定的变化趋势，1980—2000 年科技支出占财政支出的比重从 5. 26%下降到 3. 62%，2000 年以后出现逆转，到 2006 年上升到 4. 18%，近十几年保持在 3. 5%左右的水平波动。

表 6-6　**1978—2016 年中国财政性科学研究支出的规模**　单位：万元

年份	科技支出	占财政支出的比重（%）
1978	52. 89	4. 71%
1980	64. 59	5. 26%
1985	102. 59	5. 12%
1990	139. 12	4. 51%
1995	302. 36	4. 43%
2000	575. 62	3. 62%
2005	1334. 91	3. 93%
2006	1688. 5	4. 18%
2007	1783. 04	3. 58%
2008	2129. 21	3. 40%
2009	2744. 52	3. 60%
2010	3250. 18	3. 62%
2011	3828. 02	3. 50%
2012	4452. 63	3. 54%
2013	5084. 3	3. 63%

续表

年份	科技支出	占财政支出的比重（%）
2014	5314.45	3.50%
2015	5862.57	3.33%
2016	6568	3.50%

资料来源：2007—2016年《中国统计年鉴》和财政部网站。

根据2015—2016年《国际统计年鉴》，表6-7列出了各国研究与开发支出占GDP的比重。与日本的3.6%、韩国的4.3%、美国的2.7%、德国的2.9%相比，中国的2.0%处于较低水平，与发达国家平均水平还有一定差距。

表6-7　**各国研究与开发支出经费占GDP的比重（%）**

国家和地区	2012年	2013年	2014年
世界	—	2.1	2.1
高收入国家	2.3	2.3	2.5
中等收入国家	—	1.3	1.4
中国	2.0	2.0	2.0
印度	—	0.8	0.8
以色列	3.9	3.9	4.1
日本	—	3.4	3.6
韩国	—	4.0	4.3
加拿大	1.7	1.7	1.6
美国	2.8	2.8	2.7
阿根廷	—	0.6	0.6
法国	2.3	—	2.3
德国	2.9	—	2.9
英国	1.7	—	1.7
荷兰	2.2	2.2	2.0
新加坡	2.1	2.1	2.2
新西兰	—	1.3	1.2

资料来源：2015—2016年《国际统计年鉴》。

为了增强自主创新能力，实现产业结构调整升级，转变经济增长方式，继续提高科技投入水平，增加科学技术支出成为今后较长一段时间里我国各级政府的公共选择。2006

年发布的《国家中长期科学和技术发展规划纲要（2006—2020 年）》提出，全社会研究开发投入占 GDP 的比重到 2020 年要提高到 2.5%以上。

专栏 6-1

国务院关于实施《国家中长期科学和技术发展规划纲要（2006—2020 年）》若干配套政策的通知（国发［2006］6 号）节选

文件对于我国的科技投入和激励政策做出了明确的阐述，其中关于财政政策的内容主要有以下几个方面。

一是科技投入方面。大幅度增加科技投入，建立多元化、多渠道的科技投入体系，全社会研究开发投入占国内生产总值的比例逐年提高；确保财政科技投入的稳定增长，各级政府把科技投入作为预算保障的重点，年初预算编制和预算执行中的超收分配，都要体现法定增长的要求，“十一五”期间财政科技投入增幅要明显高于财政经常性收入增幅；财政科技投入重点支持基础研究、社会公益研究和前沿技术研究；发挥财政资金对激励企业自主创新的引导作用；创新财政科技投入管理机制。

二是税收激励政策。加大对企业自主创新投入的所得税前抵扣力度，如允许企业按当年实际发生的技术开发费用的 150%抵扣当年应纳税所得额；允许企业加速研究开发仪器设备折旧，如单位价值在 30 万元以下的，可一次或分次摊入管理费，单位价值在 30 万元以上的，可采取适当缩短固定资产折旧年限或加速折旧的政策。完善促进高新技术企业发展的税收政策；完善促进转制科研机构发展的税收政策；支持创业风险投资企业的发展；扶持科技中介服务机构；鼓励社会资金捐赠创新活动。

三是政府采购方面。建立财政性资金采购自主创新产品制度，加强预算控制，优先安排自主创新项目；改进政府采购评审方法，给予自主创新产品优先待遇；建立激励自主创新的政府首购和订购制度；建立本国货物认定制度和购买外国产品审核制度；发挥国防采购扶持自主创新的作用。

资料来源：中央政府门户网站 . http：//www. gov. cn/zwgk/2006-02/26/content_211553. htm.

三、卫生支出

（一）卫生支出的内容

市场在医疗卫生领域中的作用存在着广泛的缺陷，为政府在这一领域发挥作用提供了潜在的理论基础。卫生支出指的是财政用于医疗、卫生、保健服务方面的支出。政府需要和能够对医疗卫生领域提供的服务可以概括为两个方面：一是公共卫生服务。公共卫生服务主要是为社会提供公共服务，如卫生监督、健康教育、疾病监控等，涉及面广且不以盈利为目的，所需的资金量大，是具有很强外部性的公共物品，私人一般不可能也不愿意提供，因此所需经费主要由财政承担。二是基本医疗服务。从理论上来说，基本医疗服务属于混合物品的范畴，因为其不具有明显的非竞争性和非排他性但具有很强的外部性，因此也具有私人物品的性质，可以实行一定的收费制度，通过市场来提供，政府可以提供资金并参与但不一定要包揽。

在我国，卫生支出主要包括公共卫生服务经费和公费医疗经费。其中，公共卫生服务经费包括卫生事业费、中医事业费、计划生育事业费等，公费医疗经费包括各级政府对国家行政事业单位公职人员、大专院校学生、二等乙级以上革命军人和在华工作的外国专家及其随住家属等人提供的医疗保健经费。

（二）我国卫生支出的概况

改革开放后，我国在医疗卫生事业上取得了很好的成绩，建立了遍及城乡的卫生医疗服务体系，消除了一批危害人民健康的烈性传染疾病，居民平均期望寿命、婴儿死亡率、孕产妇死亡率等主要健康指标达到发展中国家先进水平。但随着市场化改革的深化，重心发生了转移，卫生事业的发展滞后于经济和其他社会事业，导致医疗卫生出现诸多问题且效率低下。1997 年我国颁布《中共中央、国务院关于卫生改革与发展的决定》，提出加大对医疗卫生事业的投入，特别是自“SARS”危机后，我国政府卫生支出有了明显的增加。表 6-8 表明，2000—2015 年，中国卫生支出增长了 7. 93 倍，绝对规模呈现逐年上升趋势，卫生总费用占 GDP 的比重和卫生总费用中政府预算支出占比处在波动上升中。

表 6-8　　**2000—2015 年中国卫生支出的规模**　　单位：亿元

年份	卫生总费用	占 GDP 的比重（%）	卫生总费用来源构成（%）		
			政府预算	社会支出	居民个人
2000	4586. 63	4. 57	15. 47	25. 55	58. 98
2001	5025. 93	4. 53	15. 93	24. 10	59. 97
2002	5790. 03	4. 76	15. 69	26. 59	57. 72
2003	6584. 10	4. 79	16. 96	27. 16	55. 87
2004	7590. 29	4. 69	17. 04	29. 32	53. 64
2005	8659. 91	4. 62	17. 93	29. 87	52. 21
2006	9843. 34	4. 49	18. 07	32. 62	49. 31
2007	11573. 97	4. 28	22. 31	33. 64	44. 05
2008	14535. 40	4. 55	24. 73	34. 85	40. 42
2009	17541. 92	5. 03	27. 46	35. 08	37. 46
2010	19980. 39	4. 84	28. 69	36. 02	35. 29
2011	24345. 91	4. 98	30. 66	34. 57	34. 77
2012	28119. 00	5. 20	29. 99	35. 67	34. 34
2013	31668. 95	5. 32	30. 14	35. 98	33. 88

续表

年份	卫生总费用	占 GDP 的比重（%）	卫生总费用来源构成（%）		
			政府预算	社会支出	居民个人
2014	35312.40	5.48	29.96	38.05	31.99
2015	40974.64	5.98	30.45	40.29	29.27

说明：本表系按当年价格计算核算数，2015 年为初步测算数；2001 年起卫生总费用不含高等医学教育经费，2006 年起包括城乡医疗救助经费。

资料来源：中华人民共和国国家统计局．中国统计年鉴 2016. 北京：中国统计出版社，2016.

四、文化支出

（一）文化支出的内容

文化支出是指财政用于发展文化艺术活动，传播科学知识，丰富人们精神生活的经费支出。包括政府对图书馆、博物馆、美术馆、纪念馆和艺术表演团体等的经费支出。文化事业支出内容较多，范围较广。中国财政的文化支出主要包括文化事业费、出版事业费、文物事业费、体育事业费、档案事业费、地震事业费、海洋事业费、广播电视事业费、党政群干部训练事业费等。

文化产品本身按经济性质可分为私人物品、公共物品和准公共物品，就私人物品的性质而言，文化产品产生的利益是内在化和私人化的，并不能被全体社会公众无差别享有，因此应该由市场来提供，如电影、广播、图书音像的出版等。而属于公共物品和准公共物品范畴的文化产品往往涉及全体社会公众的利益，具有一定的非竞争性和非排他性，且一般具有较强的外部性，因此由政府财政来提供，如公共图书馆、博物馆、文物保护和知识产权保护等。

（二）我国文化支出的概况

“十一五”以来我国文化事业费总量持续快速增长，增长速度保持在 18%以上的较高水平。“十一五”期间，各级财政对文化的投入大幅度增加，2006 年文化方面支出 685 亿元，2010 年达到 1528 亿元，年均增长 22.2%。国家发改委累计安排公共文化设施建设资金超过 200 亿元，其中用于基层文化设施建设的资金是“十五”时期的 8 倍。如表 6-9 所示，“十一五”时期全国文化事业费 1220.4 亿元，年均增长 19.4%，增幅高于“十五”时期 3.2 个百分点，高于改革开放以来最低的“七五”时期 8.6 个百分点。“十一五”成为改革开放以来文化事业费增长最快的一个时期。进入“十二五”时期，文化事业的财政投入仍在增长当中。2012 年全国文化事业费 480.10 亿元，到 2015 年绝对规模增长到 682.97 亿元。全国人均文化事业费在近 10 年也一直在持续增长当中，但涨幅波动较大。值得注意的是，改革开放以来，我国文化事业费占财政支出的比重持续下降，进入 21 世纪以来，一直维持在 0.4 左右的较低水平上。

表 6-9　　近年文化事业费及增长情况　　单位：亿元

年份	文化事业费	文化事业费增速（%）	文化事业费占财政支出比重（%）	人均文化事业费（%）	人均文化事业费增速（%）
2006	158.03	18.1	0.39	11.91	16.4
2007	198.96	25.9	0.40	15.06	26.4
2008	248.04	24.7	0.40	18.68	24.0
2009	292.31	17.8	0.38	21.90	17.2
2010	323.06	10.52	0.36	24.11	10.1
2011	392.62	21.5	0.36	29.14	20.9
2012	480.1	22.3	0.38	35.46	21.7
2013	530.49	10.5	0.38	38.99	10.0
2014	583.44	10.0	0.38	42.65	9.4
2015	682.97	17.1	0.39	49.68	16.5

资料来源：中华人民共和国文化部．中国文化文物统计年鉴 2016. 北京：国家图书馆出版社，2016.

专栏 6-2

紧跟改革步伐，细化财政支出政策

2017 年是实施“十三五”规划的重要一年，是供给侧结构性改革的深化之年，要求财政政策更加积极有效，为此，2017 年中央和地方预算草案提出了一些主要的支出政策，以下是政策的节选内容：

教育方面。从春季学期开始统一城乡义务教育学生“两免一补”政策，实现“两免一补”和生均公用经费基准定额资金随学生流动可携带。继续开展薄弱学校改造等工作，着力解决农村义务教育发展中存在的突出问题。继续实施学前教育行动计划。支持提升现代职业教育基础能力，促进产教融合、校企合作。提高博士研究生国家助学金补助标准。落实好中央高校预算拨款制度，统筹推进世界一流大学和一流学科建设。

科技方面。重点支持基础研究、前沿技术研究、社会公益研究、重大共性关键技术研究开发。加强对公益性科研机构（基地）的稳定支持，支持科研院所改革发展，推动科技资源开放共享。推进在重大创新领域组建一批国家实验室。支持实施科技重大专项。推动“科技创新 2030-重大项目”启动实施。

医疗卫生方面。健全基本医保稳定可持续筹资和报销比例调整机制，坚持适度保障原则，更加注重保大病。将城乡居民基本医疗保险财政补助和个人缴费标准均提高 30 元，分别达到每人每年 450 元和 180 元。加强基本医保基金预算管理，全面推行按病种付费为主、多种付费方式结合的医保支付方式改革，控制医疗费用不合理增长。全面推开公立医院综合改革，完善基层医疗卫生机构运行机制。将基本公共卫生服务项目年人均财政补助标准由45元提高到50元。依法支持中医药事业发展。适应实施全面两孩政策，支持加强生育医疗保健服务。

文化体育方面。支持地方落实国家基本公共文化服务指导标准。加强文化遗产保护利用，支持实施中华优秀传统文化传承发展工程。促进文艺作品创作生产，推动中华文化走出去。加大公益性文化事业和经营性文化产业资金、资源和政策的统筹力度，努力形成系统综合的财政文化政策体系。改善城乡公共体育设施条件，丰富体育服务供给方式。

资料来源：节选自财政部《关于2016年中央和地方预算执行情况与2017年中央和地方预算草案的报告》.

【本章小结】

消费性支出是购买性支出的重要组成部分，表现为政府直接在市场上购买并消耗商品和服务，是国家执行其政治和社会职能的财力保证，属于购买性支出的一种。消费性支出包括行政管理支出、国防支出、文教科卫支出等。本章叙述了行政管理支出、国防支出、文教科卫支出的内容和性质，介绍了我国相关消费性支出的发展概况、增长趋势及其与国际比较所处的位置。

【复习思考题】

1. 简述行政管理支出的内容和性质。
2. 简述国防支出的内容和性质。
3. 简述国防支出的经济效应。
4. 简述教育支出的内容和性质。
5. 你认为我国该如何提高财政性教育支出水平？
6. 简述科学技术支出的内容和性质。
7. 你对我国目前科技发展状况以及投入水平有什么看法？
8. 简述文化、医疗卫生支出的内容和性质。

【本章参考书目】

1. 陈共．财政学．8版．北京：中国人民大学出版社，2015.
2. 盖锐．财政学．2版．北京：北京大学出版社，2015.
3. 李友元，等．财政学，北京：机械工业出版社，2009.
4. 蒋洪，等．财政学．北京：高等教育出版社，2004.
5. 刘怡．财政学．2版．北京：北京大学出版社，2010.
6. 陈树文，等．公共经济学，大连理工大学出版社，2011.
7. 杨志勇，等．公共经济学，北京：清华大学出版社，2013.
8. 张馨，等．财政学．2版．北京：科学出版社，2010.

9. 刘小兵，等．公共经济学．北京：高等教育出版社，2012.
10. 高培勇．公共经济学．2 版．北京：中国人民大学出版社，2008.
11. 赵建国，等．公共经济学．北京：清华大学出版社，2014.
12. 齐守印．公共支出管理．北京：经济科学出版社，2005.
13. 赵颖．我国文化事业财政投入研究．大连：东北财经大学，2013.

第七章　购买性支出——公共投资性支出

【学习目的与要求】

1. 掌握财政投资的含义及范围、财政投资的特点
2. 掌握基础产业投资的含义与特点、基础产业投资的投资经营方式
3. 了解农业投资的必要性、农业投资的方式、农业投资的重点领域

【教学重点与难点】

1. 基础产业的投资经营方式
2. 农业投资的重点领域

第一节　财政投资概述

一、财政投资的定义及范围

（一）财政投资的定义

财政投资也称为政府投资，是指以政府为主体，将其通过税收和发行国债的方式募集的财政资金，根据经济发展的需要，集中投资于国民经济各个部门，以促进经济增长的过程。财政投资是财政支出中非常重要的构成部分，是社会经济生活中重要的经济现象。

财政投资作为社会总投资的一个重要组成部分，有广义和狭义之分。从广义上说，财政投资是国家为实现政府职能，将一部分筹集的财政资金投入社会再生产过程各个环节中的经济行为。它不仅包括国家对整个国民经济的投资，如基础产业投资、农业发展投资等；还包括国家在社会发展总体和战略方面的投资，如环保投资、科教文卫投资等。从狭义上说，财政投资指政府为保证社会再生产的顺利进行，对固定资产再生产和流动资金按最低限额而投入资金的经济活动。一般情况下，在研究过程中，以狭义的财政投资为主要研究对象，但在涉及宏观问题研究时，则把广义上的财政投资作为主要的研究对象，这样研究意义更加显著。

（二）财政投资的范围

财政投资的分类是一个比较有争议的问题，各国学者在研究财政投资问题时，对财政投资的分类标准和范围的界定也有较大的区别。霍尔兹-伊肯根据投资用途将财政投资分为四类：教育投资、道路及高速公路投资、污水处理设施投资和公共事业投资。其他国外

学者根据研究需要也对财政投资进行了分类，虽然西方学者对财政投资的分类有不同的界定，但有两点是相同的。第一，都认定由政府出资进行投资的项目才能归为财政投资；第二，财政投资的方向主要是投向于具有较大外部性的公共产品或服务，包括基础设施建设等。

我国学者也对财政投资进行过界定，主要有两个方面。一方面是将生产性的财政支出界定为财政投资。另一方面，将政府投资于公共产品的那部分支出界定为财政投资，属于财政投资中重要的组成部分。财政投资一般被界定为由中央和地方政府投资形成的固定资本，这些投资往往被限定在特定的公共服务领域中。

财政投资的范围非常广泛，很难非常明确地界定清楚财政投资的范围。根据国家统计局公布的财政支出分类项目，本书对财政投资范围的界定如下：2007 年以前，财政投资的项目主要包括基本建设支出、挖潜改造支出和科技三项费用、支农支出以及科教文卫支出四类；2007 年及以后，财政投资包含的范围更加细化，主要包括教育、科学技术、文化体育与传媒、医疗卫生、农林水事务及交通运输等各项支出。总体来说，财政投资的领域主要是一些具有较强的社会公益性、广泛的基础性和公共服务特征的投资项目。

二、财政投资的特点

在市场经济条件下，经济发展主要依靠社会需求来决定，与此相对应的投资需求也主要靠市场投资来实现。但仅有市场主体的投资行为并不能满足经济和社会长期稳定发展和多层次的需求，这需要政府投资来补充，并使其成为政府对国民经济进行需求管理和宏观调控的重要手段之一。与私人部门投资相比，财政投资具有如下特点：

（一）财政投资目标的全局性和非营利性

私人部门从事的投资，目标是追求营利性。但财政投资着眼于国家和社会的全局利益与长远利益，根据社会需求进行投资，支持一些私人不愿意投资但又对社会贡献很大的基础性项目，这些基础性项目是非营利性或者微利的，持续经营期限较长，但对经济的发展具有持续的支持作用。这些项目需要财政出资进行投资，以促进社会经济的发展。

（二）财政投资资金来源可靠，多为大型项目和长期项目

私人投资资金主要来源于自身积累或通过借款手段从市场上筹资，无论哪种筹资方式都讲究投资的效益，且由于筹集资金有限，一般难以承担规模较大的建设项目。上述特征限制了私人投资的方向，即主要投向周期短、见效快的投资项目。而财政投资由政府作为主体出资，资金来源有保障，这是私人投资无法比拟的。在发达国家，财政投资主要用于一些重要的公共工程，如大型水利枢纽工程、有重要战略意义且风险较大的新兴产业的初创项目；在发展中国家，财政投资除用于公共工程之外，还较多地投入国内的基础产业部门，同时，为保障国家对国民经济发展的有效调控，还直接投资或垄断一些重要的产业部门。

（三）财政投资补充私人投资的不足，多为“外部效应”较大的基础项目

私人投资难以优化投资结构，财政投资则有利于社会投资结构的优化。由于私人投资的微观特性，往往不会从社会效益出发，追求社会效益的最大化。如果一个经济社会的投资全部属于私人投资，是很难形成完善的投资结构的。所以，在社会投资结构中，需要财政投资进行补充，从社会整体效益出发，投资那些社会效益较好但经济效益一般的项目。这些项目具有较大的“外部效应”，如通信设施、能源工程、交通、水利及其他基础设施的项目建设。如果这些项目不能获得有效发展，会对经济社会的发展形成“瓶颈”制约。由于“外部效应”的存在，基础性的产业和设施不能有效分配收益和成本，投资主体也无法获得应得的收益，因此，私人不愿意投资这类“外部效应”较大的基础产业和设施。但财政投资是以社会福利最大化为目标，将财政资金投资于这类项目，可以带来整个社会效益的提高。

第二节　基础产业投资

一、基础产业的含义与特点

（一）基础产业的含义

对基础产业含义的理解有狭义和广义之分。狭义上的基础产业是指社会基础设施建设和基础工业部门，是对能为国民经济实现正常运行和持续发展提供基础性保障的特定经济部门的总称。基础设施包括各类交通设施（如铁路、公路、桥梁、机场、航道、码头等）、水利设施、通信设施及城市公用事业（如水电气供给系统、排污系统、城市交通系统）等。基础工业主要指能源工业（煤炭和原油开采、水电、火电、核电生产等）和基本原材料工业（如钢铁、建材、石化等）。这些产业部门在国民经济的产业链中或居于“上游”环节、或为整个国民经济各部门提供“共同服务”，它们的存在和发展直接制约着其他国民经济部门的发展规模和发展速度。

广义上的基础产业除了基础设施建设和基础工业部门之外，还包括农林部门以及提供无形资产和服务的科教文卫等部门。

（二）基础产业的特点

（1）基础性。基础产业之所以是“基础”，就在于它在国民经济的产业链中居于“上游”环节。基础设施是国民经济和社会生活的“共同条件”，是一种“社会先行资本”，而基础工业的产品是其他生产部门所必需的投入品。

（2）混合商品的属性。基础产业中，绝大多数属于混合商品。它们虽然几乎都可以排他，但却都具有一定程度的非竞争性，在消费量达到其供给能力之前，消费者的满足程度相互之间并不受影响。基础产业的这种特性，使它成为国民经济和社会发展的先导部门，各国政府都在不同程度上采取不同方式对其进行干预，公共投资就是其中的一种。特

别是在发展中国家，由于经济基础薄弱，社会财富的积累率低，市场投资主体缺乏进行大规模投资的实力与承担较大风险的能力，难以投资基础产业，如果政府不能对基础产业进行投资，必将形成国内基础产业发展滞后的局面，并最终拖累其他经济部门的发展。

（3）基础产业一般属于资本密集型行业，需要的投资多、建设周期长。基础产业特别是大型基础设施，大多属于资本密集型行业，需要大量的资本投入，而且它们的建设周期比较长，投资形成生产能力和回收投资的时间往往需要许多年。这些特点决定了基础产业很难由单个企业独立完成项目的建设，尤其在经济发展的初期阶段，没有政府的强有力支持，很难有效地推动基础产业的发展。在经济发展过程中各国政府均对基础产业实行强有力的干预政策，经济发达国家经历了工业化的发展过程，基础产业已有了相当的基础，因而政府的干预程度相对较弱。而经济欠发达国家在经济增长过程中常常经受“瓶颈”的困扰，由于私人部门的财力有限，政府只能通过财政集中动员一部分资源，以加快基础“瓶颈”部门的发展。实际上，发展中国家的财政，除具有一般弥补“市场失灵”的作用外，还部分地充当着社会资本原始积累的角色。在我国经济发展过程中，长时间内存在着结构性矛盾。基础产业的薄弱成为社会经济发展的主要制约因素，随着经济的快速发展，比如能源特别是电力供应长期不足，供给增长滞后于 GDP 的增长，“瓶颈”困扰至今仍然存在。

二、基础产业的投资经营方式

（一）基本投资经营方式

基础产业投资最关键的问题是投资和经营方式，它不仅直接关系到投资效率，还决定着投资的资金来源。值得注意的是，不同的投资、经营方式，实际上意味着有不同的成本补偿方式。从各国的实践来看，投资方式主要有：

（1）直接投资，无偿提供。即政府直接进行基础设施投资，免费向公众提供，政府承担全部的成本。这是最基本的也是最传统的一种政府投资方式。它适宜于那些公众普遍受益，且受益额大体相等的基础设施项目。这时，政府实际上是依靠税收融资。

（2）直接投资，非商业性经营。即政府直接投资，由政府所属的特定的公共部门进行非商业性经营。所谓非商业性经营，即不以营利为目的。经营主体向使用者收取等于或小于经营成本的费用。这种方式适宜于那些公众普遍受益、但受益额不同，具有排他性但又不宜由私人部门经营的基础设施项目。这时项目成本补偿实际有两种方式：税收和使用费。

（3）间接投资，商业经营。即政府只提供投资贷款，由私人部门按商业方式投资和经营。它适宜于那些受益对象不够普遍、具有排他性且适宜私人部门经营的一般性基础设施和基础工业项目。这时，项目成本补偿实际来源于提供项目服务的价格。

除了以上几种基本方式以外，在实践中，基础产业还有许多其他的组合投资、经营方式，如财政投融资、项目融资等。

（二）财政投融资

1. 财政投融资的含义

财政投融资即政策性金融，它是指以政府信用为基础筹集资金，以实施政府政策和形成固定资产为目的，采取投资（出资、入股等）或融资方式将资金投入企业、单位和个人的政府金融活动，是政府财政活动的重要组成部分。

2. 财政投融资的特征

（1）财政投融资是政府的投资、融资活动，以实施政府政策为主要目标。财政投融资从它产生那一天起就是以贯彻政府的经济政策为己任的。作为政府干预经济的一种手段，财政投融资最早产生于20世纪30年代的美国。为了走出史无前例的大危机，美国政府成立了复兴金融公司，“由联邦政府担保发行债券，将资金转借给银行、保险公司、铁路及其他正遭受财务困难的企业”。第二次世界大战后，欧洲、日本等地区和国家也纷纷建立了财政投融资制度，作为战后经济复兴的手段。其中，日本是执行这一制度最成功的国家。

（2）以政府信用为基础筹集资金。财政投融资资金筹集既不像税收那样以国家权力为基础，也不像一般企业或个人那样以企业或个人的信用为基础，而是以政府信用为基础。当然，这主要是就资金来源而言，它不排除国家利用税收收入对财政投融资活动的支持。

（3）采取金融形式有偿使用资金，投入资金要求收回本金和一定使用费。

（4）财政投融资资金属于投资性资金，主要用于形成固定资产的投资。在现代市场经济国家中，政府的一切收支都视为财政活动，因而一般把财政投融资作为财政活动的重要组成部分，只不过它是采取金融形式的特殊财政活动而已。财政投融资的上述特征是它与其他民间或政府经济活动的主要区别所在。

（5）财政投融资与一般商业投融资相比，虽然都采取投融资形式，但二者有着本质区别。财政投融资是政府行为，不以盈利为主要经营目标，只是利用投融资形式而已；而一般投融资则是商业行为，以获取利润为主要目标。

（三）项目融资

1. 含义

项目融资既是一种融资方式，也是一种管理方式。它是为一个特定项目所安排的融资，其贷款人在最初考虑安排贷款时，仅以项目自身预期收入和资产对外承担债务偿还责任，债权人对项目以外的资产和收入没有追索权，不以项目以外的资产、权益和收入进行抵押、质押或者偿债，也不需要项目方提供任何形式的担保。中国在建设项目中引进了项目融资。其通常做法是：在有关行政机构决定进行某一项目的建设后，随即拨出一定的款项作为资本金组成“项目公司”（项目法人），由该项目法人以政府的名义融资，然后统筹项目建设和经营还贷的全过程。

2. 主要形式

（1）BOT 方式

BOT 是英文“build operate transfer”的缩写，一般译为“建设—运营—移交”。这种模式是第二次世界大战后、特别是 20 世纪 70 年代后期在西方国家兴起的、政府利用民间资本包括外资进行基础设施建设的融资或投资方式。传统 BOT 的运作过程一般是：政府部门就某个基础设施建设项目通过公开招标选择私人部门或项目公司，与中标者签订项目特许权协议，由后者来承担该项目的投融资、建造工作；在政府授权期限内行使经营权，通过向使用者收取适当的费用来逐步收回投资成本，并获取适当的收益；待特许期满后将该设施无偿移交给政府。这种方式已被证明为基础设施建设中一种成功的融资途径。著名的英法海底隧道工程就是运用这种方式建成的。中国广东沙洲电厂 B 厂是中国成功运用 BOT 模式建设的典范。广东省新会市采用 BOT 模式引资治污，该模式已成为该省进行环保基础设施建设的首选模式。

不过，BOT 方式运作较为复杂，涉及环节多，实施难度较大。在特许权授予期间投资商（通常为外商）拥有项目的控制权，而控制权问题又比较敏感，因而政府一般对该类项目比较谨慎。

（2）TOT 方式

TOT 意为转让（transfer）—经营（operate）—转让（transfer），是用私人资本或资金购买某项资产（一般是公益性资产）的产权和经营权，购买者在一个约定的时间内通过经营收回全部投资和得到合理的回报，再将产权和经营权无偿移交给原产权所有人。TOT 模式也是在基础性项目建设中引进外资的方式。TOT 模式与中国已经比较广泛采用的 BOT 模式的主要区别是，前者是投资购买已经建成的资产的产权和经营权，后者是投资建设基础设施项目，得到政府的特许经营权的许诺。通过 TOT 模式引进外资可以进一步缓解中国基础设施的“瓶颈制约”，减轻中央和地方政府的财政压力，同时可以学习和借鉴国外的先进技术和科学的经营管理方法。

（3）ABS 方式

ABS（asset—backed securitization），即以资产为支持的证券化，是指以项目所属的资产为基础，以该项目资产所能带来的预期收益为保证，通过在资本市场上发行高档证券来募集资金的一种项目融资方式。ABS 是近十几年世界金融领域最重大的金融创新之一。由于它以项目资产在未来一定时间内，可预见的现金流作为融资保证，且能够进入国际高档证券市场大规模融资，适用于基础设施的建设。ABS 融资方式不是收购股权，不会改变原始权益人的股东结构，能在有效保护国家对基础设施所有权的基础上解决资金问题。

（4）PPP 模式

PPP 模式即英文“Public—Private—Partnership”的缩写，通常译为“公共私营合作制”，是指政府与私人组织之间，为了合作建设城市基础设施项目，或是为了提供某种公共物品和服务，以特许权协议为基础，彼此之间形成一种伙伴式的合作关系，并通过签署合同来明确双方的权利和义务，以确保合作的顺利完成，最终使合作各方达到比预期单独行动更为有利的结果。

PPP 模式是公共基础设施建设中发展起来的一种优化的项目融资与实施模式，这是一种以各参与方的“双赢”或“多赢”为合作理念的现代融资模式。其典型的结构为：政府部门或地方政府通过政府采购形式与中标单位组成的特殊目的公司签订特许合同

（特殊目的公司一般是由中标的建筑公司、服务经营公司或对项目进行投资的第三方组成的股份有限公司），由特殊目的公司负责筹资、建设及经营。政府通常与提供贷款的金融机构达成一个直接协议，这个协议不是对项目进行担保的协议，而是一个向借贷机构承诺将按与特殊目的公司签订的合同支付有关费用的协定，这个协议使特殊目的公司能比较顺利地获得金融机构的贷款。采用这种融资形式的实质是：政府通过给予私营公司长期的特许经营权和收益权来换取基础设施加快建设及有效运营。

专栏 7-1

PPP 模式的内涵、特点及目标

PPP 模式的内涵：

第一，PPP 是一种新型的项目融资模式。项目 PPP 融资是以项目为主体的融资活动，是项目融资的一种实现形式，主要根据项目的预期收益、资产以及政府扶持措施的力度而不是项目投资人或发起人的资信来安排融资。项目经营的直接收益和通过政府扶持所转化的效益是偿还贷款的资金来源，项目公司的资产和政府给予的有限承诺是贷款的安全保障。

第二，PPP 融资模式可以使民营资本更多地参与到项目中，以提高效率，降低风险。这也正是现行项目融资模式所欠缺的。政府的公共部门与民营企业以特许权协议为基础进行全程的合作，双方共同对项目运行的整个周期负责。PPP 方式的操作规则使民营企业参与到城市轨道交通项目的确认、设计和可行性研究等前期工作中来，这不仅降低了民营企业的投资风险，而且能将民营企业在投资建设中更有效率的管理方法与技术引入项目中，还能有效地实现对项目建设与运行的控制，从而有利于降低项目建设投资的风险，较好地保障国家与民营企业各方的利益。这对缩短项目建设周期，降低项目运作成本甚至资产负债率都有值得肯定的现实意义。

第三，PPP 模式可以在一定程度上保证民营资本“有利可图”。私营部门的投资目标是寻求既能够还贷又有投资回报的项目，无利可图的基础设施项目是吸引不到民营资本的投入的。而采取 PPP 模式，政府可以给予私人投资者相应的政策扶持作为补偿，从而很好地解决了这个问题，如税收优惠、贷款担保、给予民营企业沿线土地优先开发权等。通过实施这些政策可提高民营资本投资城市轨道交通项目的积极性。

第四，PPP 模式在减轻政府初期建设投资负担和风险的前提下，提高了城市轨道交通服务质量。在 PPP 模式下，公共部门和民营企业共同参与城市轨道交通的建设和运营，由民营企业负责项目融资，有可能增加项目的资本金数量，进而降低较高的资产负债率，而且不但能节省政府的投资，还可以将项目的一部分风险转移给民营企业，从而减轻政府的风险。同时双方可以形成互利的长期目标，更好地为社会和公众提供服务。

PPP 模式的特点：

第一，消除费用的超支。在初始阶段私人企业与政府共同参与项目的识别、可行性研究、设施和融资等项目建设过程，保证了项目在技术和经济上的可行性，缩短了前期工作周期，使项目费用降低。PPP 模式只有当项目已经完成并得到政府批准使用后，私营部门才能开始获得收益，因此 PPP 模式有利于提高效率和降低工程造成价，能够消除项目完工风险和资金风险。研究表明，与传统的融资模式相比，PPP 项目平均为政府部门节约 17%的费用，并且建设工期都能按时完成。

第二，有利于转换政府职能，减轻财政负担。政府可以从繁重的事务中脱身出来，从过去的基础设施公共服务的提供者变成一个监管的角色，从而保证质量，也可以在财政预算方面减轻政府压力。

第三，促进了投资主体的多元化。利用私营部门来提供资产和服务能为政府部门提供更多的资金和技能，促进了投融资体制改革。同时，私营部门参与项目还能推动在项目设计、施工、设施管理过程等方面的革新，提高办事效率，传播最佳管理理念和经验。

第四，政府部门和民间部门可以取长补短，发挥政府公共机构和民营机构各自的优势，弥补对方身上的不足。双方可以形成互利的长期目标，可以最有效的成本为公众提供高质量的服务。

第五，使项目参与各方整合组成战略联盟，对协调各方不同的利益目标起关键作用。

第六，风险分配合理。与 BOT 等模式不同，PPP 在项目初期就可以实现风险分配，同时由于政府分担了一部分风险，风险分配更合理，减少了承建商与投资商风险，从而降低了融资难度，提高了项目融资成功的可能性。政府在分担风险的同时也拥有一定的控制权。

第七，应用范围广泛，该模式突破了目前的引入私人企业参与公共基础设施项目组织机构的多种限制，可适用于城市供热等各类市政公用事业及道路、铁路、机场、医院、学校等。

PPP 模式的目标：

PPP 模式的组织形式非常复杂，既可能包括私人营利性企业、私人非营利性组织，同时还可能包括公共非营利性组织（如政府）。合作各方之间不可避免地会产生不同层次、类型的利益和责任的分歧。只有政府与私人企业形成相互合作的机制，才能使得合作各方的分歧模糊化，在求同存异的前提下完成项目的目标。PPP 模式的机构层次就像金字塔一样，金字塔顶部是项目所在国的政府，是引入私人部门参与基础设施建设项目的有关政策的制定者。PPP 模式的目标有两种，一是低层次目标，指特定项目的短期目标；二是高层次目标，指引入私人部门参与基础设施建设的综合长期合作的目标，如图 7-1 所示。

目标层次	机构之间		机构内部
	公共部门	私人部门	
低层次目标	增加或提高基础设施服务水平	获取项目的有效回报	分配责任和收益
高层次目标	资金的有效利用	增加市场份额或占有量	有效服务设施的供给

图 7-1　PPP 目标机构目标层次图

第三节 农业投资

一、农业投资的必要性

(一) 农业在国民经济和社会发展中的地位

农业发展对于国民经济和社会发展的重要意义主要表现在三个方面：

1. 农业是国民经济的基础产业

首先，农业为人类提供了最基本的生存资料。其次，农业为工业特别是轻工业的生产提供原材料。最后，农业又是工业产品的主要市场之一，尤其是对农用工业品和消费品而。

2. 农业发展是工业化、城市化和现代化的前提和基础

从产业发展的历史与逻辑顺序看，农业劳动生产率的提高是工业化的前提和基础。这主要表现在两个方面：一是农业发展和农业劳动生产率的提高为工业化提供了资本积累的源泉，二是为工业化提供了剩余劳动力。工业化又是城市化和现代化的前提和内容。所谓工业化，指的是由于机械化、电气化和自动化的发展，工业部门成为国民经济主导部门，工业产值占社会产值的比重大幅度提高的过程。伴随着工业化，必然是城市化和现代化。实现工业化有两条途径：一是先发展农业，在农业劳动生产率大幅提高的基础上，再实现工业化；另一条是不顾及农业的发展，优先发展工业，在工业获得相当发展的基础上再回过头来发展农业。但是农业是国民经济的基础，要跨越农业直接发展工业，现实中很难行得通。历史经验也证明：走第一条道路，工业化较为顺利，而走第二条道路，总是困难重重。从历史上看，18 世纪末的工业革命，首先是在农业劳动生产率较高的英国开始，以后相继发生工业革命的国家，农业劳动生产率也都较高。从 20 世纪来看，凡是农业劳动生产率水平较高的地区，工业化都取得了成功；凡是农业劳动生产率水平较低的地区，工业化都遇到了不同程度的困难。

3. 农业的稳定是国民经济和社会持续稳定发展的重要因素

只有当农业源源不断地提供能满足居民消费需要的生活资料和工业部门所需的原材料时，社会才会稳定，国民经济的运行也才能健康有序。如果农产品供给出现严重短缺，势必会引起高通货膨胀。一方面，食品价格上涨会通过人工成本带动工业品生产成本增加，作为加工业原材料的农产品价格上涨，则会直接增加其产品成本；另一方面，农产品价格上涨和工业品成本上升会引起农业以更高的投入增加农产品供给。这两方面的作用导致物价总水平的急速上升形成通货膨胀，通货膨胀的结果是经济波动、社会不稳。对发展中国家来说，由于农业和农村人口的比重较高，农业在国民经济和社会发展中的重要地位是不言而喻的，在发达国家，政府对农业的重视程度也不曾因农业比重的下降而有丝毫的改变。

（二）农业的特殊性

与国民经济其他部门相比，农业有其自身的特殊性，主要表现在：

1. 农业面临双重风险：市场风险与自然风险

农业是一个自然再生产和经济再生产交织的过程。农业生产的对象是动植物等生命物质，土地、森林、水利、气象既是农业生产的要素，也是构成大农业系统的子系统 。这种利用动植物生长机理的资源配置行为，除了与非农产业同样面临市场风险外，还将面临自然风险。地理、气候条件及其他诸种因素的变化都可能对农业的生产活动产生决定性影响。

2. 农产品市场是一种典型的发散型蛛网市场

所谓蛛网市场，是指在该市场中，商品价格与产量的波动取决于该商品供给弹性与需求弹性的对比关系。蛛网市场中的商品具有这样的特点：即都需要一定的生产周期才能生产出来，生产规模一经决定，在生产过程完成之前，不能任意改变。因此本期的农产品价格取决于本期的产量，本期的产量却取决于上期的价格。其波动轨迹类似于蛛网，故称蛛网市场。

对农业来说：首先，由于动植物的生长规律，农业生产具有周期性、季节性以及周期长等特点；其次，由于大多数农产品是人们的生活必需品，其需求弹性小；最后，由于农业生产要素在其内部具有转换性（如耕地可以种植不同的农作物），农产品供给弹性相对较大。因此，农产品市场属于典型的发散型蛛网市场。农产品产量与价格的剧烈波动必然危害农业的发展乃至整个国民经济和社会的稳定。

3. 农业比较利益低

农业的资产利用率低、资金周转慢，加之农业劳动生产率提高的速度较慢，农产品储运较困难，因而投资于农业往往得不到平均利润。

二、政府进行农业投资的方式

（一）完善农业补贴制度

进一步提高农业补贴政策的指向性和精准性，重点补主产区、适度规模经营、农民收入、绿色生态。深入推进农业“三项补贴”制度改革。完善粮食主产区利益补偿机制，稳定产粮大县奖励政策，调整产粮大省奖励资金使用范围，盘活粮食风险基金。完善农机购置补贴政策，加大对粮棉油糖和饲草料生产全程机械化所需机具的补贴力度。深入实施新一轮草原生态保护补助奖励政策。健全林业补贴政策，扩大湿地生态效益补偿实施范围。

（二）建立完善农业生产奖补制度

完善主产区利益补偿机制，提高中央财政对粮食、油料生产大县转移支付水平，继续加大对产粮大县、生猪调出大县的奖励力度，规范粮食主产县涉农投资项目地方资金配套，全面取消主产区粮食风险基金地方资金配套。稳步提高粮食主产区县级人均财力水平。全面实施和完善草原生态保护补助奖励政策。扩大草原生态保护、面源污染防控生态奖补范围和规模，探索实施生物农药、低毒农药使用补助政策。研究建立高耗能老旧农业机械报废回收制度，探索实施报废更新补助。

（三）加大对农业科研和技术推广的支持力度

完善现代农业产业技术体系，继续实施转基因生物新品种培育重大专项、公益性行业科研专项等农业重大科研项目；建立种业发展基金；加大国家重点基础研究发展计划、国家高技术研究发展计划、国家科技支撑计划等在农业领域实施力度，选择部分农业科研院所予以稳定支持。将乡镇或区域性农业技术推广、动植物疫病防控、农产品质量监管等公共服务机构履行职责所需经费纳入地方财政预算，按照种养规模和服务绩效安排工作经费，实现在岗人员工资收入与基层事业单位人员工资收入平均水平相衔接，将基层农业技术推广体系改革与建设示范县项目基本覆盖农业县（市、区、场）、农业技术推广机构条件建设项目覆盖全部乡镇；启动基层农业技术推广特设岗位计划。加大动物疫病防控经费投入，完善病死动物无害化处理补贴制度。建立和完善农作物病虫害专业化统防统治补助政策。扩大粮棉油糖高产创建、园艺作物和畜牧水产养殖产品标准化创建以及农业标准化示范县项目规模。继续向农民免费提供测土配方施肥服务，扩大土壤有机质提升项目实施范围和规模。继续加大农业农村人才培养力度，对大学生涉农创业按规定给予相关政策扶持。

（四）改革财政支农投入机制

坚持把农业农村作为财政支出的优先保障领域，确保农业农村投入适度增加，着力优化投入结构，创新使用方式，提升支农效能。固定资产投资继续向农业农村倾斜。发挥规划统筹引领作用，多层次多形式推进涉农资金整合。推进专项转移支付预算编制环节源头整合改革，探索实行“大专项+任务清单”管理方式。创新财政资金使用方式，推广政府和社会资本合作，实行以奖代补和贴息，支持建立担保机制，鼓励地方建立风险补偿基金，撬动金融和社会资本更多投向农业农村。建立健全全国农业信贷担保体系，推进省级信贷担保机构向市县延伸，支持有条件的市县尽快建立担保机构，实现实质性运营。拓宽农业农村基础设施投融资渠道，支持社会资本以特许经营、参股控股等方式参与农林水利、农垦等项目建设运营。鼓励地方政府和社会资本设立各类农业农村发展投资基金。加大地方政府债券支持农村基础设施建设力度。在符合有关法律和规定的前提下，探索以市场化方式筹集资金，用于农业农村建设。研究制定引导和规范工商资本投资农业农村的具体意见。对各级财政支持的各类小型项目，优先安排农村集体经济组织、农民合作组织等作为建设管护主体，强化农民参与和全程监督。

（五）加快农村金融创新

强化激励约束机制，确保“三农”贷款投放持续增长。支持金融机构增加县域网点，适当下放县域分支机构业务审批权限。对涉农业务较多的金融机构，进一步完善差别化考核办法。落实涉农贷款增量奖励政策。支持农村商业银行、农村合作银行、村镇银行等农村中小金融机构立足县域，加大服务“三农”力度，健全内部控制和风险管理制度。规范发展农村资金互助组织，严格落实监管主体和责任。开展农民合作社内部信用合作试点，鼓励发展农业互助保险。支持国家开发银行创新信贷投放方式。完善农业发展银行风险补偿机制和资本金补充制度，加大对粮食多元市场主体入市收购的信贷支持力度。深化农业银行三农金融事业部改革，对达标县域机构执行优惠的存款准备金率。加快完善邮储银行三农金融事业部运作机制，研究给予相关优惠政策。抓紧研究制订农村信用社省联社改革方案。优化村镇银行设立模式，提高县市覆盖面。鼓励金融机构积极利用互联网技术，为农业经营主体提供小额存贷款、支付结算和保险等金融服务。推进信用户、信用村、信用乡镇创建。支持金融机构开展适合新型农业经营主体的订单融资和应收账款融资业务。深入推进承包土地的经营权和农民住房财产权抵押贷款试点，探索开展大型农机具、农业生产设施抵押贷款业务。加快农村各类资源资产权属认定，推动部门确权信息与银行业金融机构联网共享。持续推进农业保险扩面、增品、提标，开发满足新型农业经营主体需求的保险产品，采取以奖代补方式支持地方开展特色农产品保险。鼓励地方多渠道筹集资金，支持扩大农产品价格指数保险试点。探索建立农产品收入保险制度。支持符合条件的涉农企业上市融资、发行债券、兼并重组。在健全风险阻断机制前提下，完善财政与金融支农协作模式。鼓励金融机构发行“三农”专项金融债。扩大银行与保险公司合作，发展保证保险贷款产品。深入推进农产品期货、期权市场建设，积极引导涉农企业利用期货、期权管理市场风险，稳步扩大“保险+期货”试点。严厉打击农村非法集资和金融诈骗。积极推动农村金融立法。

专栏 7-2

农业部：农机购置补贴政策落地见效

2017 年上半年，农机购置补贴政策实施工作全面铺开。截至 6 月底，各省已实施中央财政补贴资金 41.5 亿元，已完成全年任务的 22%，与农机销售市场规律基本吻合。从目前情况看，农机购置补贴政策实施工作开展取得了较好的效果，呈现出一些新亮点。

一次性足额提前下达补贴资金。中央财政于去年底一次性足额下达各省中央财政农机购置补贴资金 186 亿元，为顺利开展各项工作、及时兑付农民补贴奠定了良好基础。超过 3/4 的省推行“先购后补”操作模式，不再要求购机农民先申请指标，进一步稳定农民购机预期，方便农民申报补贴。

健全制度体系取得新成效。农财两部联合印发《农业生产发展资金管理办法》《关于做好 2017 年中央财政农业生产发展等项目实施工作的通知》《农业机械购置补贴产品违规经营行为处理办法（试行）》等文件，停止实施 2005 年印发的农机购置补贴资金管理暂行办法，更加便利基层主管部门实施操作；进一步强调对支持农业绿色发展的机具实行敞开补贴，促进农业供给侧结构性改革效果更加显现；进一步强化农、财联合查处违规行为机制，维护诚实守信农机企业和购机者合法权益的制度保障更加有力，社会反响良好。

加大创新试点力度。在2016年农机新产品补贴试点工作基础上，扩大安排10个省份开展农机新产品补贴试点，加速创新农机产品推广应用，探索建立新产品纳入补贴范围的机制。在西藏和新疆南疆地区开展补贴差异化试点，适当扩大补贴范围，适度提高补贴标准，助力脱贫攻坚。

注重盘活使用存量资金。针对部分地区往年存量资金规模较大的问题，改进资金需求调查方法，把资金实际使用进度作为资金分配的重要因素并加大权重，提升资金分配精准性与科学性。强化区域间余缺调剂，着力盘活存量资金，切实提高资金使用效率。

三、农业投资的重点

确定农业投资的方向与重点，必须考虑农业投资项目本身的特点与公共投资的特点。一般说来，以下两个方面应当成为政府农业投资的重点：

（一）改善农业生产条件的投资

农业生产条件主要包括农田水利基础设施，如防洪灌溉工程、水土保持、风沙防护工程以及农用电网建设等等。把改善农业生产条件作为公共投资重点，这是因为：第一，农业生产条件具有公共商品或准公共商品性质，其牵涉面广，投资形成的资产具有明显的外部经济性。由于这些投资产生的效益不易分割，或即便可以分割，但交易成本太高，私人投资者很难通过对这部分外溢的效用采用收费的方式收回投资。第二，改善农业生产条件的投资所需资金量大、周期长、风险高，私人投资者一般不愿或不能独立投资。

由于具有以上特点，私人投资者一般不愿进行改善农业生产条件的投资，这部分投资更不可能由分散的农户独立进行。而这些投资对于农业的发展又是必不可少的。因此，政府必须担负起这部分投资的责任。

改善农业生产条件应做好中央政府与地方政府的分工。二者分工的依据有二：一是受益范围原则，即全国范围内受益的项目，原则上由中央政府负责；某一地域受益的则由地方负责。但这也不能绝对化，有时虽然只是某地受益，但如果地方财力不足以及具有较大社会意义的，也应由中央政府负主要责任。二是效率原则，即谁投资的效率更高就由谁负责。比如，对于一些地方性的建设，地方政府所掌握的信息更充分，动员人力、物力的能力更强，因而应由地方政府负责；而跨省、区、市的项目建设，由中央政府组织实施，效率可能就比地方政府高。

（二）农业科研和科技推广投资

由于农业资源的有限性，通过扩大耕地面积来增加农产品供给的潜力不大。为了提高农产品的产量和质量，增强其市场竞争能力，真正发挥其在国民经济中的基础性作用，必须转变农业经济的增长方式，即由传统粗放型经营向现代集约化经营转变。实现农业经济增长方式的转变，主要是依靠科技进步和劳动者素质的提高，而这又离不开农业科研投入、农业科技推广和农业科研成果的转化。为了使农业生产者接受并正确使用这些新技术，还需要对农业生产者进行宣传和教育培训。这些活动不仅需要投入大量资金，而且具有典型的外部经济性。以农业科研为例：如果单纯依赖市场，一方面，一项科研成果的推出，使运用这一科研成果的全部生产者受益，但科研单位却不能通过市场方式将该项成果带来的全部收益内部化；另一方面，科研活动所需的费用却只能由科研单位自己承担。这些科研活动需要的资金大、风险高，投入资金的机会成本和科研的风险成本都是科研成本应该包括的内容。可以清楚看到，其成本与收益是不对称的。除了农业科研之外，农业科技的推广、农户教育等对农业发展至关重要的农业投资，依靠单个的甚至有组织的农业生产者来承办都是不太可能的。因而，政府必须在这些方面投资中负主要责任。

【本章小结】

财政投资也称为政府投资，是指以政府为主体，将其通过税收和发行国债的方式募集的财政资金，根据经济发展的需要，集中投资于国民经济各个部门，以促进经济增长的过程。财政投资与一般的私人投资不同，它具有自身的投资范围和特点。在财政投资中，最常见的两种投资是基础产业投资和农业投资。基础产业投资最关键的问题是投资和经营方式，这不仅直接关系到投资效率，还决定着投资的资金来源。值得注意的是，不同的投资、经营方式，实际上意味着有不同的成本补偿方式。常见的投资方式包括：直接投资，无偿提供；直接投资，非商业性经营；间接投资，商业经营。此外，近些年又出现了一些的新的投资方式，如财政投融资和项目融资。由于农业的特殊性，政府也将农业领域作为一个重要的投资领域。投资方式主要包括：完善农业补贴制度；建立完善农业生产奖补制度；加大对农业科研和技术推广的支持力度；改革财政支农投入机制；加快农村金融创新等。改善农业生产条件的投资和农业科研科技推广投资是农业投资的重点。

【复习思考题】

1. 简述财政投资的含义及范围。
2. 简述财政投资的特点。
3. 简述基础产业投资的含义与特点。
4. 简述基础产业投资的方式。
5. 简述财政投融资和项目融资的含义。
6. 简述农业投资的特点。
7. 简述农业投资的方式。

【本章参考书目】

1. 盖锐．财政学．2 版．北京：北京大学出版社，2015.
2. 陈共．财政学．8 版．北京：中国人民大学出版社，2015.
3. 刘京焕，等．财政学原理．北京：高等教育出版社，2011.
4. 蒋洪，等．财政学．北京：高等教育出版社，2005.

第八章 转移性支出

【学习目的与要求】

1. 掌握社会保障的概念与特征
2. 掌握社会保障的功能和主要内容、基金来源与筹资模式
3. 了解我国社会保障制度的改革进展
4. 掌握财政补贴的性质与分类

【教学重点与难点】

1. 社会保障基金的来源与筹资模式
2. 财政补贴的经济效应与二重性

第一节 社会保障支出

一、社会保障的概念和特征

（一）社会保障概念的出现

人类现代社会保障制度萌芽、产生的历史可以追溯到17世纪初，即1601年英国伊丽莎白女王时期《济贫法》（史称旧《济贫法》）的问世。但社会保障概念的出现，却是在旧《济贫法》颁布实施300多年以后的事情。1935年，美国罗斯福总统实施“新政”时期，由国会通过的《社会保障法》，首先提出了“社会保障”的概念。自此以后，社会保障概念越来越为国际社会所普遍认同和广泛使用。

（二）社会保障的概念

社会保障是为保障民生以及促进社会进步，由国家和社会以立法为依据出面举办，由政府机关和社会团体组织实施，对因各种经济和社会风险事故而陷入困境的人群以及有物质和精神需求的全体公民提供的、福利性的物质援助和专业服务的制度和事业的总称。

（三）社会保障的特征

1. 社会性

社会保障是现代社会中涉及全体社会成员而非少数人的一项制度安排。其社会性特征表现为如下方面：

①社会保障应对的是带有普遍性的社会问题。

②社会保障的对象不是社会中的少数人，而是覆盖社会全体公民。

③社会保障基金来源于全社会，不论是雇主和职工的缴费纳税，还是政府的财政补贴，其源头都是社会成员的劳动创造。

④社会保障的运作越来越朝社会化的方向发展。

2. 福利性

①从社会目标的角度讲，社会保障是国家和社会经由制度的功能，为促进国民个人的发展和全社会的平等、安定、进步、繁荣而推行的福利措施。其中心价值观是强调人的尊严和社区生活的质量，肯定每一个人都有使用公共救助和其他社会服务的权利。

②从经济关系的角度讲，社会保障是国家和社会通过国民收入再分配的途径，对保障对象提供的经济支持和专业服务。社会保障的管理经营部门和机构是非营利性的，他们提供的或是直接的货币或物质性的援助，或是无偿、低偿性的服务。在保障措施实施过程中，被保障者的所得一定大于他的所费。

3. 互济性

社会保障是借助于国家和社会的力量对国民收入进行再分配的一种形式。其基金来源于雇主和劳动者的缴费或纳税，以及国家的财政支持。管理部门收取的基金不是等额地用于缴纳者，而是根据不同的项目规定，将社会财富在不同社会群体之间进行横向的转移支付或纵向的转移支付。由于社会成员遭受经济和社会风险事故的情况不同，通过社会保障的互济互助，能够解决不同社会成员的特殊需要，使他们渡过难关，维持正常的生活。

4. 强制性

社会保障的强制性特征表现在两个方面：

①强制参加，即依据法律规定属于保险计划覆盖范围的劳动者及其用人单位，都必须参加到计划中来，当事人没有任意选择的权利，也不能任意退出计划。

②强制缴费，即凡符合有关社会保障税法或社会保障统筹法律、法规的缴纳条件的个人和团体，都必须按要求纳税或缴费，否则将受到法律的制裁。

二、社会保障的功能

（一）保障基本生活

保障公民的基本生活，是社会稳定和经济发展的前提，也是社会保障最核心的功能。国家建立社会保障体系，保障公民的基本生活，免除劳动者的后顾之忧，不仅是经济发展和社会稳定的需要，也是人权保障的重要内容，是社会进步的体现。如今，社会保障已经成为国际公约和绝大多数国家法律明确规定的公民的一项基本权利。

（二）维护社会稳定

19 世纪资本主义国家之所以要创建社会保障制度，其根本原因就是要以此巩固资本主义生产方式，缓和阶级矛盾，维护资产阶级政权的统治和社会稳定。所以说，社会保障是工人阶级长期斗争的结果。第二次世界大战后，社会主义在许多国家取得胜利，促使资本主义国家政府更加重视社会保障，不得不发展社会福利事业，其根本目的就是缓和阶级矛盾，维持资产阶级统治。我国是社会主义国家，社会主义的本质是解放生产力，发展生产力，消灭剥削，消除两极分化，最终达到共同富裕。实行社会保障，有利于缩小社会贫富差距，增进社会整体福利，是社会主义国家实现共同富裕目标的一项重要手段，从根本上维护社会稳定。

（三）促进经济发展

首先，社会保障可以调节社会总需求，平抑经济波动。当经济衰退而失业率上升、人民生活水平下降时，失业保险和社会救济有助于提高社会购买力，拉动有效需求，促进经济复苏；当经济高涨而失业率下降时，社会保障支出相应缩减，从而使即期的社会总需求不致过度膨胀。而且，政府可以通过调整社会保障费（税）率和待遇支付标准，主动调节社会总需求，减少经济波动。其次，社会保障基金的长期积累和投资运营有助于完善资本市场。最后，社会保障确保劳动者在丧失经济收入或劳动能力的情况下，能维持自身及其家庭成员的基本生活，保证劳动力再生产进程不致受阻或中断。同时，国家还可以通过生育、抚育子女和教育津贴等形式对劳动力再生产给予资助，以提高劳动力资源的整体素质。

（四）保持社会公平

社会保障是市场经济国家保持社会公平的一个重要手段，其作用主要表现在两个方面：一是通过保障全体社会成员的基本生活，在一定程度上消除社会发展过程中因意外灾害、失业、疾病等导致的机会不均等因素，使社会成员在没有后顾之忧的情况下参与市场的公平竞争；二是通过在全体社会成员之间的风险共担，实现国民收入的再分配，缩小贫富差距，减少社会分配结果的不公平。

（五）增进国民福利

社会保障的最初含义是“救贫”和“防贫”，即保证所有社会成员至少都能享有最低的生活水平。随着经济的发展和社会的进步，社会保障的内容在不断扩充。现代社会保障不仅承担着“救贫”和“防贫”的责任，而且还要为全体社会成员提供更广泛的津贴、基础设施和公共服务，从而使人们尽可能充分地享受经济和社会发展成果，不断提高物质生活和精神生活的质量。

三、社会保障制度的主要内容

（一）社会保险

社会保险是指国家通过法律强制实施，为工薪劳动者在年老、疾病、生育、失业以及遭受职业伤害的情况下，提供必要的物质帮助的制度。它是社会保障制度的核心内容。从社会保险的项目内容看，它是以经济保障为前提的。一切国家的社会保险制度，不论其是否完善，都具有强制性、社会性和福利性等特点。按照我国《劳动法》的规定，社会保险项目分为养老保险、失业保险、医疗保险、工伤保险和生育保险。社会保险的保障对象是全体劳动者，资金主要来源是用人单位和劳动者个人的缴费，政府给予资助。依法享受社会保险是劳动者的基本权利。

专栏 8-1

社会保险历史沿革

中国社会保险最大的特点是缺位与福利早熟并存。制度的缺位是指对农民的保障制度缺位，福利的早熟是指城市中某些项目福利水平太高。

1951 年 2 月政务院公布了《劳动保护条例》，标志着新中国社会保险体系的建立，其保障对象是企业职工，保险项目包括疾病、负伤、生育、医疗、退休、死亡和待业等。

从 20 世纪 50 年代初到 1966 年期间，社会保障制度有基金、有管理、有监督，基金的收集、管理和监督是分立的，在人口老龄结构轻且经济发展较快的情况下，这一制度运行良好。

1966 年后，社会保险制度转变成企业保险制度。从保险理论的角度看，这一改变是一种退步，因为它违背了保险大数法则的前提。

1984 年，中国的社会保障制度进入改革阶段。中国社会保险制度改革首先是从项目开始的，当以企业为单位的公费医疗制度日益成为企业的负担时，20 世纪 90 年代初，我国开始了对医疗保险制度改革的尝试。

经过 20 年的努力，中国建立起了以城镇职工为保障对象的社会保险制度体系。主要项目有社会统筹与个人账户制度相结合的养老社会保险（以下简称统账制度）、社会统筹与个人账户制度相结合的医疗社会保险、失业保险、工伤保险、生育保险。

2016 年 2 月 3 日，《全国社会保障基金条例》经国务院第 122 次常务会议通过，自 2016 年 5 月 1 日起施行。

2016 年 1—6 月，全国基本养老、基本医疗等五项社会保险基金总收入为 2.44 万亿元，同比增长 10.7%；总支出为 1.99 万亿元，同比增长 8.7%。截至 6 月底，社会保障卡持卡人数达到 9.19 亿人，覆盖 66.9%的人口。

2017 年，国务院印发《“十三五”推进基本公共服务均等化规划》，对社会保险等 8 个领域列出了基本公共服务清单。

2017 年 5 月，全国社保基金理事会第六届理事大会第一次会议报告中提出，2017 年“全力配合财政部完善划转部分国有资本充实社保基金实施方案，推动划转实施方案按期出台”。

资料来源：https：//baike.so.com/doc/2654731-2803317.html.

（二）社会救济

社会救济也称社会救助，是政府对生活在社会基本生活水平以下的贫困地区或贫困居民给予的基本生活保障。社会救济是基础的、最低层次的社会保障，其目的是保障公民享有最低生活水平，其给付标准低于社会保险。社会救济主要包括自然灾害救济、失业救济、孤寡病残救济和城乡困难户救济等。国家和社会以多种形式对由于自然灾害、意外事故和残疾等原因而无力维持基本生活的灾民、贫民提供救助，包括提供必要的生活资助、福利设施、急需的生产资料、劳务、技术、信息服务等。维持最低水平的基本生活是社会救济制度的基本特征。社会救济经费的主要来源是政府财政支出和社会捐赠。

（三）社会福利

社会福利是政府为社会成员举办的各种公益性事业及为各类残疾人、生活无保障人员提供生活保障的事业。社会福利所包括的内容十分广泛，不仅包括生活、教育、医疗方面的福利待遇，而且包括交通、文娱、体育等方面的待遇。社会福利是一种服务政策和服务措施，其目的在于提高广大社会成员的物质和精神生活水平，使之得到更多的享受。同时，社会福利也是一种职责。我国颁布了《老年人权益保障法》、《残疾人保障法》、《农村五保供养工作条例》等法律法规，保障和促进了社会福利事业的发展。

（四）优抚安置

优抚安置，是指政府对军属、烈属、复员转业军人、残废军人予以优待抚恤的制度。在我国，优抚安置的对象主要是烈军属、复员退伍军人、残疾军人及其家属；优抚安置的内容主要包括提供抚恤金、优待金、补助金，举办军人疗养院、光荣院，安置复员退伍军人等。

（五）社会互助

社会互助是指在政府鼓励和支持下，社会团体和社会成员自愿组织和参与的扶弱济困活动。社会互助具有自愿、非营利性的特点，其主要形式有：工会、妇联等团体组织的群众性互助互济；民间公益事业团体组织的慈善救助；城乡居民自发组成的各种形式的互助组织等。社会互助的资金来源主要是社会捐赠和成员自愿交费、政府从税收方面给予的支持。

四、社会保障基金的来源与筹集模式

（一）社会保障基金的含义

社会保障基金是根据国家有关法律、法规和政策的规定，为实施社会保障制度而建立起来、专款专用的资金。社会保障基金一般按不同的项目分别建立，如社会保险基金、社会救济基金、社会福利基金等。其中，社会保险基金是社会保障基金中最重要的组成部分。

（二）社会保障基金的资金来源

世界上大多数国家社会保障基金的来源，实行由国家、企业和个人三方负担的办法，或者依据具体情况，由这三种来源的不同组合构成。

国家财政负担，即国家在财政预算中安排一部分资金，用于社会保障事业方面的开支，这是社会保障资金中最重要的、稳定的来源。财政负担社会保障基金也是政府职能的重要体现，对于稳定社会保障给付和弥补保障资金的赤字起着非常重要的作用。由于财政负担来自于一般税收，一些国家还征收社会保障税，从而使财政负担与税收的关系更直接，体现了人人负担的特点。

企业（资方）缴纳社会保障费，是社会保障基金的又一重要来源。劳动者为某一企业提供了劳动力，创造了相当的社会财富，资方有义务为供职人缴纳社会保障费，这些费用可以列入企业的经营成本。

个人（劳方）负担一部分社会保障费（特别是社会保险）是必要的。它有助于减少个人收入之间的差距，收入高的可以多交一些，收入低的可以少交一些，以发挥社会保障的调节作用。个人负担也可以促使人们关心社会保障事业，减轻国家和企业的负担。

（三）社会保障基金的筹资模式

世界各国社会保障基金的筹资模式主要有三种，即现收现付式、完全基金式、部分基金式。

1. 现收现付式（pay-as-you-go system）

现收现付式又称边进边出式，即预先不进行储备积累，完全靠当年的收入满足当年支出的需要。从养老保险的角度看，这是一种隔代赡养模式，即支付给退休者的养老金来自于正在工作的一代人交纳的保险费。这种方式的特点是随着社会保障支出需求的增加需要不断提高社会保障收费率，否则会造成财政的沉重负担。

2. 完全基金式（fully funded system）

完全基金式又称储备积累式，即根据未来支出需要确定和预提社会保障基金，并进行储备积累。从养老保险的角度看，这是一种自我赡养模式，即一个人退休后领到的养老金，来自于自己工作时交纳的保险费。其特点是在较长的时间内收费率稳定，并在一定时期内可形成大量的储备金，但其初始费率较高。

3. 部分基金式（partially funded system）

部分基金式是在满足一定阶段支出需要的条件下，进行适当的储备积累，社会保障的收费率分阶段调整，计划实施初期较低，以后逐步提高，保持阶段性的稳定。它吸收了前两种办法的长处。

五、我国社会保障制度改革进展

（一）养老保险制度改革进展

1. 机关事业单位基本养老保险制度改革

2015 年 1 月 14 日，国务院发布《机关事业单位工作人员养老保险制度改革的决定》，该决定指出，在按照公务员法管理的单位、参照公务员法管理的机关（单位）、事业单位及其编制内的工作人员范围内进行养老保险制度改革。

改革的基本思路是“一个统一、五个同步”。“一个统一”，即党政机关、事业单位建立与企业相同的基本养老保险制度，单位和个人共同缴费，改革退休费计发办法，从制度和机制上化解“双轨制”矛盾。“五个同步”，即机关与事业单位同步改革，职业年金与基本养老保险制度同步建立，养老保险制度改革与完善工资制度同步推进，待遇调整机制与计发办法同步改革，改革在全国范围同步实施。

改革后，机关事业单位养老保险实行社会统筹与个人账户相结合的管理模式。基本养老保险费由单位和个人共同负担。单位缴费标准为本单位工资总额的20%，划入社会统筹账户统一管理，个人缴费标准为本人缴费工资的8%，由单位代扣后划入基本养老保险个人账户进行管理。缴费基数上限为当地上年度在岗职工平均工资的300%，缴费基数下限为当地上年度在岗职工平均工资的60%。

（1）养老基金管理。个人账户积累额按照国家统一公布的记账年利率计算利息，免征利息税。个人账户在工作人员退休后方可提取养老，不得提前支取。

（2）养老金计发办法。一是本决定实施后参加工作、个人缴费年限累计满15年的人员，基本养老金由基础养老金和个人账户养老金组成，与企业退休人员养老金计发公式相同。退休后按月发放。二是本决定实施前参加工作、实施后退休且缴费年限（含视同缴费年限）累计满15年的人员，基本养老金包括基础养老金、个人账户养老金和过渡性养老金。过渡性养老金根据视同缴费年限计算发放。三是本决定实施后达到退休年龄但个人缴费年限累计不满15年的人员，其基本养老保险关系处理和基本养老金计发按照《实施〈中华人民共和国社会保险法〉若干规定》执行。四是本决定实施前已经离退休的人员，仍按照国家原规定标准发放基本养老金，同时执行基本养老金调整办法。

建立基本养老金正常调整机制。文件提出，要根据职工工资增长和物价变动等因素，统筹考虑机关事业单位和企业退休人员的基本养老金调整，逐步建立兼顾各类人员的养老保险待遇正常调整机制。机关事业单位养老保险制度改革后，在制度设计、资金筹集、基金管理、计发办法等方面都与企业保持一致，从根本上解决“双轨制”问题，有利于构建公平、可持续的养老保险制度。

2. 统筹城乡居民基本养老保险制度

2014年2月21日，国务院印发《关于建立统一的城乡居民基本养老保险制度的意见》（以下简称《意见》），将新型农村社会养老保险和城镇居民社会养老保险两项制度合并实施，在全国范围内建立统一的城乡居民基本养老保险制度。

《意见》指出，城乡居民养老保险基金的资金来源不变，仍由个人缴费、集体补助、政府补贴构成。缴费标准有每年100元、200元、300元、400元、500元、600元、700元、800元、900元、1000元、1500元、2000元12个档次，省（区、市）人民政府可以根据实际情况增设缴费档次，最高缴费标准原则上不超过当地灵活就业人员参加职工基本养老保险的年缴费额。政府对符合领取城乡居民养老保险待遇条件的参保人全额支付基础养老金，其中，中央财政对中西部地区按中央确定的基础养老金标准给予全额补助，对东部地区给予50%的补助；地方人民政府应当对参保人缴费给予补贴，个人缴费标准越高，地方政府补贴越高。

（1）基金管理。国家为每个参保人员建立实名制的养老保险个人账户，缴费期间按国家规定计息。

（2）待遇支付。参加城乡居民养老保险的个人，年满60周岁、累计缴费满15年，且未领取国家规定的基本养老保障待遇的，可以按月领取城乡居民养老保险待遇。养老保险待遇包括基础养老金和个人账户养老金两部分。中央确定基础养老金最低标准，并建立基础养老金最低标准正常调整机制，地方人民政府可以根据实际情况适当提高基础养老金标准。个人账户养老金的月计发标准与企业职工相同。《意见》出台后，城镇居民和农村居民基本养老保险实现了制度上的统一，但由于各个地区财政收支差距较大，政府补贴力度不同，各地城乡居民养老金待遇存在不小差距，提高养老保险统筹层级的呼声很高，下一步要尽快提高统筹层级，缩小地区差距。同时《意见》指出，要注意城乡居民养老保险制度与职工基本养老保险、优抚安置、城乡居民最低生活保障、农村五保供养等社会保障制度以及农村部分计划生育家庭奖励扶助制度的衔接，使各类社会群体都能享受到相应的保障，使社会保障切实发挥社会“稳定器”的作用。

3. 衔接城乡养老保险制度

2014年2月24日，人力资源和社会保障部、财政部印发《城乡养老保险制度衔接暂行办法》，该办法有利于促进劳动力的合理流动，保障广大城乡参保人员的权益，对于健全和完善城乡统筹的社会保障体系具有重要意义，有利于实现参保人员在不同时段、不同地区、不同制度之间的“多维”跨越。

（1）待遇领取标准。参加城镇职工养老保险和城乡居民养老保险的人员，达到城镇职工养老保险法定退休年龄后，城镇职工养老保险缴费年限满15年（含延长缴费至15年）的，可以申请从城乡居民养老保险转入城镇职工养老保险，按照城镇职工养老保险办法计发相应待遇；城镇职工养老保险缴费年限不足15年的，可以申请从城镇职工养老保险转入城乡居民养老保险，待达到城乡居民养老保险规定的领取条件时，按照城乡居民养老保险办法计发相应待遇。

（2）养老保险关系衔接方式。参保人员需办理城镇职工养老保险和城乡居民养老保险制度衔接手续的，先按城镇职工养老保险有关规定确定待遇领取地，并将城镇职工养老保险的养老保险关系归集至待遇领取地，再办理制度衔接手续。参保人员申请办理制度衔接手续时，从城乡居民养老保险转入城镇职工养老保险的，在城镇职工养老保险待遇领取地提出申请办理；从城镇职工养老保险转入城乡居民养老保险的，在转入城乡居民养老保险待遇领取地提出申请办理。

（3）养老保险权益归集。参保人员从城乡居民养老保险转入城镇职工养老保险的，城乡居民养老保险个人账户全部储存额并入城镇职工养老保险个人账户，城乡居民养老保险缴费年限不合并计算或折算为城镇职工养老保险缴费年限。参保人员从城镇职工养老保险转入城乡居民养老保险的，城镇职工养老保险个人账户全部储存额并入城乡居民养老保险个人账户，参加城镇职工养老保险的缴费年限合并计算为城乡居民养老保险的缴费年限。

4. 军人保险关系转移系统上线

2014年12月3日，军人保险关系转移系统正式上线运行，标志着军人退役养老保险关系转移接续实现电子化、网络化，社会保险经办能力进一步提升，意味着退役军人养老保险关系接续更加顺畅。军人保险关系转移系统启动将惠及每年退役的数十万官兵，为保障退役军人社会保险权益，维护军人切身利益等提供了有力保障。

5. 出台机关事业单位职业年金办法

2015 年 3 月，国务院办公厅印发《机关事业单位职业年金办法》（以下简称《办法》）。《办法》规定，从 2014 年 10 月 1 日起实施机关事业单位工作人员职业年金制度。

（1）资金筹集。单位缴纳职业年金的比例为 8%，个人缴费的比例为 4%，由单位代扣。单位和个人缴费基数与基本养老保险相同。

（2）基金管理。职业年金基金采用个人账户方式管理。财政全额供款单位的，每年按照国家统一公布的记账利率计息；非财政全额供款单位的缴费，实行市场化投资运营，根据实际投资收益计算利息。

（3）待遇发放。符合下列条件之一的可以领取职业年金：一是达到国家规定的退休条件并依法办理退休手续后，可选择按月领取职业年金或者一次性取出职业年金用于购买商业养老保险产品，依据保险契约领取待遇并享受相应的继承权。二是出国（境）定居人员可一次性支付给本人。三是工作人员在职期间死亡的，其职业年金个人账户余额可以继承。

职业年金是本次机关事业单位养老保险制度改革前后，保证退休人员待遇不下降的一项重要举措。未来，在借鉴企业年金发展经验的基础上，职业年金将更加规范、快速地发展起来，对提高机关事业单位退休人员待遇水平，推动养老保险制度改革，构建多层次的社会保障体系发挥重要作用。

6. 拓宽企业年金投资渠道

2014 年，人力资源和社会保障部下发《关于企业年金基金进行股权和优先股投资试点的通知》，启动了企业年金基金股权和优先股的投资试点。这是贯彻落实党的十八届三中全会关于积极发展混合所有制经济，引入社会和民营资本参股有关精神的重大举措，并借此扩大企业年金基金的投资范围，改善投资效率，提高投资收益，同时也分享国企改革的发展红利。

试点第一批选择了中石化销售板块重组和铁路发展基金，它们均为大型国企的优质项目，预期收益较好，对投资有回购的承诺，能够保证企业年金的流动性。企业年金试点工作不仅对完善企业年金基金投资政策，拓宽投资渠道具有积极的作用，而且对配合新一轮的国企改革，丰富融资渠道，助推资本市场发展等也会起到积极的作用。

7. 提高养老金发放标准

自 2005 年开始，我国每年都要调整一次企业退休人员养老金。2017 年的政府工作报告提出，将继续提高退休人员基本养老金标准，确保按时足额发放。这意味着从 2005 年开始，退休人员养老金标准将实现“十三连涨”。2016 年人均基本养老金比 2004 年增长了两倍多。

2015 年，我国首次统一提高全国城乡居民基本养老保险基础养老金最低标准，在原每人每月 55 元的基础上增加 15 元，提高至每人每月 70 元，提高幅度为 27. 3%，提高待遇从 2014 年 7 月 1 日算起。

2016 年，我国实现了企业和机关事业单位养老金待遇同步调整，按 6. 5%左右提高企业和机关事业单位退休人员养老金标准，并向退休较早、养老金偏低的退休人员和艰苦边远地区企业退休人员适当倾斜，1 亿多退休人员因此受益。

（二）医疗保险制度改革进展

到 2017 年 9 月全国所有公立医院已全部开展综合改革，逐步建立了维护公益性、调动积极性、保障可持续的运行新机制。着力破除以药补医、理顺医疗服务价格，取消了实行 60 多年的药品加成政策，医院收入的药占比从 2010 年新一轮医改之初的 46. 3%降至 2016 年的 38. 1%，居民个人卫生支出占卫生总费用比重从 2008 年的 40. 4%降至 2016 年的 30%以下，65%的二级以上公立医院开展了按病种付费的医保支付方式改革，患者就医负担持续下降。截至 9 月底，全国所有省份和统筹地区已全部接入国家异地就医结算系统并联网运行，覆盖全部参加基本医保和新农合人员；符合规定的省内和跨省异地住院费用实现直接结算，消除了广大患者多年来的心头“痛点”。国务院办公厅《关于进一步深化基本医疗保险支付方式改革的指导意见》（国办发［2017］55 号）提出了医保支付方式改革主要目标。2017 年起，进一步加强医保基金预算管理，全面推行以按病种付费为主的多元复合式医保支付方式。各地要选择一定数量的病种实施按病种付费，国家选择部分地区开展按疾病诊断相关分组（DRGs）付费试点，鼓励各地完善按人头、按床日等多种付费方式。到 2020 年，医保支付方式改革覆盖所有医疗机构及医疗服务，全国范围内普遍实施适应不同疾病、不同服务特点的多元复合式医保支付方式，按项目付费占比明显下降。

（三）失业保险制度改革进展

1. 失业保险支持企业稳定岗位

2014 年 11 月，人社部、财政部、国家发改委、工信部印发了《关于失业保险支持企业稳定岗位有关问题的通知》，决定对在调整优化产业结构过程中不裁员、少裁员、稳定就业岗位的企业，由失业保险基金给予稳定岗位补贴（以下简称“稳岗补贴”），更好地发挥失业保险预防失业、促进就业的作用，激励企业承担稳定就业的社会责任。

（1）基本条件。失业保险统筹地区实施稳岗补贴应同时具备以下条件：上年失业保险基金滚存结余具备一年以上支付能力；失业保险基金使用管理规范。企业申请稳岗补贴应同时具备以下条件：生产经营活动符合国家及所在区域产业结构调整政策和环保政策；依法参加失业保险并足额缴纳失业保险费；上年度未裁员或裁员率低于统筹地区城镇登记失业率；企业财务制度健全、管理运行规范。

（2）资金使用。各地区对符合上述政策范围和基本条件的企业，在兼并重组、化解产能过剩以及淘汰落后产能期间，可按不超过该企业及其职工上年度实际缴纳失业保险费总额的 50%给予稳岗补贴，所需资金从失业保险基金中列支。稳岗补贴主要用于职工生活补助、缴纳社会保险费、转岗培训、技能提升培训等相关支出。稳岗补贴的具体比例由省级人力资源和社会保障及财政部门确定。稳岗补贴政策执行到 2020 年底。

2. 下调失业保险费率

2015 年 2 月，人力资源和社会保障部、财政部印发了《关于调整失业保险费率有关问题的通知》，将失业保险费率暂由现行 3%降至 2%，单位和个人缴费的具体比例由各省、自治区、直辖市人民政府确定。在省、自治区、直辖市行政区域内，单位和职工的费率应当统一。

失业保险费率下调，有利于减轻企业和个人负担，有利于促进就业稳定，同时，也是完善失业保险制度，建立健全失业保险费率动态调整机制的一项重要举措。

（四）工伤保险制度改革进展

1. 出台建筑行业工伤保险工作意见

2014 年 12 月，人力资源和社会保障部、住房城乡建设部、安全监管总局、全国总工会印发了《关于进一步做好建筑业工伤保险工作的意见》，针对建筑业特点，从改进参保方式和加大参保推进力度，扩展建筑企业工伤保险参保覆盖面，明确缴费资金来源，完善征缴方式，科学确定缴费费率，简化工伤认定和劳动能力鉴定流程，确保待遇支付等方面明确了建筑施工企业参加工伤保险的一系列政策措施，为全面推进建筑业企业参保，实现工伤保险全覆盖奠定了政策基础。

2. 完善管理标准体系建设

2014 年，人力资源和社会保障部会同国家卫生和计划生育委员会、国家标准化管理委员会下发了一系列文件，颁布了《工伤职工劳动能力鉴定管理办法》，修订发布了《劳动能力鉴定职工工伤与职业病致残等级》，颁布了《工伤保险职业康复操作规范（试行）》，进一步完善工伤管理技术标准体系建设。工伤预防试点工作在 50 个试点地区有序推开，利用预防资金大力开展工伤保险政策宣传和业务培训，从源头上预防工伤事故发生。工伤康复试点工作稳步推进，工伤康复服务覆盖人群不断扩大，管理规范和技术标准进一步完善。

（五）社会救助制度工作进展

2014 年 2 月 21 日，国务院颁布了《社会救助暂行办法》。这是我国第一部统筹各项社会救助制度的行政法规。该办法对最低生活保障、特困人员供养、受灾人员救助、医疗救助、教育救助、住房救助、就业救助和临时救助八项制度的适用范围、领取条件和标准、申请程序等做出了详细规定，鼓励社会力量参与社会救助制度的建设。2014 年 10 月 3 日，国务院印发了《关于全面建立临时救助制度的通知》，部署进一步发挥社会救助托底线、救急难的作用，解决城乡困难群众突发性、紧迫性、临时性的生活困难。

六、财政部门在社会保险制度实施中的职责和投入

《社会保险法》中明确规定了财政部门的职责和投入。按《社会保险法》规定，由国务院社会保险行政部门负责全国的社会保险管理工作，国务院其他有关部门在各自的职责范围内负责有关的社会保险工作，县级以上地方人民政府也同此规定。各级财政部门的职责主要是在国家多渠道筹集社会保险资金的体制下对社会保险事业给予必要的经费支持，通过税收优惠政策支持社会保险事业。

首先是对各项基金的经费支持。如基本养老保险基金由用人单位和个人缴费以及政府

补贴等组成，基本养老保险基金出现支付不足时，政府给予补贴；城镇居民基本医疗保险实行个人缴费和政府补贴相结合，新型农村社会养老保险实行个人缴费、集体补助和政府补贴相结合；享受最低生活保障的人、丧失劳动能力的残疾人、低收入家庭60周岁以上的老年人和未成年人等所需个人缴费部分，由政府给予补贴。

其次是由中央财政拨款设立全国社会保障基金。由中央财政预算拨款以及国务院批准的其他方式筹集的资金，设立全国社会保障基金，用于社会保障支出的补充、调剂。全国社会保障基金由全国社会保障基金管理运营机构负责管理运营，在保证安全的前提下实现保值增值。

最后是补贴社会保险基金预算支付的不足。建立社会保险基金预算，通过预算实现收支平衡，县级以上人民政府在社会保险基金出现支付不足时，给予补贴。社会保险基金存入财政专户，具体管理办法由国务院规定。纵观世界各国的社会保险制度，社会保险基金的筹集有两种方式，一是开征社会保险税，二是实行收（缴）保险费制度。社会保险税构成国家税制的一个税种，一旦开征社会保险税，则全部社会保险收支将纳入国家一般预算。我国还未开征社会保险税，社会保险收支并未全部纳入一般预算，在《政府收支分类科目》的一般预算收支科目中，没有社会保险基金的收入科目，只是在一般预算支出科目中设置一个“社会保障和就业”类级科目。该科目包括对社会保险基金的补助（含基本养老保险、失业保险、基本医疗保险、工伤保险和生育保险）、对新型农村养老保险基金的补助（含其他社会保险）、补充全国社会保障基金，还包括非缴费型的社会福利和救济等支出，如行政事业单位离退休经费、企业改革补助、就业补助、抚恤支出、退役安置支出、社会福利支出，还包括人力资源和社会保障管理事务以及民政管理事务支出。

第二节　财政补贴支出

一、财政补贴的性质

财政补贴是国家为了实行特定的经济、政治和社会目标，将一部分财政资金无偿补助给企业和居民的一种再分配形式。

财政补贴的主体是国家；财政补贴的对象是企业和居民；财政补贴的目的是贯彻国家的政策，满足某种特定的需要，实现特定的政治、经济和社会目标；财政补贴的性质是通过财政资金的无偿补助而进行的一种社会财富的再分配。

财政补贴支出与社会保障支出同属于财政的转移性支出。差别主要体现在同相对价格体系的关系上。财政补贴直接影响产品和生产要素的相对价格，具有改变资源配置结构、供给结构和需求结构的影响；社会保障起因于自然灾害和社会经济事故，支出主要用于消费环节，目的主要在于扶助社会弱者，实现社会公平。

二、财政补贴的分类

财政补贴可以从不同的角度进行分类。如按补贴对象可分为对企业的补贴和对个人的补贴；按补贴环节可分为生产环节补贴、流通环节补贴、消费环节补贴；按经济性质可分为生产补贴和生活补贴；按财政补贴方式可分为现金补贴（明补）和实物补贴（暗补）；按政策目的可分为价格补贴、职工生活补贴、企业亏损补贴、财政贴息、税收补贴等。国家实施财政补贴总是为了一定的政治经济目的，所以按政策目的分类是财政补贴最主要的分类方法。

（一）价格补贴

它指国家对企业由于执行国家的限价政策所造成的亏损所给予的资金补贴，也可以称为政策性亏损补贴。主要包括：

（1）农副产品价格补贴。这主要是对商业企业的价差补贴，是价格补贴中的主要内容。它是当从事农副产品收购的商业企业由于执行政府的价格政策，出现购销价格倒挂而造成的亏损时，政府给予的补贴。

（2）农业生产资料价格补贴。这是当农业生产资料的生产企业为执行政府政策，以低于正常价格的价格向农民销售时，政府对其价差给予的补贴。这些生产资料主要有化肥、农药、农用薄膜、农业用电等。

（3）工矿产品价格补贴。这是财政对国家需要统一收购的工矿产品（如黄金、白银、统配煤等）的生产企业给予的补贴。

（4）日用工业品的价格补贴。这是财政对经营某些特殊日用工业品（如民用煤、学生课本、报刊、新闻纸等）的商业企业在进价提高而售价不变时给予的价差补贴。

（二）企业亏损补贴

它是财政对国有企业的经营亏损给予的补贴。政府设立国有企业，有它特定的目标（大多与正外部性行业有关），国有企业往往因为承担着一定程度的政策性负担和社会性负担而出现经营亏损，为了保证这些企业能够继续经营，政府作为社会管理者和企业投资者，必须给予相应的补贴。

（三）居民生活补贴

它是财政支付给居民用以补贴生活的资金。当社会处于非常时期（如战争、恶性通货膨胀），为了保证居民基本生活，政府有时需要对居民给予补贴。

（四）财政贴息

也称“利息补贴”，它是财政对使用符合政策规定用途的银行贷款的用款单位就其支付的资金利息提供的补贴。如用于以下目的的贷款：引进和开发先进技术和设备，发展优质名牌产品，开发和使用节能产品，投资落后地区等等。财政贴息是用有限的财政资金带动更多的社会投资和银行贷款以发展社会经济项目，贯彻政府政策意图的一项重要措施。

（五）税收补贴

也称“税式支出”，它是一种特殊的财政补贴，是对减税、免税、退税、税收抵免等税收优惠措施的统称。与一般财政补贴不同的是，财政补贴是政府的支出行为，而税式补贴是政府的一种减收行为。之所以将税收优惠纳入财政补贴范畴，是因为税收优惠等于政府将已征收的一部分税款返还给需要扶持的纳税人，这就实际上发挥了财政补贴的功能。

三、财政补贴的经济效应

（一）财政补贴可以影响需求结构

财政补贴在不同国家作为一种重要的调节经济的手段，主要是因为它可以改变相对价格结构，而首先是可以改变需求结构。决定需求结构的因素主要有两个：一是人们所需要的商品和服务的种类；二是各种商品和服务的价格。既然价格的高低可以影响需求结构，那么能影响价格水平的财政补贴便具有影响需求结构的作用。国家可以通过对财政补贴对象或者财政补贴数额进行灵活调节，实现需求结构的调整和优化。

（二）财政补贴可以影响供给结构

这一作用是通过改变企业购进的生产要素价格，从而改变企业经营成本发生的。因此，国家可以通过给予某些产品、行业或部门价格补贴，鼓励和促进相应产品、行业或部门的生产发展，从而实现供给结构的调整和优化。

（三）财政补贴可以影响生产结构

财政补贴对生产结构的调整主要表现在鼓励或限制某些产品的生产上。当某些产品发生亏损时，国家可以给予适当补贴，以确保其正常生产；当某些产品的价格需要作出调整而又不宜提高售价时，国家可以对企业进行补贴以保证产品供应。例如，在农业生产中，国家对农业生产资料给予补贴，目的是促进农业生产的发展。

（四）财政补贴可以影响消费结构

国家给产品的生产者一定的补贴，是鼓励生产，用于生产方面的财政补贴会形成一部分投资需求，带来生产消费的增加；国家给予居民生活方面的补贴，目的是稳定物价，提高居民的生活水平，增加他们的购买力，这也形成了一部分生活消费需求。所以，国家通过财政补贴的不同流向分别影响生产需求和消费需求，以此来调节社会的需求结构。

四、财政补贴的二重性

（一）财政补贴的必要性与积极作用

在市场经济条件下，财政补贴的主要作用是弥补市场机制自身的缺陷。

1. 促进具有外部经济的部门发展，优化资源配置

自发的市场调节会诱使生产者追逐本位效益而忽视甚至损害社会宏观效益，致使全社会配置于具有外部经济的部门的资源量低于帕累托最优水平，而配置于具有外部不经济的部门的资源量高于帕累托最优水平，从而降低了社会资源配置的效率。政府对具有外部效

益的经济活动给予一定的财政补贴，就可以鼓励生产者更多地从事这些经济活动，促进具有外部经济的部门发展，优化全社会的资源配置。

2. 配合自然垄断领域的价格管制，提高社会福利

城市供水、供电、供气、公共交通等公用事业属于自然垄断领域，又与生产和人民生活息息相关，如果完全由市场定价，自然垄断企业至少会以高于边际成本的平均成本向消费者销售，这与帕累托最优定价原则相悖。如果政府对此类企业实行价格管制，要求企业以等于边际成本的价格向社会成员提供，就可以提高资源配置效率。这时，就要求财政给企业以相应的价差补贴，以弥补低价政策造成的企业亏损。

3. 推行倾斜式发展战略，加快经济发展

发展中国家经济发展不平衡，薄弱产业和落后地区往往拖了经济发展的后腿。由于这些产业和地区的投资回报低，私人资本不愿投资，这就需要借助政府的力量，推行倾斜式发展战略。一是实行产业倾斜，包括对受自然条件影响较大的弱质产业（农业）、利润率较低的基础产业、风险程度较高的高新技术产业等的倾斜；二是实行地区倾斜，即对经济落后地区投资予以补贴。这就可以在一定程度上改变这些产业和地区在市场竞争中的不利地位，促进产业的协调发展和生产力布局的合理化，从而促进整个国民经济的更快发展。

4. 平抑产业和价格波动，促进经济和社会的稳定

在市场机制作用下，价格波动从而产业波动（调整）是不可避免的。但如果波动幅度过大，势必造成经济和社会的动荡。为此，在产业调整过程中，有必要对被调整的衰退产业或长线产业给予一定的财政补贴，促其积极调整，弱化因调整引起的经济、社会动荡。对居民给予适当的生活补贴，也能起到平抑物价、稳定经济和社会的作用。

5. 促进进出口贸易，增强民族工业竞争力

对本国出口产品提供财政补贴（财政贴息、税收优惠等）可以提高出口产品的竞争力，扩大出口；对进口替代产品提供财政补贴，可以在确保生产商利润不变的情况下，降低该产品的价格，加快进口替代的进程；有选择地实施技术和设备进口补贴，有利于弥补国内急需技术和设备的不足，加快民族工业的现代化进程。

（二）财政补贴失控的消极影响

在市场经济条件下，财政补贴只能是一种辅助性调节手段。如果过度使用，处于失控状态，将对国民经济造成一系列消极影响。

（1）财政补贴反映在财政上不是增加财政支出，就是减少财政收入。如果补贴过多过滥，就会造成国家财政的沉重负担。

（2）价格补贴主要用于消费性支出，在当年财政收入一定的条件下，价格补贴在财政支出中所占比重增加，必然要使积累性支出比重下降。所以价格补贴超过一定限度，就会减缓生产发展速度。而生产上不去，反过来又会加剧财政困难，增加赤字发行，引起通货膨胀。结果事与愿违，价格补贴反成了涨价的因素。

（3）价格补贴是在价格之外，对商品价格低于价值的部分进行补偿。这样，它就掩盖了补贴商品的真实成本、价值，扭曲了它与相关商品的比价关系。如果长期地、过度地使用价格补贴，就会严重削弱价格杠杆的作用，造成整个价格体系的紊乱和商品供求的结

构性矛盾，还可能使价格补贴成为保护落后产品的手段，从而降低资源配置效率。

（4）大量的企业亏损补贴造成企业的预算约束软化，甚至还可能出现以政策性亏损掩盖经营性亏损的现象，使经营管理不善合法化，助长了经营管理落后和浪费现象。

（5）财政补贴的对象、标准、环节和方式选择不当会造成不同地区之间、不同企业之间、城乡人民之间、高收入者与低收入者之间的分配不公，从而与财政补贴公平收入分配的初衷相违背。

【本章小结】

社会保障是为保障民生以及促进社会进步，由国家和社会以立法为依据出面举办，由政府机关和社会团体组织实施，对因各种经济和社会风险事故而陷入困境的人群以及有物质和精神需求的全体公民提供的、福利性的物质援助和专业服务的制度和事业的总称。它具有社会性、福利性、互济性和强制性的特征。社会保障包括社会保险、社会福利、社会救济等层次，资金来源和筹资模式也因各国实际情况不同而有所差异。我国社会保障近年来也取得了诸多进展，养老保险、医疗保险等领域都发生了一些新的变化。

财政补贴是国家为了实现特定的经济、政治和社会目标，将一部分财政资金无偿补助给企业和居民的一种再分配形式。财政补贴可以按照不同的依据进行分类，其中按政策目的分类是财政补贴最主要的分类方法。财政补贴具有一定的经济效应，可以影响需求结构、供给结构、生产结构和消费结构。财政补贴既有积极影响，也有可能带来消极影响。

【复习思考题】

1. 简述社会保障的概念和特征。
2. 简述社会保障的功能和主要内容。
3. 简述社会保障基金的来源与筹资模式。
4. 简述我国社会保障制度的改革进展。
5. 简述财政补贴的性质与分类。
6. 简述财政补贴的经济效应。
7. 简述财政补贴的积极效应与消极影响。

【本章参考书目】

1. 王梅．中国社会保险制度发展状况//余兴安．中国人力资源发展报告（2015）．北京：社会科学文献出版社，2015.

2. 盖锐．财政学．2 版．北京：北京大学出版社，2015.

3. 陈共．财政学．8 版．北京：中国人民大学出版社，2015.

4. 刘京焕，等．财政学原理．北京：高等教育出版社，2011.

第九章　财政收入概论

【学习目的与要求】

1. 掌握财政收入的概念、形式与分类以及税收在其中地位的演变

2. 熟悉在不同分类标准下的财政收入结构

【教学重点与难点】

1. 了解财政收入规模的制约因素，以及在我国具体国情下的最优财政收入规模

2. 针对我国当前财政收入现状，分析其来源、结构及存在的问题，并相应提出合理化的建议

第一节　财政收入的形式和分类

财政收入是指政府为履行其职能，实施公共政策和提供公共物品与服务而获取的一切资金的总和。财政收入表现为政府部门在一定时期内（一般为一个财政年度）所取得的货币收入。财政收入是衡量一国政府财力的重要指标，政府在社会经济活动中提供公共物品和服务的范围和数量，在很大程度上取决于财政收入的充裕状况。具体来说，财政收入的意义表现在：

第一，财政收入是财政支出的前提。财政分配是收入与支出的统一过程，支出是收入的目的，而收入则是支出的前提和保证，在一般情况下，收入的数量决定着财政支出的规模。

第二，财政收入是实现国家职能的财力保证。国家为了实现其职能，必须掌握一定数量的社会产品，财政收入是筹集资金的重要手段，对实现国家职能有重要意义。

第三，财政收入是正确处理各方面物质利益关系的重要方式。财政收入的取得不仅仅是个聚集资金的问题，在具体操作过程中取得多少、采取何种方式，关系到党的方针政策的贯彻落实，涉及各方面的物质利益关系的处理。只有在组织财政收入的过程中正确处理各种物质利益关系，才能充分调动各方面的积极性，达到优化资源配置、协调分配关系的目的。

一、财政收入的形式

财政收入的形式是指国家取得财政收入的具体方式，即来自各个方面、各个部门和单位以及个人的收入通过什么方式上缴给国家。世界各国取得财政收入的主要形式是税收。目前我国财政收入的形式有如下几种。

1. 税收收入

税收收入是国家凭借政治权力，按照法定标准和程序，强制地无偿地取得的财政收入。税收是征收面最广、最稳定可靠的财政收入形式，具有强制性、无偿性和固定性三大特征。我国税收收入占财政收入比重颇高，是财政收入的主要来源。根据财政部公布的2016年财政收支情况，2016年，全国一般公共预算收入159552亿元，其中税收收入130354亿元，达到81%以上。

2. 国有企业收入

在现代企业制度下，国家与国有企业之间的分配关系，除依法征税之外，还有资产收益分配关系，即国家凭借财产权利以资产所有者的身份所取得的国有资产经营收益和其他收入，具体包括国有企业上交利润，从政府参股、控股的股份制企业中分享的股息和红利，以及国有资产租赁和产权转让收入。

3. 债务收入

债务收入是中央政府以国家信用的方式取得的一种收入，是财政收入的特殊形式。债务收入到期之后要还本付息，不能够永久归国家财政使用，但其在弥补财政赤字、调节经济运行等方面发挥着十分重要的作用。

国家债务收入的形式可分为国内债务收入和国外债务收入。国内债务收入，是国家向国内居民以及各部门、各单位举借资金的债务形式，通常采用发行国债券的办法来募集。国外债务收入主要包括向外国政府和国际金融组织的借款、发行国外债券等方式取得的收入。

4. 政府收费

政府收费包括规费和使用费两种。前者指政府部门为公民个人或单位提供某些特定服务或实施特定行政管理所收取的工本费和手续费，如经商执照费、商标注册费、户口证书费、结婚证书费、商品检验费等。后者指政府部门对其所提供的公共设施的使用者按一定标准收取的费用，如高速公路使用费、桥梁通过费等。

5. 其他收入

其他收入包括各种罚没收入、公产收入及杂项收入。罚没收入是政府依法处理的罚款和没收品收入，以及依法追回的赃款和赃物变卖收入。公产收入是指国有山林等公产的产品收入、政府部门主管的公房和其他公产的租赁收入及变价出售收入等。杂项收入包括国际组织援助捐款收入、对外借款归还收入等。

政府可以根据需要和财源状况，充分利用各种收入手段，有效地筹集资金和调节经济。

近几年我国政府收入规模及结构如表9-1所示。

表9-1　　**中国政府收入规模与结构**　　单位：亿元

类型 项目	2012年			2013年			2014年			2015		
	收入额	占政府收入比重(%)	占GDP比重(%)	收入额	占政府收入比重(%)	占GDP比重(%)	收入额	占政府收入比重(%)	占GDP比重(%)	收入额	占政府收入比重(%)	占GDP比重(%)
公共财政预算	117254	62	22	129210	59	22	140370	59	22	152269	61	22

续表

类型 项目	2012 年			2013 年			2014 年			2015		
	收入额	占政府收入比重(%)	占 GDP 比重(%)	收入额	占政府收入比重(%)	占 GDP 比重(%)	收入额	占政府收入比重(%)	占 GDP 比重(%)	收入额	占政府收入比重(%)	占 GDP 比重(%)
其中：税收收入	100614	54	19	110531	50	19	119175	50	19	124922	50	18
政府性基金预算	37535	20	7	52269	24	9	54114	23	9	48873	20	7
其中：土地出让金	26692	14	5	39142	18	7	40480	17	6	37427	15	5
国有资本经营预算	1496	0. 8	–	1713	0. 8	0. 3	2008	0. 9	–	2263	0. 9	0. 3
社会保险基金预算	31411	17	6	35994	16	6	40439	17	6	46012	18	7
全口径预算	187695	100	35	219186	100	37	236930	100	37	249417	100	100

资料来源：财政部 2012—2016 年全国财政决算报告与 2012—2016 年《关于全国社会保险基金决算的说明》；2011—2016 年《中国统计年鉴》。

二、财政收入的分类

财政收入可以从动态和静态两个方面理解。从动态角度看，财政收入是政府凭借各种权力，利用各种手段，从微观经济主体那里取得一定量社会产品的一种活动或过程。它是财政分配活动的第一阶段，并在其中形成特定的财政分配关系。从静态角度看，财政收入又表现为一定的货币资金，即政府为履行其职能的需要而占有的以货币形式表现的一定量的社会产品价值，主要是剩余产品价值。

财政收入问题是现代财政理论与实践的重要组成部分。财政收入的分析可以从多个角度进行，如财政收入的形式，财政收入的来源，财政收入的规模和结构等，这些分析的首要条件是必须对财政收入作科学的分类。

纵观财政学史，在不同的历史发展阶段，各国学者根据当时的经济发展和财政分配状况，提出了很多财政收入分类方法。由于早期市场经济时期政府的主要收入来自国有资产，因此，亚当·斯密将财政收入分为国家资源收入和税收收入两类。英国的道尔顿则根据收入的征收方式将财政收入分为三类：强制收入，包括税收、战争赔款、罚金、强迫公债收入等；代价收入，指公产收入、公业收入、自由公债收入等；其他收入，则是指专卖收入、特许权使用费、发行货币收入、捐献收入等。

还有很多学者从不同角度根据不同标准对财政收入进行分类。如有的将财政收入分为直接收入、间接收入和预期收入三类。有的将财政收入分为经常收入和临时收入两类。有的将财政收入分为公经济收入（指国家行使政治权力，从国民经济中强制征收的收入，如税收和行政规费等）和私经济收入（指国家处于与一般私人经济同样的地位，从事各种经济活动所取得的收入，如公有财产收入、公营企业收入等）两类等等。

从理论与实践相结合的意义上看，我国的财政收入宜作以下三个方面分类，即按财政收入形式分类，按财政收入来源分类和按财政收入归属分类。

（一）按财政收入形式分类

目前，世界各国取得财政收入的主要形式基本上是税收，其他的归属非税收形式。至于非税收的种类和地位，则视各国的政治制度、经济结构和财政制度的不同而有所区别。我国财政收入从财政统计口径看，分为税收收入和其他收入两类，从整体预算看（包括经常性预算和建设性预算），则具体分为以下几种形式：税收收入、国有企业收入、债务收入、政府收费、其他收入等。

（二）按财政收入来源分类

按财政收入来源分类，从不同角度，可将财政收入分为若干类：按来源的价值形态不同，可以分为来源于C的收入、来源于V的收入和来源于M的收入；按来源的所有制结构不同，可以分为国有经济、集体经济、私营经济、外资经济、个体经济收入等；按来源的部门结构不同，可以分为工业部门、农业部门、商业部门、服务业部门收入等；按产业结构不同财政收入可分为第一产业部门、第二产业部门、第三产业部门收入；按来源的地区结构不同把财政收入分为东部、中部、西部收入等。

（三）按财政收入归属分类

财政收入的归属是指筹集的财政收入支配权属于中央政府还是地方政府。支配权属于中央政府的称中央财政收入，支配权属于地方政府的称为地方财政收入。我国地方政府又分为省（直辖市、自治区）、市（地级市）、县和乡镇四级。一级政府一级财政，我国地方财政中包括上述四级。

考虑到中央政府的特殊地位和职能需要，按照财权和事权相结合的原则，单一制国家（如法国）一般把财政稳定、充裕和涉及宏观调控的税收及非税收入划为中央收入。联邦制国家（如美国）一般通过联邦宪法，规定联邦政府拥有征税优先权和举债优先权，以保证中央（联邦）政府在财政收入分配中的主导地位。我国从1994年开始实行分税制财政体制，明确界定中央财政收入和地方财政收入的来源和范围，有助于正确处理好中央财政和地方财政以及地方各级财政之间的收入分配关系。

第二节 财政收入结构

一、财政收入的价值构成

按照马克思的再生产理论，社会产品的价值由C、V、M三部分构成。C是补偿生产资料消耗的价值部分，V是新创造的价值中归劳动者个人支配的部分，M是新创造的归社会支配的剩余产品价值部分。从我国实际情况看，M是财政分配的主要对象，是财政收入的主要来源，但也有一部分财政收入来自C和V。

（一）财政收入来自C的部分

财政收入来自C的部分，主要是指国有企业上交财政的折旧基金部分。从理论上讲，政府对国有企业的部分折旧基金进行统筹使用是可行的，固定资产的价值补偿和实物替换在时间上和空间上是分离的，从而使国家集中调剂使用部分折旧基金成为可能，国家作为国有企业的产权代表，也具有这种经济权利。我国在1967年以前国营企业折旧基金全部上交国家财政，由国家统筹安排，用于固定资产再生产。1977年以后实行部分折旧留归企业支配，部分上交国家财政和企业主管部门，主管部门的折旧基金实行分级管理制度。从1985年开始，我国再次改革折旧基金的管理制度，企业的折旧基金不再上交国家财政。

国家集中企业部分折旧基金，并不符合市场经济体制。在市场经济条件下，国有企业和其他企业一样是市场竞争主体，自主经营，自负盈亏。国家不应过多参与国有企业的生产、经营活动。一般财政也不宜直接对企业的补偿基金进行分配。

（二）财政收入来自价值V的部分

V是指工资、奖金及其他个人收入，它属于个人消费基金范畴。财政参与V的分配主要出于两方面的原因：（1）调节劳动者之间收入差距的需要。从总体上讲，V是由社会维持劳动力再生产的平均费用所决定的，应留归劳动者个人。但由于客观上存在的个人拥有的财产、劳动能力等方面的差别，各个劳动者实际得到的货币收入在数量上是不同的。一部分劳动者的收入远远高于社会平均必要产品的价值，而另一部分劳动者的收入则大大低于社会平均必要产品的价值。为了维护收入分配的公正、合理，保持社会稳定，政府应以社会管理者的身份，凭借政治权力，采用税收和补贴等方式，对劳动者的收入进行再调节。（2）政府增加财政收入，提高公共服务质量的需要。劳动者收入在具体使用上可分三个层次，即维护劳动者自身及其家属最低限度的生活需要，发展个人专门技能或知识能力方面的需要，业余休闲或享受部分的支出。在现代文明社会中，维护合格劳动者再生产的费用应主要包括前两部分，它不应成为财政分配的对象。而第三部分通常与高收入有关。政府从中集中部分财政收入用于提供公共物品或服务的支出是可行的，同时也是合理的。

目前我国财政收入来自价值V的部分，分直接和间接两方面。直接来源于V的财政收入包括：（1）直接向个人征收的税。如个人所得税、个人交纳的房产税、契税、车船使用税等。（2）直接向个人收取的规费收入（如户口证书费、结婚证书费、护照费等）和罚没收入等。间接来源于V的财政收入有销售烟酒、化妆品等产品的消费税等，服务行业和文化娱乐业等企事业单位上交的税收，其中，一部分是通过对V的再分配转化来的。

从现实情况看，V虽然构成财政收入一部分，但它在整个财政收入中所占的比重很小。随着我国经济体制改革的逐步深化和居民收入水平的不断提高。居民个人就其收入缴纳税收情况会越来越普遍。从发展趋势看，V在财政收入中的贡献会越来越大。

（三）财政收入来自价值M的部分

从财务角度看，企业在销售商品或提供劳务等经营业务中实现的营业收入，扣除成本、费用后为企业纯收入，相当于剩余产品价值。按现行税制和财务会计制度规定，国家对企业纯收入要进行三个层次的分配。第一层次，征收流转税金，它包括增值税、消费税、城市维护建设税、资源税、土地增值税等。第二层次，征收所得税，包括企业所得税。第三层次是参与企业税后利润分配，主要是对国有企业，集中其一部分国有资产收益和其他收入。

从国家参与剩余产品价值分配的环节和形式看，财政收入的绝对部分，由社会产品价值中的M构成。在C，V价值部分既定或比重不变的情况下，社会产品价值量越多，可供财政分配的M也越多，财政收入也随之增长。当社会产品价值量不变，C，V价值部分减少，财政收入随M的增加而增加。M是国家财政收入的主要源泉。因此增加财政收入的有效途径为：一方面大力发展经济，增加经济总量；另一方面，提高经济增长的质量，大力降低单位产品的物化劳动消耗和活劳动消耗。

二、财政收入的部门构成

社会剩余产品价值是由国民经济各部门共同创造的。所以研究财政收入的来源，有必要从财政收入与国民经济各部门关系这个角度来分析，即分析各部门如何为财政提供收入、提供多少收入等，这就是所谓的财政收入的部门结构。这里的部门有双重含义，一是按传统意义上的部门分类，分为工业、农业、建筑业、交通运输业及服务业等；二是按现代意义上的产业分类，分为第一产业、第二产业和第三产业。研究财政收入的部门结构有利于我们正确认识国民经济各部门在创造财政收入中的地位和作用。

农业是国民经济和财政收入的基础，为国民经济其他部门的发展提供基本条件。农业部门提供的财政收入表现为两种形式。一种是直接上交的农（牧）业税。我国农业税按常年产量计征，由7%的主税及其20%的附加税组成。2006年1月1日起，我国全面取消农业税，只保留了对烟叶的烟叶税，农业税已成为历史。另一种形式是通过工农业产品价格“剪刀差”间接提供财政收入，即农业部门创造的一部分价值通过工农业产品交换，而转到工业部门实现。据估计，农业部门间接提供的财政收入比其直接上交的收入多得多，只是在直接统计中没有表现出来。

工业是国民经济的主导，是创造和实现国民收入的主要部门，也是财政收入的主要来源。工业产值在国民生产总值中所占比重最大，工业部门的劳动生产率比农业高得多。由于过去我国工商税收主要在生产环节征收，工业部门提供的财政收入在整个财政收入中所占比重较高，来自工业部门的各项税收和国有资产收益是财政收入的主体。

工农业以外的其他部门对财政收入的影响日益重要。交通运输业和商业服务业是连接生产与消费的纽带。交通运输业作为生产活动在流通领域的延续，是一种特殊的生产活动，直接创造和提供财政收入。商业以货币为媒介，从事商品交换活动，对生产活动具有重大影响。

现代产业结构分类与传统的部门结构不同但又相互交叉。如果把传统的部门结构与现代产业结构分类简单对比，第一产业相当于农业、林业、牧业和渔业，第二产业相当于工业和建筑业，第三产业相当于上述部门以外的其他部门。应当说明，部门结构属于传统的核算方法的分类，已经不能完全适应市场经济体制的要求，而按第一、第二、第三产业的分类是我国改革后的现行核算方法的分类，当前更具实践价值。在发达国家，第三产业占GDP的比重已达70%以上，提供的财政收入占全部财政收入的60%以上。目前我国第三产业还不够发达，但已显示迅速增长的态势。2015年，第三产业对GDP的贡献率达52.9%，第二产业的贡献率在逐年减少。随着改革的深化和经济的发展，第三产业将以更快的速度增长，并成为财政的重要财源。由此，加强第三产业部门的管理，建立系统化、科学化的管理制度，并加强税收征管，应是今后财政的工作重点。

三、财政收入征收级次构成

从财政收入的归属或征收级次看，许多国家是由中央政府征集较多份额，然后再拨付给地方政府使用。在我国财政收入构成中，中央财政收入所占比重一直偏低，严重影响了中央的宏观调控能力。1994年我国进行了分税制改革，划分了中央税、地方税和共享税，第一次比较明确地形成了地方税体系的基本框架。分税制改革以提高“两个比重”（财政收入占GDP比重、中央财政收入占全国财政收入比重）和增强宏观调控能力为主要目标，改革后中央财政收入所占比重显著提高，从1993年的22.0%急剧提高到1994年的54.7%，并在之后一直维持着50%以上的水平。相对而言，地方政府的税收收入支配能力被极大削弱，尤其在预算管理改革等深入推进的背景下，地方税收不足问题更为凸显。鉴于此，扩大地方税收比重，形成地方政府以税收为主的稳定可靠的收入来源，成为深化我国分税制财政体制的重要目标。

第三节 财政收入的规模分析

财政收入规模可以从绝对量和相对量两个方向来衡量。财政收入的绝对量是指一定时期内财政收入的实际数，即财政总收入。财政收入相对量是指一定时期内财政收入与有关经济指标的比率，通常用财政收入占国内生产总值的比重来表示。财政收入占国内生产总值的比重，称为国民经济的财政负担率，它综合反映政府与微观经济主体之间占有和支配社会资源的关系，反映政府调控经济运行和影响社会资源配置的程度和地位。

一、合理确定财政收入规模的标准和意义

衡量一国财政收入规模是否适度、合理，主要看是否兼顾以下两个标准：一是效率标准。即财政收入规模的确定是否有利于促进社会资源的充分有效利用和国民经济的协调健康发展。如果财政集中过多，虽然有利于政府为企业和居民提供良好的公共物品或服务，但会影响社会投资和消费的正常增长，从而会损害效率；反之，如果财政集中不足，则难以满足政府职能的需要，也必然影响到经济社会的稳定和效率的提高。二是公平标准。即在确定财政收入规模时，应当公平地分配财税负担。不同所有制、不同部门、不同地区等提供的财政收入，应与其经济能力相适应。具体地说，合理确定财政规模具有以下几方面

意义：

（一）财政规模影响资源有效配置

在市场经济中，市场主体主要包括企业、居民和政府三个部分，由于社会经济资源是有限的，各利益主体对资源的占有、支配和享有，客观上存在此消彼长的关系。就整个社会经济资源配置而言，按照边际效益递减规律，无论哪一个主体的资源投资增量超过客观上所需要的数量，都不会实现资源配置的最优化。这样，问题的焦点就集中在：政府对有限经济资源的集中配置程度（财政收入占 GDP 的比重）的理想状态，应是政府集中配置的资源与其他利益主体分散配置的资源形成恰如其分的职能互补关系，或者说，形成合理的私人产品与公共产品结构，使一定的资源消耗获得最优的整体效益。

（二）财政规模影响经济结构的优化

在一定时期内，可供分配使用的国内生产总值是一定的，但是，经过工资、利息、利润、财政税收等多种分配形式并最终形成的 GDP 分配结果则有可能是多种多样的。在 GDP 一定时，若政府财政集中过多，就会改变个体纳税人的可支配收入用于消费与投资的结构，而且税负过高也会降低企业纳税人从事投资经营的能力和积极性。若因政府加税而使消费与休闲的代价变得相对较低时，人们宁愿选择消费和休闲，而不是投资和工作，致使国内生产总值在投资与消费之间的结构失衡。当然，在宏观财税负担一定时，财税负担在不同产业部门、不同地区、不同所有制等之间的分布不合理，也会误导生产要素向财税负担相对较轻产业、地区和所有制的不合理涌动，使得 GDP 的生产与分配结构失衡，影响整个国民经济的稳定协调发展。

（三）财政规模既影响公共需要的满足，又影响个别需要的满足

经济生活中的任何需要（公共需要和个别需要）都要以 GDP 所代表的产品和劳务来满足。政府征集财政收入的目的就在于实现国家职能，满足社会的公共需要。公共需要是向社会提供的安全、秩序、公民基本权利和经济发展的社会条件等方面的需要。其中，既有经济发展形成的公共需要，又有社会发展形成的公共需要。前者的满足可直接推动社会经济发展，后者的满足则可直接推动社会发展并间接推动经济发展。GDP 中除财政集中分配以外的部分，主要用于满足个别需要。个别需要是企业部门和家庭部门的需要。满足个别需要是经济生活中形成个别动力的源泉，且公共动力对经济社会的推动作用也需要借助于个别动力的保障来实现。在 GDP 一定时，需要找出公共需要满足程度与个别需要满足程度的最佳结合点，这实际上也就是财政收入占 GDP 的合理比例问题。

（四）财政规模是财政收入政策的直接目标，是财政政策的中介目标

财政收支作为一个整体，其运作必然要服从财政政策目标。同时，财政收支作为相对独立的政府经济行为，不仅要有财政政策目标作为终极目标指向，而且还要有更为明确、直接、具体的目标，来指示其运作的方向和力度。这些直接具体的目标决定了财政政策目标，并指导着财政分配活动，可将其称为中介目标。指导财政收入活动的中介目标是财政

收入政策目标，而最主要的财政收入政策目标就是财政收入占 GDP 的比例。

二、财政收入规模的制约因素

财政收入规模和财政收入增长速度要受各种政治经济条件的制约和影响，这些条件包括经济发展水平、生产技术水平、收入分配政策和分配制度、价格因素等，其中最主要的是经济发展水平和生产技术水平。

（一）经济发展水平

经济发展水平反映一个国家社会产品的丰富程度和经济效益的高低。经济发展水平高，社会产品丰富，则该国的财政收入总额较大，占国民生产总值的比例也较高。经济发展水平对财政收入影响表现为基础性的制约，二者之间存在源与流、根与叶的关系，源远则流长，根深则叶茂。

从世界各国的现实状况考察，发达国家的财政收入规模大都高于发展中国家。而在发展中国家中，中等收入国家又大都高于低收入国家，绝对额是如此，相对数也是如此。如 2014 年的中央政府经常性收入占国民生产总值的比重，低收入国家平均为 18.6%，中等收入国家平均为 26.3%，而法国为 43.9%，意大利为 39.7%，荷兰则高达 54.6%。再从几个发达国家历史发展的纵向比较看，英、法、美三国 1880 年的财政收入只相当于国民生产总值的 10%左右，到 21 世纪 80 年代则上升为 20%~40%。上述资料证明了一个基本的财政原理，即经济决定财政，没有经济不发达而财源可以丰裕的。

（二）生产技术水平

生产技术水平指生产中采用先进技术的程度，它内含于经济发展水平之中，是影响财政收入规模的重要因素。较高的经济发展水平是以较高的生产技术水平为支柱的，对生产技术水平分析是对经济发展水平分析的深化。

生产技术水平对财政收入规模的制约体现在两个方面：技术进步导致生产速度加快和产品质量提高以及技术进步带来的物质消耗降低和经济效率提高。现代社会的技术加速进步，使社会积累更为丰富，带来 GDP 的快速增长，为财政收入的增长提供了保障。

专栏 9-1

全要素生产率与经济增长

全要素生产率是宏观经济学中的一个重要概念，也是分析经济增长源泉的重要工具，尤其是政府制定长期可持续性经济增长政策的重要依据。估算全要素生产率有助于对经济增长中的因素进行源泉分析，即分析各种因素（资本、人力等投入要素增长、技术进步等因素）对经济增长的贡献，识别经济是投入型增长还是效率型增长，从而进一步评估经济发展的质量。所谓全要素生产率是指各要素（如资本和劳动等）投入之外的技术进步和能力实现等带来的产出增加，是剔除要素投入贡献后所得到的残差。它最早由索洛于 1957 年提出来，故也称为索洛残差。

有学者研究表明，在1979—2004年，我国全要素生产率增长对经济增长的贡献度较低，我国经济增长主要源于要素投入的增长，是一种典型的投入型增长模式。其研究结论表明：1979—1993年，我国全要素生产率增长率总体呈现出涨跌互现的波动情形，且波动较为剧烈；1993年以后，全要素生产率的增长率则呈现出逐年下降的趋势。直到2000年，这种下降趋势才得以缓解，全要素生产率增长率总体上呈现出逐年攀升的势头。1979—2004年我国全要素生产率平均增长率为0.891%，对经济增长的平均贡献度为9.46%。全要素生产率对经济增长贡献较低的原因在于技术进步率偏低，以及经济生产能力利用水平与技术效率低下，资源配置不尽合理。而与此相对照的是，我国要素投入对经济增长贡献率高达90.54%，表明我国改革开放以后经济增长主要依赖于要素投入的增长，是一种较为典型的投入型增长方式。

（三）分配政策和分配制度

分配政策对财政收入规模的制约主要表现在两个方面：一是政府的国民收入初级分配政策，其决定剩余产品价值占整个社会产品价值的比例，进而决定财政分配对象的大小。如福利基金政策、折旧政策及财务会计制度等，都会影响剩余产品价值的形成和数额。二是政府的再分配政策决定财政集中资金的比例，如税收政策、利润分配政策等，直接影响财政收入占剩余产品价值的比重。

（四）价格因素

财政收入是一定量的货币收入，它是在一定的价格体系下形成的，又是按一定时点的现价计算的，所以，由于价格变动引起的GDP分配必然影响财政收入的增减。

价格变动对财政收入的影响，首先表现为对价格总水平升降的影响。一般情况下，商品和劳务的价格升降，会加大或缩减税基，直接影响名义财政收入的增减。至于实际财政收入是否变化，则视具体情况而定。若政府推行赤字财政政策，实行国民收入超分配，导致物价上涨，甚至通货膨胀，政府会取得价格再分配所得，即通常所说的“通货膨胀税”，政府收入会因价格变动，取得实际增长。若通货膨胀主要是需求扩张引起的，财政在再分配中，会形成名义收入增长，实际收入下降。其次，价格的变动作用于具体的税收制度，会对财政收入产生不同的影响。如果是以累进所得税为主体的税制，纳税人适用的税率会随着名义收入的增长而提高，即出现所谓“档次爬升”效应，从而财政在价格再分配中所得份额将会增加。如果实行的是以比例税率的流转税为主体的税制，这就意味着税收收入的增长率等同于物价上涨率，财政收入只有名义增长，而不会有实际增长。如果实行的是定额税，在这种税制下，税收收入的增长总要低于物价上涨率，所以财政收入即使有名义增长，实际必然也是下降的。另外，价格总水平的变动往往是和产品比价的变动同时发生的，而产品比价关系变动通常以另一种形式影响财政收入。产品比价变动之所以会影响财政收入源于两个原因：一是产品比价变动引起货币收入在各经济主体之间的转移，形成GDP的再分配，使财源分布结构发生变化；二是财政收入在企业部门和个人之间的分布呈非均衡状态，或者说，各经济主体上交财政的税利比例是不同的，这样，产品比价变化导致财源分布结构改变时，相关企业、部门和个人上交的税利会有增有减，而增减的综合结果就是对财政收入的最终影响。

【本章小结】

依据收入形式分类，公共财政收入可分为税收收入和非税收入。其中税收包括直接税和间接税；非税收入包括国有资产收入、公债收入、行政收入等。市场经济国家中税收收入是财政收入的主体，一般均占到90%以上的水平。财政收入规模是指财政收入在数量上的总水平，它是衡量国家财力和政府在社会经济生活中职能范围大小的重要指标，通常可以用绝对量和相对量两个指标来描述。财政规模会影响资源有效配置、经济结构的优化等，会受到经济发展水平和生产技术水平、价格等因素的影响。

【复习思考题】

1. 简述财政收入的概念及其按收入形式分类体系。
2. 财政收入规模衡量的绝对量与相对量指标分别是什么？
3. 结合我国21世纪头10年来税收收入的高增长，分析我国的税收高增长态势是否合理。近些年税收收入增速放缓，主要原因何在？
4. 简述影响财政收入规模的因素。

【阅读书目】

1. Samuelson, A. Paul. The Pure Theory of Public Expenditure. Review of Economics and Statistics, 1954, 36 (4): 1-29.
2. 杨继绳．中国当代社会阶层分析．南昌：江西高校出版社，2011.
3. 詹姆斯·M. 布坎南．公共财政．北京：中国财政经济出版社，1991.
4. 付道忠．财政学．北京：中国财政经济出版社，2004.
5. 杨志勇．公共经济学．北京：清华大学出版社，2005.
6. 李兰英．政府预算管理．西安：西安交通大学出版社，2007.
7. 杨志勇，张馨．公共经济学.3版．北京：清华大学出版社，2013.
8. 迈克尔·桑德尔．公正——该如何做是好？北京：中信出版社，2011.

第十章 税收原理

【学习目的与要求】

1. 掌握税收的概念和特点
2. 了解税收原则的演化规律，税收负担与税负转嫁的基本理论
3. 掌握影响税负转嫁的各种因素
4. 掌握税收的宏观与微观经济效应

【教学重点与难点】

1. 正确认识与评判现代税收原则
2. 在掌握税收的宏观与微观经济效应理论基础上，认清税收在现代经济中的作用

第一节 税收概述

公共部门活动离不开经费。经费筹集主要是税收。在市场经济下，税收是政府收入的最主要形式，贡献率高达80%，甚至90%以上。我们经常见到各种税收标语，如“社会主义税收取之于民，用之于民”；又如“纳税是每个公民的应尽义务”。税收到底是什么？本节将对此进行剖析。

专栏 10-1

税收的起源

美国经济学家奥尔森（M. Olson，1932—1998）在讨论国家起源时，提出了一种有意思的税收起源观。他假定：国家出现之前，兵荒马乱，土匪横行，而土匪又分为两种，一是“流寇”，二是“坐寇”。“流寇”到处抢掠，流窜犯案。“坐寇”在固定区域内活动。“流寇”到处奔走，累了，就会变成“坐寇”。“坐寇”不能无限度地掠夺财产，因为过度掠夺的结果，很可能是未来再也抢不到财物了。经过缓慢的演变，“坐寇”开始理性地思考如何从势力范围内获得财物。渐渐地，“坐寇”给势力所及的范围内居民提供安全和其他保护措施，而居民要按照规定的标准给“坐寇”进贡。最后，“坐寇”变成了国家，居民的捐献就成了税收。

吴思也曾讨论过四川广汉土匪的事。“土匪收费保安全”事实已经过去了约一百年。民国初期，广汉土匪横行。那里是川陕大道，但路人宁愿绕道小路，也不敢由此穿过。这样，土匪什么也收不到。于是，各路匪帮达成一致，划分势力范围，分段收

钱。匪帮绝不重复收费，路人恢复行走。当时，广汉土地荒芜，土匪采取措施，吸引人们回来耕作，保证一亩地只收捐1斗米。当时一亩地约有两石收成，1斗米意味着只收5%的捐。收捐之后，土匪负责治安。外来土匪来犯，他们负责赶走。如果土匪内部有人敲诈勒索，土匪头子承诺严肃处理。广汉建立起一种安定秩序，土匪们也有了稳定的收入。

资料来源：曼瑟·奥尔森．权力与繁荣．苏长和，嵇飞，译．上海：上海人民出版社，2005；吴思．官家主义：一种历史分析框架．博览群书，2007（9）：58-72.

一、税收概念

随着国家的产生和社会政治经济的发展，人们对税收的认识也在不断地发展变化。对于什么是税收，不同时期不同社会背景的学者有不同的见解和表述。1776年亚当·斯密在《国富论》中把税收定义为“人民拿出自己一部分私人收入给君主或国家，作为一笔公共收入”，并强调国家经费的大部分必须取自于各种税收，这一定义除说明了税收的纳税主体是“人民”外，侧重反映了税收是一种“公共收入”。按照马克思和恩格斯的观点，税收是社会再生产的分配体系中，以国家的政治权力为依据，对社会的剩余产品和剩余价值的一种特定的分配方式，属社会的公共的“生产费用”。1892年英国财政学家巴斯特布尔则进一步认识到税收是一种强制性征收，他认为，“税收是人民或私人团体为供应公共机关的事务费用而被强制征收的财富”。日本学者小田乡太郎在20世纪初则指出税收是凭借“财政权”征收的，而且论述角度也从纳税主体转向征税主体，他在其《租税之基本知识》一书中对税收作如下定义：“租税乃是国家公共团体为了支付其行政经费，而向人民强制征收的财物。”多数西方学者通常采用这一定义，直到今日仍然是大同小异。例如，美国著名经济学家萨缪尔森就认为：“国家需要钱来偿付它的账单，它偿付它支出的钱主要来自赋税。”而英国学者西蒙·詹姆斯等在1978年初版、1983年再版的《税收经济学》中将税收的无偿性纳入定义，认为“税收是由政权机构实行不直接偿还的强制性征收”。

国内的学者对税收含义的认识，在吸收西方税收理论成果的基础上，又进一步强调了税收的法律特征。对税收的定义，本书认为，税收就是一国政府为了实现其职能的需要，凭借其政治权力，按照法律的规定，无偿地征收实物或货币以取得财政收入和干预国民收入分配的一种规范形式。

二、税收的特征

税收与国家取得财政收入的其他方式相比，具有3个特征，即强制性、无偿性和固定性。

（一）税收的强制性

税收的强制性是指国家征税是凭借国家的政治权力，依据法律、法令实施的。由于无法排除“免费搭车”（free rider）现象，社会成员消费公共产品时是不愿主动付款的，这使得政府必须凭借其政治权力强制征税。税收的强制性具体表现在税收是以国家法律的形式规定的，对每一个社会成员都普遍适用。税收的强制性意味着，依法纳税是人们不能回避的法律义务。

（二）税收的无偿性

税收的无偿性是指国家征税以后，税款即为国家所有，不再直接归还纳税人，也不向纳税人支付任何报酬。正如列宁所说，所谓赋税，就是国家不付任何报酬而向居民取得东西。①

税收的无偿性是相对的。对具体的纳税人来说，纳税后并未获得任何报酬。从这个意义上说，税收不具有偿还性或返还性。但若从财政活动的整体来看，税收是对政府提供公共产品和服务成本的补偿，这里又反映出有偿性的一面。特别是在社会主义条件下，税收具有马克思所说的“从一个处于社会成员地位的这个生产者身上扣除的一切，又会直接或间接地用来为处于社会成员地位的这个生产者谋利益”② 的性质，即“取之于民、用之于民”。

（三）税收的固定性

税收的固定性是指在征税之前，国家就以法律形式事先规定了课税对象及每一单位课税对象的征收比例或征收数额，且只能按预定标准征收。纳税人只要取得了应纳税的收入或发生了应纳税的行为，就必须按规定标准如数纳税。税收的固定性也是相对的。随着社会经济条件的变化，具体的征税标准是可以改变的。比如，国家可以修订税法，调高或调低税率等，但这种变化要保持一段时期内相对稳定和时间上的连续性。另外，税收的固定性是国家财政收入的需要，与国家财政支出的固定性是相连的。

税收的上述“三性”是互相联系、缺一不可的。税收的无偿性体现了税收的本质，是税收“三性”的核心。税收的无偿性必然要求征税方式的强制性，强制性是无偿性和固定性得以实现的保证；国家财政支出的固定性需要决定了税收必须有固定性，税收的固定性也是强制性的必然结果。

第二节 税收原则

税收原则，也称税制原则，它是设计税收制度、制定税收政策所应遵循的基本准则，也是评价税收制度是否合理的标准。税收原则是对一定时期、一定社会经济条件下的治税思想的高度概括，是具体社会经济条件下税收实践经验的总结，在不同的国家、不同的历史发展时期、不同社会经济条件下，税收的原则是不同的。

---

① 列宁全集：第 32 卷．北京：人民出版社，1958：275.

② 马克思恩格斯选集：第 3 卷．2 版．北京：人民出版社，1995：303.

一、税收原则思想的发展

在西方，税收原则的发展可以追溯到十六七世纪。在17世纪中期，英国资产阶级古典政治经济学的创始人威廉·配第（1623—1687）在其代表作《赋税论》、《政治算术》中首次提出了“公平、便利、节约”3条“税收标准”，并作了初步解释，但并没有对其进行系统的论述。一般认为，第一个比较系统地论述税收原则的人是德国官方学派的代表人物尤斯迪（1717—1771）。

专栏10-2

税收原则的演变

尤斯迪在1766年出版的《财政学体系》一书中明确提出了征税的6条原则：①税收应该采用使国民自动自发纳税的方法；②税收应无损于国民的合理自由和不增加对产业的压迫；③税收应平等课征；④课税应有明确的依据，并实行确实征收；⑤应对征收费用较少的物品课税；⑥必须使纳税手续容易而便利。可以看出，尤斯迪的税收原则比威森·配第的税收标准前进了一步，但在论述上还不够明确，而且有些原则是不现实的。

在西方税收原则理论的发展史上，最具影响力的人物当属英国的古典政治经济学的代表人物之一亚当·斯密（1723—1790）。他被认为是最早、最系统地阐述税收原则的人。亚当·斯密在其代表作《国富论》一书中提出了著名的税收四原则，即“公平、确实、便利、节约”原则。亚当·斯密提出的税收四原则在当时成为各国财政法规的典范，对后世的税收理论也产生了深刻的影响，此后的税收原则基本上都是围绕着斯密的四原则进行补充和发展的。

19世纪，税收原则理论得到了较大的发展，其中影响最大的是德国社会政策学派的代表人物阿道夫·瓦格纳（1835—1917）提出的“税收四端九项原则”，即：①财政原则，包括充分原则和弹性原则；②国民经济原则，包括税源的选择原则和税种的选择原则；③社会公正原则，包括普遍原则和公平原则；④税务行政原则，包括确实原则、便利原则、最少征收费用原则即节省原则。

20世纪以来，当代西方学者在前人提出的税收原则基础上，综合考虑了经济和社会等方面的因素，提出了当代税收的最高三原则：公平原则、效率原则、稳定原则。这3项原则主要是基于凯恩斯主义的经济学说和社会经济福利学派的经济思想。其中，效率原则和公平原则成为当代西方税收理论界备受推崇的两大税收原则。社会福利经济学派认为，社会福利最大化的一个必要条件是最优资源配置，即国民收入总量愈大愈好；另一个必要条件是最优分配，即国民收入愈平均愈好。因此，公平和效率就成为评价社会经济福利的两项准则，进而也成为评价税制的标准。税收稳定原则是指在经济发展的波动过程小，运用税收的经济杠杆作用，引导经济趋于稳定。这一原则主要是基于凯恩斯的国家可以利用税收干预经济的思想。

自中华人民共和国成立以来，我国税收原则的核心也随着社会经济的发展而不断发生变化。在中华人民共和国成立初期，为了适应恢复生产、发展经济、筹集大量资金的要求，我国提出了“保障供给，发展经济，简化税制，合理负担”的税收原则。从中华人民共和国成立初期直至1994年税制改革以前，40多年中我国基本上都是采取以“区别对待”为特征的税收原则。在这一原则指导下制定的税收制度，发挥了税收对经济和经济关系的直接调节作用，产生了明显的政策效应。1994年以后，为了适应社会主义市场经济体制发展的要求，我国的税收原则适时地从“区别对待”转变为“公平税负，提高效率，依法治税”。当然，集中财政收入始终是设计税收制度的首要原则。

二、税收公平原则

税收公平原则，也称公平税负原则，是指政府征税要使每个纳税人承受的负担与其经济状况相适应，并使各纳税人之间的负担水平保持均衡。在理论上，相对公平又分为“横向公平”和“纵向公平”。所谓横向公平，简单地说，就是具有相同纳税能力的人应缴纳相同的税；纵向公平，就是指纳税能力不同的人，负担的税负则不应相同。

公平原则是国家设计税收制度的最基本原则。在亚当·斯密的税收四原则中，公平原则被列为首位。在我国历史上，也多有强调征收公平的论述。在现代社会，税收公平原则更是各国政府完善税制所追求的目标之一。但税收怎样才算公平，在不同时期往往标准不同，理解也不同。从历史发展过程看，税收公平经历了一个从绝对公平转变到相对公平、从社会公平拓展到经济公平的发展过程。

税收公平，首先是作为社会公平问题而受到重视的。“不患寡而患不均”，社会公平问题历来是影响政权稳固的重要因素之一，在征税过程中，宏观上存在利益的对立和抵触，纳税人对征税是否公平、合理分外关注。税收的社会公平，最早指的是税额的绝对公平，即要求每个纳税人都应缴纳相同数额的税。在税收实践上的反映，就是定额税和人头税的盛行（定额税和人头税即使到现在也没有完全消失）。亚当·斯密所指的公平是指税负的绝对公平。他强调每个纳税人都应按同一比例纳税，不同收入水平的纳税人，其缴纳的税收绝对额虽不同，但其承担的税负（或税率）是相同的，反映到税制上就是实行比例税率。亚当·斯密的公平原则，在强调按比例税率纳税的同时，还强调税收应对所有国民一视同仁，不应有免税特权的存在。这其实是针对在资本主义发展初期作为封建残余大量存在的贵族阶层享有免税特权而提出来的。从理论上说，绝对公平，无论是税额的绝对公平，还是税负的绝对公平，都要求普遍征税。瓦格纳将公平的标准从绝对公平发展到相对公平，即征税要考虑纳税人的纳税能力，这就要求税制应实行累进税率。那么，怎么判断纳税能力的大小呢？通常以纳税人所拥有的财富的多少、收入水平的高低或实际支付能力的大小等作为判断依据。在现实税制中，财产税按财产、所得税按所得累进征收，对低收入者免税，允许家庭赡养扣除等都是这种公平观的反映。

以纳税能力作为公平标准，在理论上称为“能力说”。如何判断纳税能力，在理论上又有“客观说”和“主观说”之分。按客观说，纳税能力应依据纳税人所拥有的财富、取得的收入或实际支付能力等客观指标来确定。而主观说则强调纳税人因纳税所感到的效用的牺牲或者说效用的减少应相同，或者纳税后的边际效用相同。

公平标准，除“能力说”外，还有“受益说”，即以享受政府公共服务的多少作为衡量公平的标准。根据这种标准，从政府公共服务中享受相同利益的纳税人，意味着具有相同的福利水平，因此，应负担相同的税，以实现横向公平。享受到较多利益的纳税人，则具有较高的福利水平，应负担较高的税，以实现纵向公平。现实中在对公路的课税以及社会保障方面往往有所体现，但在许多情况下受益水平是不好衡量的。

在西方税收中，公平通常是指社会公平，瓦格纳称之为社会公正原则。而在现实中，政府征税，不仅要遵循社会公平的要求，而且要做到经济上的公平。税收的经济公平包括两个层次的内容：首先是要求税收保持中性，即对所有从事经营的纳税人，包括经营者和投资者，要一视同仁，同等对待，以便为经营者创造一个合理的税收环境，促进经营者进行公平竞争。增值税的盛行、公司税税率以比例税率为主等都是这种公平要求的反映。其次是对于客观上存在不公平的因素，如资源禀赋差异等，要通过差别征税实施调节，以创造大体同等或者说大体公平的客观的竞争环境。

之所以强调税收的经济公平，是与经济的发展分不开的。经济的发展使公司、企业成为重要的纳税主体，它们与个人相比，要求经济方面的公平比社会公平更迫切、更现实。而且，经济公平也是税收效率原则的必然要求，效率与公平是辩证统一的，经济公平以效率为目标，要使税收有效率，就需要经济公平。

三、税收效率原则

税收效率原则，就是政府征税时要以尽量小的税收成本取得尽量大的税收收益。税收效益包括税收收入和税收的经济杠杆作用所带来的正效应，即“间接收益”。税收成本包括税收的征收和管理费用以及因税收对经济的调节作用而产生的负效应，即“间接成本”。因此，税收的效率原则可分为税收的行政效率原则和税收的经济效率原则。

税收的行政效率原则，是指征税过程本身的效率，即以尽可能少的税收行政成本征收尽可能多的税收收入。这一原则旨在考察税务行政管理方面的效率。征收行政效率，通常用征收成本率即税收的行政成本占税收收入的比率来反映。税收行政成本，既包括政府为征税而花费的征收成本，也包括纳税人为纳税而耗费的缴纳成本，即西方所称的“奉行成本”。亚当·斯密和瓦格纳所称的“便利、节省”原则，实质上就是税收的行政效率原则。便利原则强调税制应使纳税人缴税方便，包括纳税的时间、方法、手续的简便易行。节省原则强调征税费用应尽可能少。需要指出的是，税收的征收成本和缴纳成本是密切相关的。一项税收政策的出台，有利于降低征收成本的同时可能是以纳税人的缴纳成本的增加为代价的。因此，实际运用时，税收的行政效率要综合考虑征收成本和缴纳成本。

税收的经济效率原则，是指政府征税应有利于资源的有效配置和经济机制的运行。税收的经济效率可以从以下三个层次进行理解：

首先是要求税收的“额外负担”最小。税收的额外负担指的是征税所引起的资源配置效率的下降，它是税收行政成本以外的一种经济损失。因此，相对于税收行政成本，通常又将之称为税收的经济成本。亚当·斯密认为通过市场来配置资源的效率是最好的，在税收上主张自由放任政策，尽可能减少征税。不同的征税方式，对经济的影响或说扭曲程度是不同的。因此，政府应选择合理的征税方式，以使税收的额外负担最小。

其次是要求保护税本。瓦格纳对亚当·斯密的不干预政策提出了校正，认为税收具有促进经济发展的积极作用，政府征税应尽量避免税收对经济的不利影响，而发挥税收对经济的促进作用。基于此，他提出了税收的国民经济原则（包括税源选择原则和税种选择原则）。他认为，为保护和发展国民经济，使税收趋利避害，政府征税应慎重选择税源。国民生产是税本，国民收入是税源，原则上税收只能参与国民收入的分配，而不能伤及国民生产。

税收经济效率的最高层次是要求通过税收分配来提高资源配置的效率。由于市场并没有如亚当·斯密等古典经济学家所说的那样完美和有效，现实中存在市场失灵。因此，有必要由政府进行干预，而税收分配就是政府干预经济的有效手段。从税收本身来说，不合理的税制固然会引起资源配置的扭曲，因而存在税收的经济成本，但若税制设计合理、税收政策运用得当，则不仅可以降低税收的经济成本，而且可以弥补市场的缺陷，提高经济的运行效率，使资源配置更加有效。西方现代税收理论中的税收稳定经济原则，实际上就属于这一层次的效率要求。它强调通过税收的内在稳定机制和税收政策的相机抉择来烫平经济波动，以实现经济的稳定增长。

从税收经济效率的不同层次可以看出，税收是否有效率，必须结合经济运行本身的效率来考察。如果经济运转本身是高效率的，则应视税收不干扰或少干扰经济运行为有效率，而当经济运行处于低效率甚至无效率状态，则税收效率应反映在对经济运行的有效干预。

总之，遵循行政效率原则是征税的最基本、最直接的要求，而追求经济效率，则是税收的高层次要求，它同时也反映了人们对税收调控作用认识的提高。

四、税收公平与效率原则的选择

税收的公平与效率是互相促进、互为条件的统一体。效率是公平的前提，因为公平分配是以经济活动的高效率和社会产品丰裕为对象和基础的。公平是效率的必要条件，因为不公平必然会影响企业和个人的积极性，使社会经济活动缺乏动力和活力，在这种情况下，很难实现高效率。

公平与效率又是相互矛盾的，存在一定的排他性。在高效率的情况下，人们之间收入差距明显拉大，造成收入分配不公。如果过分强调公平，就很难发挥税收的资源配置和调控经济的作用，可能导致效率不高。正因为如此，在税制建设和征收管理上才有公平与效率的两难选择之说。从一定意义上说，税制改革的过程，也是税收政策中公平与效率的权衡与取舍的过程。协调税收公平与效率的关系，应把握以下两点：

首先，应该明确税收的公平与效率对经济发展中收入分配公平的实现和经济效率的提高有多大的促进作用。从辩证的观点来看，税收的公平与效率对分配公平与效率提高的作用仅限于税收分配所具有的内在调节功能的范围和领域内，任何超越税收内在属性要求，人为夸大税收公平与效率的作用领域和空间，在实践中都是不可取的。

其次，从税收政策的总体上把握公平与效率的关系是非常必要的，但是在具体税种设计和建设过程中，侧重点应有所不同。就某一税种而言，或是以效率为主导，或是以公平为主导，或是二者兼具。就整个税制和税收分配的总布局来说，为了更好地促进经济发展和社会稳定，发展中国家应实行“效率型”税制，即“效率优先，兼顾公平”，发达国家应实行“公平型”税制，即“公平优先，兼顾效率”。

第三节　税收要素

作为国家财政制度的重要组成部分，税收制度是国家处理税收分配关系的规范，也是国家各种税收法令和征收办法的总称，它通常包括税收法规、条例、施行细则和征收管理办法等。一国的税收制度由纳税人、课税对象、税率、纳税环节、纳税期限、税收优惠、违章处罚等基本要素组成，是国家向纳税人课征税款的法律依据和工作规程。

一、纳税人

纳税人是指税法所规定的直接负有纳税义务的单位和个人，纳税人可以是法人，也可以是自然人。纳税人作为纳税的主体，指明了对谁课税的问题。纳税人依法承担纳税义务，在不能完整执行纳税义务时，会受到税法制裁。

纳税人不一定是负税人。负税人一般是指最终和实际承担税收负担的人——法人或自然人。当纳税人纳税后通过各种方式又将税款转移给他人时，纳税人就不是真实负税人；当纳税人无法转移税款而自己承担了全部负担时，纳税人才等于负税人。

大部分税收的征收方式是纳税人自己直接向税务机关缴纳税款，但也有一部分税收是通过源泉扣缴的方式，由扣缴义务人按照税法规定对纳税义务人实行代扣代缴或代收代缴税款。例如，我国对证券交易印花税实行由证券交易所代扣代缴的办法，个人所得税的部分所得也实行源泉扣缴的办法。

二、课税对象

课税对象也称课税客体，是指课税的目的物。每一种税都必须明确规定具体的征税对象，征税对象在法律上的确定是各个不同税种相互区别的主要标志。按照课税对象的性质，税收通常被分为三大类，即对流转额的课税、对所得额的课税、对财产额的课税。

（一）对流转额课税

对流转额课税，也称流转税，是指对商品流转额和非商品流转额如营业额、交易收入额、劳务收入额等的课税。流转税的基本特点是以商品流转额和非商品流转额作为课税依据，在生产、经营和服务收入环节征收，因而不受生产、经营和劳务服务成本的影响。我国的流转税种主要有增值税、消费税、资源税、关税等。

（二）对所得额课税

对所得额的课税，也称所得税，是指对各种纯收益或收益额，包括投资收益、工薪所得、交易所得、劳务费收入及其他收益或所得所课征的税收。对纳税人应税所得的课税，有利于调节国家、企业、个人之间的收入分配关系。所得税的基本特点是以纳税人的纯收入或净收入为课税对象，因而有利于兼顾纳税人的负担能力，贯彻量力负担的原则。例如，我国现行的企业所得税、个人所得税，以及历史上曾经开设过的个人收入调节税、奖金税、城乡个体工商业户所得税等。

（三）对财产额课税

对财产额的课税，也称财产税，是指以纳税人具有的财产数量或财产价值额为课征对象的一些税种。财产税的基本特点是课税直接与纳税人拥有的财产数量和财产价值相关联，便于公平分配，缓解收入悬殊的状况。比如我国的房地产税、车船使用税、城镇土地使用税，以及可能开征的遗产税和赠与税等。

我国对税收的分类，除上述三大类外，还有对资源课税（如资源税）和对特定行为课税（如行为税）的其他分类方法。

三、税率

税率是应纳税额与课税对象之间的比例，是计算应纳税额的尺度，体现征税的深度。税率的设计，直接反映着国家的有关经济政策，直接关系着国家的财政收入的多少和纳税人税收负担的高低，是税收制度的中心环节。我国现行税率大致可分为以下几种。

（一）比例税率

比例税率是指税额与征税对象按同一比例增长的税率。比例税率较多地用于对商品和劳务的课征。比例税下，不管商品流转额和非商品流转额的大小，由于课税比例不变，税收负担不变，有利于商品流通的扩大。同时，比例税率简便易行，便于税收征缴工作。但是，比例税率不能体现能力大者多征、能力小者少征的原则。

比例税率在具体运用上可分为以下几种：

（1）行业差别比例税率：按不同行业规定不同的税率，同一行业采用同一税率。

（2）产品差别比例税率：对不同产品规定不同税率，同一产品采用同一税率。

（3）地区差别比例税率：对不同地区实行不同税率。

（4）幅度比例税率：中央只规定一个幅度税率，各地可在此幅度内，根据本地区实际情况，选择并确定一个比例作为本地适用税率。

（二）定额税率

定额税率是税率的一种特殊形式。它不是按照课税对象规定征收比例，而是按照征税对象的计量单位规定固定税额，所以又称为固定税额。一般适用于从量计征的税种。定额税率的优点是：从量计征而非从价计征，有利于鼓励纳税人提高产品质量和改进包装，计算简便。但是，由于税额的规定同价格的变化脱离，在价格提高时，不能使国家财政收入随国民收入的增长而同步增长，在价格下降时，会限制纳税人的生产经营积极性。在具体运用上又分为以下几种。

1. 地区差别税额

地区差别税额是为了照顾不同地区的自然资源、生产水平和盈利水平的差别，根据各地区经济发展的不同情况分别制定不同税额。

2. 幅度税额

幅度税额，即中央只规定一个税额幅度，各地根据本地区实际情况，在中央规定的幅度内，确定一个执行数额。

3. 分类分级税额

分类分级税额是把课税对象划分为若干个类别和等级，对各类各级由低到高规定相应的税额，等级高的税额高，等级低的税额低，具有累进税的性质。

（三）累进税率

累进税率是随税基的增加而按其级距提高的税率。累进税率的确定是把征税对象的数额划分等级再规定不同等级的税率。征税对象数额越大的等级，税率越高。采用累进税率时，表现为税额增长速度大于征税对象数量的增长速度。它有利于调节纳税人的收入和财富，通常多用于所得税和财产税。

累进税率的特点是税基越大，税率越高，税负呈累进趋势。在财政方面，它使税收收入的增长快于经济的增长，具有更大的弹性；在经济方面，有利于自动地调节社会总需求的规模，保持经济的相对稳定，被人们称为“自动稳定器”；在贯彻社会政策方面，它使负担能力大者多负税，负担能力小者少负税，符合公平原则。但税基不代表纳税能力时，不能适用累进税率。

累进税率对于调节纳税人收入，有特殊的作用和效果，所以现代税收制度中，各种所得税一般都采用累进税率。累进税率分为全额累进税率、超额累进税率、全率累进税率和超率累进税率。

1. 全额累进税率

全额累进税率是指按课税对象的绝对额划分若干级距，每个级距规定的税率随课税对象的增大而提高，就纳税人全部课税对象按与之相适应的级距的税率计算纳税的税率制度。“全”字的含义就是全部课税对象按一个达到级距的相应税率征税，即征税对象的全部数量都按其相应等级的累进税率计算征税率。全额累进税率实际上是按照征税对象数额大小，分等级规定的一种差别比例税率，它的名义税率与实际税率一般相等。

全额累进税率在调节收入方面，较之比例税率要合理。但是，用全额累进税率，在两个级距的临界部分会出现税负增加不合理的情况。例如，某甲年收入1000元，适用5%的税率；某乙年收入1001元，适用10%的税率。甲应纳税额为50元，乙应纳税额为101元。虽然乙取得的收入只比甲多1元，但却要比甲多纳税50元，税负极不合理。这个问题，要用超额累进税率来解决。

2. 超额累进税率

超额累进税率简称超累税率，是把征税对象的数额划分为若干等级，对每个等级部分的数额分别规定相应税率，分别计算税额，各级税额之和为应纳税额，超累税率的“超”字，是指征税对象数额超过某一等级时，仅就超过部分，按高一级税率计算征税。但依照定义计算的方法过于复杂，特别是征税对象数额越大时，适用税率越多，计算越复杂，给实际操作带来困难。

3. 全额累进税率和超额累进税率的比较

例：采用超累税率的税额计算所得额为 2500 元的应纳税额。

1000 元适用税率 5%：税额 = 1000×5% = 50（元）。

1000～2000 元部分适用税率 10%：税额 =（2000～1000）×10% = 100（元）。

2000～3000 元部分适用税率 15%，2500 元处于本级：税额 =（2500～2000）×15% = 75（元）。

应纳税额 = 50+100+75 = 225（元）。

依照定义计算的方法过于复杂，特别是征税对象数额越大时，适用税率越多越复杂，给实际操作带来困难。因此，在实际中，采用速算扣除数法。

应纳税额 = 用全额累进方法计算的税额 − 速算扣除数

公式中用全额累进税率方法计算时采用的税率即是征税对象全额在超累税率表所处等级的税率，具体税率如表 10-1 所示。

表 10-1 **五级超额累进税率速算表**

级数	所得额级距	税率（%）	速算扣除数
1	所得额在 1000 元以下（含 1000 元）	5	0
2	所得额在 1000～2000 元部分	10	50
3	所得额在 2000～3000 元部分	15	150
4	所得额在 3000～4000 元部分	20	300
5	所得额在 4000 元以上	25	500

这种计算方法的出发点，是全额累进税率的计算方法简单。按全额累进方法计算的税额比超额累进方法计算的税额要多一定的数额，这个多征的数是常数，就是速算扣除数。

例如用速算扣除数法计算上题。计算所得额为 2500 元时的应纳税额。

用全额累计法计算的税额为：2500×15% = 375（元）。

用超额累进法计算的税额为：225 元。

速算扣除数为：375−225 = 150（元）。

用速算扣除数法计算的超额累进税额为：2500×15% − 150 = 225（元）。

4. 超率累进税率与全率累进税率

除了全额累进与超额累进两种税率形式外，还有超率累进税率与全率累进税率两种对应为一组的税率形式。超率累进税率是将对征收对象的数额的某种比例划分为不同的部分，按不同部分分别规定的税率征税。如《中华人民共和国土地增值税暂行条例》中，是按土地增值额和扣除项目金额的比例的不同，划分为 4 个等级，并规定了四级超率累进税率。全率累进税率是指按课税对象的相对额划分若干级距，每个级距规定的税率随课税对象相对额的增大而提高，纳税人的全部课税对象都按与课税对象相对额所对应的税率计算纳税的税率制度。与全额累进税率类似，它也会带来累进级距交界处的税负不合理问题，因此在我国也未实际运用。

四、纳税环节

纳税环节是指在商品流通和非商品的劳务或其他交易过程中，税收应在哪些环节和多少环节予以课征的点或者说是关节。在上述各税制要素分别解决了对谁课税、对什么东西课税，以及征多少税之后，纳税环节要解决在哪里征税的问题。按纳税环节的多少和选择可以分为不同的课税制度。同一种税只在一个环节课征税收的，称为“一次课征制”，同一种税在两个或两个以上环节课征税收，或同种性质不同税种对同一种收入课以税收的，称为“多次课征制”。纳税环节的多少及具体环节的选择，不仅关系到国家财政收入水平，而且会影响纳税人的经济行为和纳税积极性，影响商品流通和经济运行的轨迹。

五、纳税期限

纳税期限是指纳税人应依法缴纳税款的时间界限或期间。作为税法中的一项义务性规范，每个税种都要明确规定其税款缴入国库的最后时间界限，以期保证国家财政收入的安全可靠和及时按期入库。由于各税种的特性不同，各税法所规定的税款缴纳入库的时间要求也有所不同，一般可分为按期纳税制和按次纳税制两种情况。按期纳税制要求税款入库以时间为单位，如应税行为发生后的 1 天、3 天、5 天、10 天、15 天、1 个月、1 个季度等为一个纳税期限，过期被视为滞纳将被处以罚金或其他处罚。具体纳税期限由主管税务机关根据纳税人应纳税额的大小分别核定。按次纳税制则要求税款入库以应税行为发生的次数为单位，每发生一次应税行为，纳税人就必须依法缴纳一次相应的税款。例如进口商品缴纳的关税一般以每进口一次为一个税款缴纳期限。

六、税收优惠

税收优惠是指税法规定对纳税人某些特殊的应税行为给予特殊的税收待遇或税收调节手段，以达到降低税收负担，鼓励纳税人积极开展生产经营活动，扩大商品流通，改善劳务服务的目的。税收优惠政策通常有免税、减税、起征点、免税额等。

（一）免税

免税是指完全免除纳税人的应税额负担，纳税人变成了纳税自由人。

（二）减税

减税是指部分免除纳税人的应纳税额，减轻纳税人原有的应税额负担。这有利于纳税人在更有利的外部环境下实施其经济行为。减免税可分为法定减免、特定减免和临时减免等几种情况。应当指出，减免税作为一种临时、补充、调节的税收手段，必须在税法规定的范围内适当运用，并且其运用的广度和深度也必须在中央财政的统一部署下进行，各部门和各地区应有比较统一的标准。否则，各部门和各地区出于本位主义的考虑，很有可能随意给予减免，其结果是减免税不规范、税收制度不统一、税收负担不均衡，破坏了税法的严肃性。

(三) 起征点

起征点是指征税对象达到征税数额开始征税的界点。显然，课税对象的数额若未达到税法所规定的数量标准不予课税，而一旦课税对象的数额达到了税法所规定的数量标准，就对应税额对象的全部数额适用相应税率予以全额征收。

(四) 免征额

免征额是指税法给予纳税人的应税所得以一定数额的免税待遇，当纳税人应税额尚来超过一定数额时不予征税，但即使纳税人的应税额所得已经达到了应予课税的数额标准，也仅就其超过该课税标准以上的超出部分适用相应税率、予以“超额征收”。如我国个人所得税规定个人月收入3500元以下不征税，只有当个人月收入超过3500元时，就其3500元以上的部分予以课征个人所得税。一般地说，起征点和免税额的运用是为了照顾一些经营规模较小、收入较少，为保证基本生产经营活动和基本生活需要而纳税有困难的纳税人。

七、违章处罚

违章处罚是指税法对纳税人未按税法规定及时足额交纳税款、未履行纳税义务的行为如欠税、漏税、偷税、抗税等，予以依法处理而采取的各种措施，如加收滞纳金、处以罚款、其他行政处分、送交人民法院依法查处等。税收的违章处罚体现了税收具有强制性的特征，也是税收法令能够得到迅速、有效贯彻执行的保证。

以上各个税收要素构成了税收制度的各个要件，各要素分别解决不同的问题，达到不同的税收目的。作为税收制度，除了具备各税收要素之外，还必须具有税收的法律形式，包括税法、税收条例、施行细则、征收管理的办法等。

第四节 税收负担与税负转嫁

一、税收负担的含义

税收负担，简称税负，是纳税人因履行纳税义务而承受的一种经济负担，即纳税人在一定时期内由于国家征税而形成的人力、物力和财力负担。税收负担的主体是负税人，如果指的是一个国家的负税人整体，税收负担就是指这个国家的总体税收负担（如国内生产总值税收率和国民收入税收率）；如果指的是一个国家的某一经济成分、某一行业、某一阶级阶层、某一企业或个人，那么，税收负担就是指这个国家的某一经济成分、行业、阶级阶层、企业或个人的税收负担。有人把税收负担概括为纳税人在一定时期内所缴纳的税款，这尚不够全面。原因有两个：①在存在税负转嫁的条件下，纳税人不一定就是负税人。②在劳役税和实物税条件下，税收负担也并不表现为缴纳的税款。

二、税收负担的指标体系

税收负担是高还是低，是通过对比来说明的。如果仅仅是一个纳税数量，而没有对比关系，则很难科学地评价税收负担高低。因此，在税收征收额或缴纳额确定的情况下，社会的税收负担或某一纳税人的负担，指国家征集的税额与社会或纳税人产出总量或总经济规模的对比关系。正确选择反映全社会产出量或经济活动总量的指标作为对比的参照，对科学评价税收负担意义重大。指标的选择，一是要有利于进行纵向历史比较和横向国际比较，二是取得资料容易，计算简便。

（一）衡量宏观税收负担的指标

宏观税收负担是一定时期内（通常是一年）国家税收收入总额在整个国民经济体系中所占的比重。这实际上是从全社会的角度来考核税收负担，从而可以综合反映一个国家或地区的税收负担总体情况。

衡量宏观税收负担关键是选择一个社会总产出指标。关于核算社会总产出，国际上曾存在两种核算体系，一是苏联的宏观统计体系即物质产品平衡表体系（MPS），二是联合国的国民经济核算体系（SNA）。1993 年后，全世界开始实行联合国的 SNA 核算体系，抛弃了社会总产出这一反映经济活动总量的指标。目前衡量全社会经济活动总量比较通行，并可进行国际比较的指标，一是国内生产总值（GDP），二是国民收入（NI）。因而衡量宏观税收负担状况的指标也就主要有两个：国内生产总值税收负担率，简称 GDP 税负率；国民收入税收负担率，简称 NI 税负率。其计算公式分别如下：

国内生产总值税负率=税收总额/国内生产总值

国民收入税负率=税收总额/国民收入

在国民经济核算体系下，国内生产总值税负率对于衡量税收水平具有较多的优越性。在开放经济中，为避免双重征税，各国政府在征税时均优先行使地域税收管辖权，其税收基础即国内生产总值。而居民税收管辖权只适用于本国居民在外国投资或提供劳务所取得的所得，征税的多少一般取决于本国税率高于外国税率的幅度，在许多情况下为零。这使税收只与国内生产总值而非国民生产总值具有对应关系，以国内生产总值税负率衡量税收总水平相对而言更准确。根据政府收入口径的不同，它分为小口径税负（税收收入/GDP）、中口径税负（公共财政收入/GDP）和大口径税负（政府收入合计/GDP）（如表 10-2 所示）。国际经济组织对各国税收水平的衡量，主要使用国内生产总值税收负担率。

表 10-2 **2000—2015 年我国宏观税负** 单位：亿元

年份	GDP	税收收入	公共财政收入	政府性基金收入	社会保险基金收入	预算外收入	政府收入合计	小口径税负（%）	中口径税负（%）	大口径税负（%）
2000	99215	12582	13395	2214	2346	3826	21781	12.68	13.5	21.95
2001	109655	15301	16386	1865	2759	4300	25310	13.95	14.94	23.08

续表

年份	GDP	税收收入	公共财政收入	政府性基金收入	社会保险基金收入	预算外收入	政府收入合计	小口径税负（%）	中口径税负（%）	大口径税负（%）
2002	120333	17636	18904	1896	3531	4479	28810	14.66	15.71	23.94
2003	135823	20017	21715	2139	4353	4567	32774	14.74	15.99	24.13
2004	159878	24166	26396	2512	5221	4699	38828	15.12	16.51	24.29
2005	184937	28779	31649	2936	6297	5544	46426	15.56	17.11	25.10
2006	216314	34804	38760	3496	7914	6408	56578	16.09	17.92	26.16
2007	265810	45622	51322	3681	9840	6820	71663	17.16	19.31	26.96
2008	314045	54224	61330	5261	12436	6617	85644	17.27	19.53	27.27
2009	340903	59522	68518	6924	14583	6415	96440	17.46	20.1	28.29
2010	401513	73211	83102	8587	17071	5794	114554	18.23	20.7	28.53
2011	473104	89738	103874	10223	25758	—	139855	18.97	21.96	29.56
2012	539116	110764	117253	13126	31411	—	161790	20.55	21.75	30.01
2013	590422	119959	129209	10997	35994	—	176200	20.32	21.88	29.84
2014	644791	129541	140370	11467	40439	—	192276	20.09	21.77	29.82
2015	682635	136021	152269	9787	46012	—	208068	19.93	22.31	30.48

注：公共财政收入为规范的税收收入与非税收入之和，不包括国内外债务收入；政府性基金不包括国有土地使用权出让金收入；预算外收入从 2011 年起全部纳入预算管理。

（二）衡量微观税收负担的指标

微观税收负担是指纳税人实纳税额占其可支配产品的比重。流转税存在税负转嫁问题，因此衡量微观税负比衡量宏观税负复杂。简单地把企业或个人缴纳的全部税收除以其毛收入总额，有时并不能真实地反映其税收负担水平。衡量企业和个人税负水平首先要考虑不转嫁税即直接税的负担情况。既然是不转嫁税，纳税人与负税人是一致的，纳税人实际缴纳的税款占其获得的收入的比重可以反映其直接税负担水平。直接税（主要是所得税和财产税）负担率，可用纯收入直接税负担率表示。

$$纯收入直接税负担率=\frac{企业或个人一定时期实纳的所得税和财产税}{企业或个人一定时期获得的纯收入}$$

纯收入直接税负担率说明企业或个人拥有的纯收入中，有多大份额以直接税形式贡献给国家。这一指标可用于进行不同企业、不同个人税负轻重的对比，可用于说明同一微观经济主体不同历史时期的税负变化，还可用于说明法定或名义税负水平与纳税人实纳税款的差距，这一差距反映国家给予纳税人的各种税收优惠及非法的税收漏洞。

除直接税负担率指标外，通常还会用总产值（或毛收入）税负率、增加值税负率、净产值税负率作为参考性指标：

$$\text{总产值（或毛收入）税负率}=\frac{\text{企业（或个人）缴纳的各项税收}}{\text{企业总产值（或个人毛收入）}}$$

增加值税负率=企业缴纳的各项税收/企业增加值

净产值税负率=企业缴纳的各项税收/企业净产值

全部税负率指标只能作为衡量微观税负的参考性指标，纳税人到底负担多少还要看间接税转嫁或被转嫁的程度，这是不容易量化确定的。总产值、增加值、净产值等税收负担率只是名义负担率而非实际负担率。但通过这一差异的分析，可以看出税负在各行业、各企业的分布状况，了解税负的公平程度以及税收政策的实施状态，为税制进一步完善提供决策依据。

三、影响税收负担的因素

税收负担必须考虑需要和可能两方面的情况，因此，一个国家在制定税收政策确定总体税收负担时，必须综合考虑国家的总体经济发展水平，并根据不同的经济调控需要来制定税收负担政策。一般来看，影响税收负担水平的主要因素有以下几点：

（一）社会经济发展水平

一个国家的社会经济发展总体水平，可以通过国内生产总值和人均国内生产总值这两个综合指标来反映。国家的国内生产总值越大，总体负担能力越高。特别是人均国内生产总值，最能反映国民的税收负担能力。一般而言，在人均国民收入比较高的国家，社会经济的税负承受力较强。国家通过税收能够积累多少资金，社会总体税收负担应如何确定，不取决于人们的主观愿望，也不能只考虑国家的需要，必须首先考虑社会经济体系和纳税人承受能力。只有税收负担适应本国经济发展水平和纳税人的承受能力，税收才能在取得所需的财政收入的同时，刺激经济增长，同时提高社会未来的税负承受力。如果税收负担超出了经济发展水平，势必会阻碍社会经济的发展。

（二）国家的宏观经济政策

任何国家为了发展经济，必须综合运用各种经济、法律及行政手段，来强化宏观调控体系。国家会根据不同的经济情况而采取不同的税收负担政策。例如，在经济发展速度过快过热时，需要适当提高社会总体税负，以使国家集中较多的收入，减少企业和个人的收入存量，抑制需求的膨胀，使之与社会供给总量相适应。此外，还要根据经济情况的发展变化，在征收中实行某些必要的倾斜政策和区别对待办法，以利于优化经济结构和资源配置。

（三）税收征收管理能力

由于税收是由国家无偿征收的，税收征纳矛盾比较突出。一个国家的税收征收管理能力，有时也对税收负担的确定有较大的影响。一些国家的税收征收管理能力强，在制定税收负担政策时，就可以根据社会经济发展的需要来确定，而不必考虑能否将税收征上来。而在一些税收征管能力较差的国家，可选择的税种有限，勉强开征一些税种，也很难保证税收收入，想提高税收负担也较困难。

四、税收负担转嫁

（一）税收负担转嫁的含义

税收负担转嫁，简称税负转嫁。它是指税收负担从纳税人那里转移到他人身上的现象。换句话说，税收负担转嫁是指纳税人把自己缴纳的税收转移给别人负担的过程。税负转嫁有广义和狭义之分。广义的税负转嫁包括税负转移和最终归宿两个部分；狭义的税负转嫁仅指纳税人把税收负担转移给负税人的过程。

（二）税收负担转嫁的形式

西方税收经济理论一般把税收负担转嫁归纳为四种方式。

1. 前转

前转也称顺转或向前转嫁，即纳税人将其所纳税款通过提高其所提供的商品或生产要素的价格的方法，向前转移给商品或生产要素的购买者或最终消费者负担的一种形式。它是税收负担转嫁最典型最普遍的方式，多发生在商品和劳务课税上。

2. 后转

后转也称逆转或向后转嫁，即纳税人将其所纳税款，以压低生产要素进价或降低工资、延长工时等方法，向后转移给生产要素的提供者负担的一种方式。

3. 消转

消转也称税收的转化，即纳税人对其所纳税款，不向前转嫁，也不向后转嫁，而是通过改善经营管理，改进生产技术等方法，补偿其纳税损失，使支付税款以后的利润水平不比纳税前低，从而使税负在生产发展与收入增长中消失。这种转嫁方式与一般的税负转嫁相比，纳税人并没有把税负转移给他人，也没有特定的负税人，因此严格地说，它是一种特殊的税收转嫁方式。

4. 税收资本化

税收资本化也称资本还原，即生产要素购买者将所购生产要素未来应纳税款，通过从购入价格中预先扣除（压低生产要素购买价格）的方法，而后转嫁给生产要素的出售者。税收资本化与一般意义上的税收转嫁的不同之处在于，一般意义的税收转嫁是将每次经济交易所课征的税款，通过各种途径随时予以转移，而税收资本化是将累计应纳税的税款做一次性的转移。所以，它实际上是税收后移的一种特殊形式。

（三）税收负担转嫁的手段

税负转嫁的主要手段是变动价格，向前转嫁主要通过提高商品的销售价格，向后转嫁主要通过降低各生产要素价格，包括降低劳动者工资等。西方有关税负转嫁的理论，最早出现在 17 世纪的英国，目前已成为西方财政学的重要组成部分，并形成了一些学派。其中，最主要的有两个学派——绝对转嫁论和相对转嫁论。绝对转嫁论认为，一切租税皆可转嫁。相对转嫁论认为，税收能否转嫁及其转嫁过程会因税种、课税商品的性质、供求关系以及其他经济条件的不同而有差异。

（四）税收负担转嫁程度的影响因素

（1）流转税易转嫁，所得课税不易转嫁。

（2）供给弹性较大、需求弹性较小的商品的课税易转嫁，供给弹性较小、需求弹性较大的商品的课税不易转嫁。

（3）课税范围宽广的商品易转嫁，课税范围狭窄的商品不易转嫁，无替代品的商品易转嫁，有替代品的看替代品征税与否和税负多少。

（4）垄断性商品的课税易转嫁，竞争性商品的课税不易转嫁。

（5）从价课税的税负易转嫁，从量课税的税负不易转嫁。

专栏 10-3

对增值税税负重的抱怨合理吗

增值税是一种价外税，其设计思路是层层转移，最终由消费者承担全部税负。但企业经常抱怨增值税税负太重，影响了生产经营。暂且不论增值税税率是否太高，先来分析增值税有没有可能构成企业的税收负担。

市场上买卖双方的决策依据是含税价格。买方将税收作为价格的一部分进行决策，税收多有可能导致价格高，而卖方为了将商品销售出去，只有压低价格，增值税税负就可能由卖方自己承担。

由此看来，对增值税税负重的埋怨有一定理论依据。作为价外税的增值税会形成税收负担是因为税负转嫁因素在作祟。

【本章小结】

税收是国家为实现其职能，凭借政治权力，按照法律规定，通过税收工具强制地、无偿地参与国民收入和社会产品的分配和再分配并取得财政收入的一种形式。取得财政收入的手段多种多样，如税收、发行货币、发行国债、收费、罚没等。税收具有无偿性、强制性和固定性的形式特征。税收三性是一个完整的统一体，它们相辅相成、缺一不可。税制构成要素有多种，其中，税率是税制构成要素的中心环节。税收有多种分类方法。税收效应在理论上常分为正效应与负效应、收入效应与替代效应、中性效应与非中性效应、激励效应与阻碍效应等。税收负担转嫁一般有四种方式：前转、后转、消转和税收资本化。

【复习思考题】

1. 简述税收的含义及其特征。
2. 税收是如何进行分类的？
3. 什么是税率？税率有哪些种类？
4. 试比较全额累进税率与超额累进税率的异同。
5. 什么是税收负担？

6. 什么是税收负担转嫁?

7. 常见的税收负担转嫁方式有哪几种?

8. 简述影响税负转嫁的因素。

【阅读书目】

1. J. Alm. What is an "Optimal" Tax System. National TaxJournal, 1996, 49 (1): 117-133.

2. A. B. Atkinson, J. E. Stiglitz. The Design of Tax Sturcture: Direct versus Indirect Taxation. Journal of Public Economics, 1976, 6 (1-2): 55-75.

3. R. Boadway. From Optimal Tax Theory to Tax Policy: Retrospective and Prospective Views. Cambridge: MITPress, 2012.

4. C. V. 布朗, P. M. 杰克逊. 公共部门经济学. 4 版. 张馨, 译. 北京: 中国人民大学出版社, 1988.

5. 吴思. 血稠定律: 中国历史上的生存游戏. 北京: 语文出版社, 2009.

6. 张千帆. 宪法学导论: 原理与应用. 北京: 法律出版社, 2004.

7. 刘军宁, 王炎, 贺卫方. 经济民主与经济自由: 公民论丛. 北京: 生活·读书·新知三联书店, 1997.

第十一章　税收制度

【学习目的与要求】

1. 掌握我国分税制的确立原则与依据
2. 掌握流转税、所得课税的主要税种与征收范围、应纳税额的计算等
3. 了解财产与行为课税的主要税种与征收范围、应纳税额的计算

【教学重点与难点】

1. 我国分税制的内容和特点、世界各国分税制的类型
2. 增值税的计算和缴纳、企业所得税、个人所得税的计算

第一节　税收制度概述

一、我国税收制度的发展

我国的税收制度是经济体制的重要组成部分之一，与经济体制的发展变化密切相关，随着社会政治经济条件的变化，税收制度也不断进行着调整和改革。新中国成立以来，我国基本上建立了以流转税为主体，所得税为补充，辅之以其他税种的税制体系。特别是以1994年分税制改革为分水岭，我国税制进入了全面改革和深化的阶段，建立了符合社会主义市场经济体制的新税制。

新中国成立后，由于经济建设需要，我国在1950年建立了税收制度。这次建立税收制度的出发点是填补废除了国民党时期的税收制度后形成的空白，巩固新生的共和国，以及为共和国的发展壮大提供必要的资金支持。因此，国务院于1950年1月颁布了《全国税政实施要则》。按照规定，除农业税外全国共征收14个中央税和地方税，包括货物税、工商业税、盐税、关税、薪给报酬所得税、存款利息所得税、印花税、遗产税、交易税、屠宰税、地产税、房产税、特种消费行为税和车船使用牌照税。同年4月，国务院公布实施了《契税暂行条例》，对全国各地的农业税进行了调整，7月，国家对税收作了进一步的调整，简并了一些税种。至此我国基本上建立了新中国第一套税收制度。

1956年，三大改造基本完成，国营与集体经济的比重已占到90%以上，随着经济结构的变化，税收的征纳关系也发生了根本性变化，税收重点从原来的私营工商企业转移到了国营企业与集体企业。于是，在原有税负基础上简化税制的指导方针下，国家在1958年进行了试行工商统一税为主要内容的税制改革。工商统一税是由原来的商品流通税、货

物税、营业税和印花税合并而成。另外，在基本维持原税负的基础上，对少数产品的税率作出调整，鼓励发展协作生产，对在全国范围内协作生产的若干产品给予免税照顾。这次税收改革还统一了农业税收制度，规定了在全国范围内统一实行分地区的差别比例税制，并继续采取稳定负担、增产不增税的政策。1958 年的这次税制改革，从根本上改变了原来实行的多税种、多次征的税收制度，使税制结构开始出现了以流转税为主体的格局，税收制度中税种由原来的 14 种简并为 9 种，在调节经济方面的作用已逐渐减弱。

“文化大革命”期间，受“左”倾错误路线的影响，人们认为税收的作用除了积累资金外，调节经济的作用已不重要，税制越简化越好，因此，1973 年起，税收制度规定简化税目税率，工商税的税目由 108 个减为 44 个，税率由 141 个减为 82 个，改变了一些征税办法，如取消中间产品税，原则上按企业销售收入计算征税等；另外，还把一部分税收管理权限下放给地方。这次改革对已经简化了的税制又进行了一次大的简并改革，主要内容是试行工商税，合并了税种。这次税制简并以后，国营企业只需要缴纳一种工商税，集体企业只要缴纳工商税和工商所得税两种税，至于城市房地产税、车船使用牌照税和屠宰税，实际上只对个人征收，从而进一步缩小了税收的调节范围，严重限制了税收职能作用的发挥。

1978 年党的十一届三中全会以后，党和国家的工作重点转移到了社会主义现代化建设上，中国经济体制改革的序幕由此拉开。单一的公有制经济结构逐渐转变为以公有制为基础、多种经济成分同时并存和多种经营方式共同发展的多元结构。客观经济形势的变化，要求我国的税制发生相应的变革，从而适应经济体制改革和经济发展的需要。这次税收制度的改革主要包括流转税类的改革、所得税体系的形成、资源税的建立、特别行为税体系的建立、完善地方税、健全涉外税制等。其中，流转税将原工商税按征税对象的性质划分为产品税、增值税、营业税和盐税四个税种，尤为重要的就是增加了增值税这一税基。实行国营企业利改税，开征国营企业所得税和调节税，打破了长期以来国营企业吃国家“大锅饭”的局面，较好地处理了国家、企业、职工个人三者之间的利益关系。开征了资源税，对开发原油、天然气、煤炭等自然资源的企业征税，以促进企业加强经济核算，有效利用国家资源。健全涉外税制，先后开征了中外合资经营企业所得税和个人所得税、外国企业所得税，并对经济特区、经济开发区和沿海开放城市，规定了一些特殊的税收优惠办法。

1993—1994 年我国进行了第二次重大税制改革。1992 年 10 月，党的十四大确定了社会主义市场经济体制的改革目标，原来的税收制度也显示出了其不足之处。尤其是在 1992 年上半年和 1993 年下半年期间，我国通货膨胀率迅猛增长，国民经济明显过热，形势严峻，在当时利用税收等经济杠杆进行宏观调控，从而实现国民经济软着陆就显得尤为迫切。因此，从长远的经济利益出发，我国进行了税制改革。改革的主要内容包括以下几个方面：(1) 流转税改革，改革后的流转税由增值税、消费税和营业税组成，统一适用于内资企业和外资企业，取消了原产品税和对外商投资企业和外国企业征收的工商统一税。原征收产品税的农林牧水产品，改为征收农业特产税和屠宰税。(2) 所得税改革，个人所得税改革将原个人所得税、个人收入调节税和城乡个体工商户所得税合并，建立起统一的个人所得税，统一内资企业所得税，相应取消国营企业所得税、集体企业所得税和私营企业所得税。(3) 财产税改革，开征土地增值税，对原油、天然气、煤炭、其他非金属矿原矿、黑色金属矿原矿、有色金属矿原矿等征收资源税，并将盐税并入资源税。（4）其他税制改革，合并调整原车船使用税和车船牌照使用税。改革城市维护建设税。至此，中国1994年税制改革的主体工程基本完成，基本适应社会主义市场经济体制的新税制框架初步建立。这次的税制改革，是新中国成立以来规模最大、范围最广泛、内容最深刻的税制改革。其指导思想是：统一税法、公平税负、简化税制、合理分权、理顺分配关系、规范分配方式、保障财政收入，建立符合社会主义市场经济体制要求的税制体系。

2004年，按照党的十六届三中全会关于“分步实施税收制度改革”的部署，新一轮的税制改革开始启动，并在今后的过程中逐步完善。新的税改内容有：（1）2004年7月1日起，积极稳妥地推进增值税转型改革。（2）2004年1月1日起，我国对出口退税机制进行了重大改革，降低出口退税率。（3）2006年，深入进行农村税费改革，全面取消了农业税，这标志看在我国延续了2600年的农业税从此退出历史的舞台。（4）2005年8月23日，实施个人所得税制度的改革，2006年个税免征额提高到1600元/月，2008年3月1日起，提高到2000元/月。（5）2006年7月1日起，进行了内外资企业所得税“两法合并”改革，内资企业所得税税前扣除的计税工资定额标准统一调整为每人每月1600元，缩小了内资企业与外资企业的税负差距，推进了公平竞争。（6）2006年年初，调整了消费税。（7）2007年，地方税制度开始进行调整和改革。（8）2009年1月1日，国家完成了对增值税、消费税和营业税暂行条例的修订，并正式对外发布。（9）2010年，全面实施增值税转型改革，顺利推行成品油税费改革，健全和完善统一、规范、透明的财政转移支付制度。（10）2011年9月1日，个人所得税费用扣除标准调整为3500元。这一时期税收制度的改革有利于加强我国宏观调控的力量，增强了税收调节经济的作用，对我国加入WTO以后的经济全球化发展起到了积极的作用。

2014年，中国开始了新一轮税收制度改革。党的十八届三中全会将本次税制改革提升到“完善和发展中国特色社会主义制度，推进国家治理体系和治理能力现代化”的战略高度，赋予其“国家治理的基础和重要支柱”的特殊定位。新一轮税收制度改革着眼于建立现代财政制度，基于现有税制的不足和已有改革延续，税收制度改革围绕增值税、消费税、资源税、环境保护税、房地产税和个人所得税共六大税种有序推进，并通过税种之间的布局与安排完成财政分配体制重构和地方税体系重建。

专栏 11-1

新一轮税制改革的主要内容

2014年，我国进入新一轮税制改革开局之年。党的十八届三中全会将本次税制改革提升到“完善和发展中国特色社会主义制度，推进国家治理体系和治理能力现代化”的战略高度，赋予其“国家治理的基础和重要支柱”的特殊定位。《中共中央关于全面深化改革若干重大问题的决定》（以下简称《决定》）超越以往以经济改革为主题的思路，作出了囊括经济、政治、文化、社会及生态文明建设领域“五位一体”体制改革部署，在财税体制改革方面，提出“完善立法、明确事权、改革税制、稳定税负”、“发挥中央、地方两个积极性”、“完善税收政策，建立事权和支出责任相适应的制度”的基本要求。

这一次税收制度改革，既涉及财税体制改革自身，更关联一系列深化改革中的重大难题与协调配套问题，意义重大，影响深远。

在党的十八届三中全会与《决定》精神指导下，本次税制改革以“稳定税负”、“保持中央和地方现有财力格局总体稳定”为原则整体推进。改革的核心在于深化税收制度改革，完善地方税体系、财税法定；改革的重点税种主要涉及增值税、消费税、资源税、环境保护税、房地产税和个人所得税六大税种。

从以上论述中我们可以发现，改革开放以前，我国税收制度的改革，基本上是合并、简化的趋势。这一时期，国民经济发展曲折缓慢，税收制度的发展也不尽如人意，税收作为调节经济手段的作用被削弱，这在一定程度上抑制了经济的发展。改革开放以后，我国的国民经济突飞猛进，税收制度也发展迅速，税收制度的改革是课税对象多元化，税收制度健全化，税收作为调节经济的杠杆作用也日益突出。

（一）进一步推动“营改增”改革

党的十八届三中全会明确提出“推进增值税改革，适当简化税率”。“营改增”改革是本轮税制改革的重头戏，在减轻税负、推动产业结构优化和提振消费、提升经济增长质量方面具有重要作用，也对全面税制改革产生倒逼效应。目前，中国正处在“营改增”改革的中间阶段，“营改增”已在全国范围内全面推开。随着2016年5月1日起在全国范围内全面推开营改增试点，建筑业、房地产业、金融业、生活服务业等全部营业税纳税人纳入试点范围，营业税作为一个重要流转税彻底告别了历史舞台。我国“营改增”发展进程如表11-1所示。

表11-1 **我国“营改增”发展进程**

<table>
<tr><th>试点时间</th><th>地区</th><th colspan="2">具体行业</th><th>一般纳税人税率</th></tr>
<tr><td>2012.1.1</td><td>上海市</td><td colspan="2">交通运输业（除铁路运输）</td><td>11%</td></tr>
<tr><td>2012.9.1</td><td>北京市</td><td rowspan="7">部分现代服务业</td><td>研发和技术服务</td><td>6%</td></tr>
<tr><td>2012.10.1</td><td>江苏省、安徽省</td><td>信息技术服务</td><td>6%</td></tr>
<tr><td rowspan="2">2012.11.1</td><td>厦门市</td><td rowspan="2">文化创意服务</td><td rowspan="2">6%</td></tr>
<tr><td>深圳市</td></tr>
<tr><td rowspan="3">2012.12.1</td><td>天津市</td><td>物流辅助服务</td><td>6%</td></tr>
<tr><td>浙江省</td><td>有形动产租赁服务</td><td>17%</td></tr>
<tr><td>湖北省</td><td>鉴证咨询服务</td><td>6%</td></tr>
</table>

续表

试点时间	地区	具体行业	一般纳税人税率
2013. 8. 1	全国	增加广播影视服务	6%
2014. 1. 1		增加铁路运输、邮政服务业	11%
2014. 6. 1		增加电信业	基础电信服务 11%，增值电信服务 6%
2016. 5. 1	全国	增加建筑业、房地产业、金融业、生活服务业	建筑业 11%，金融业 6%，生活服务业 6%，房地产业 11%

（二）彻底改革消费税

在“营改增”任务完成之后，增值税将覆盖全部商品和劳务，流转税体系将形成增值税普遍调节、消费税特殊调节的制度格局。应同步启动消费税改革。党的十八届三中全会明确提出消费税改革方向，即“调整消费税征收范围、环节、税率，把高耗能、高污染产品及部分高档消费品纳入征收范围”。按照这一改革思路，2014 年 12 月 1 日，取消了小排量摩托车、汽车轮胎、含铅汽油、酒精的消费税。2015 年 2 月 1 日，将电池、涂料纳入消费税范围。在后续消费税改革中，应考虑：第一，进一步扩大征税范围，提升调节力度，对一些高耗能（如大排量汽车）、高污染的产品（如某些塑料制品），以及部分高档消费品（如高档箱包、私人飞机）等，纳入消费税征税范围或提高税率，更好地发挥消费税在引导人们理性消费、促进节能减排和减少对不可再生资源使用等方面的作用。第二，改变收入归属，考虑调整为地方税收，为“营改增”后地方政府层面的收入增加来源。第三，调整消费税税率，对节能降耗和环境友好型产品实行低税率或者免税；进一步实行差异化小汽车税率，对纯电动汽车、插电式混合动力汽车和燃料电池汽车等新能源汽车给予免税，对小排量汽车给予低税率。

（三）逐步改革资源税

中国资源税虽然“普遍征收，级差调节”，但其征税对象仅限于原油、天然气、煤炭、其他非金属矿原矿、黑色金属矿原矿、有色金属矿原矿和盐七大类，征收范围主要囿于矿藏品和盐；对于应税资源品，除煤炭（2014 年 12 月 1 日开始实施）、石油和天然气采用从价计征外，其他各类资源税应税商品一直采取从量定额计税方法。鉴于此，资源税的改革主要体现在扩大征税范围和改革计税方法两个方面。一是扩大征税范围，将水、森林、草原资源等纳入征税范围，并将征收方式由从量征收改为从价征收，以进一步发挥税收在引导资源合理开发和利用上的作用；二是改革计税办法，将尚属于定量定额征收的税目全部改为从价计征；三是清费立税，提高资源税税率。目前实行的石油、天然气 5%的从价税率虽然较之以前有了实际税负的较大提高，但与西方国家资源税平均税率相差甚远，适当提高税率还有空间。与此同时，我国矿产资源税费主要包括资源税和矿产资源补偿费。二者界限不明，定义模糊不清，而且互相交叉，在现实中一直存在重复征收的现象，因此在提高税率的同时应加大清理资源补偿费的力度。四是注重在“价税联动”下处理好资源税改革与相关领域配套改革。如何调控好改革的速度和力度，使得改为从价计征后，大多数受到影响的企业经过努力后能够继续生存，并能将增加的税负部分传导到产业下游，促进下游企业产生节能降耗，开发有利于节能降耗的工艺、技术和产品，走出可持续发展的健康之路。

（四）有序改革房地产税

党的十八届三中全会通过的《决定》明确指出要“加快房地产税立法并适时推进改革”，这对加强房地产行业宏观调控，减少地方财政对土地转让金的过度依赖，优化我国的税制结构和收入再分配具有重要作用。在房地产税改革过程中，从 2011 年开始，我国先后在沪渝两市推行房产税试点改革，正式向符合征收条件的个人住房征收房产税。2013 年，国家发改委和财政部明确表示房产税改革试点将扩围。2015 年 3 月 1 日，《不动产登记暂行条例》正式实施，这为全面征收房地产税打下了技术基础。

根据《决定》和 2014 年 6 月 30 日通过的《深化财税体制改革总体方案》精神，并在总结上海、重庆试点经验的基础上，要将现行的房地产税收和部分房地产行政性收费合并征收新的房地产税，并改变目前重视房地产流转环节、轻视房地产保有环节税收的做法，将部分住房开发流转环节的税负转移到保有环节，赋予地方政府在幅度税率范围内具体确定适用税率的税政管理权限，提高相关法规、资金、运行机制的透明度，提升立法层次，实质性推进个人住房保有环节税制改革和房地产相关税制改革。

（五）分步实施个人所得税改革

现行个人所得税实行分类征收模式，将个人所得分为工资薪金所得、劳务报酬所得、个体工商户生产经营所得、稿酬所得、特许权使用费所得、利息股息红利所得、财产租赁所得、财产转让所得等 11 项来源，不同来源的应税所得分别扣除不同的费用标准、适用不同的税率水平、依照不同的计算方法，以个人作为纳税单位计税。《决定》提出“逐步建立综合与分类相结合的个人所得税制”。这为下一步进行个人所得税改革指明了方向。改革方案设计中应注意以下几点：第一，实行综合与分类相结合的征收模式。在现阶段，针对我国征管水平，可以考虑把工薪收入之外的其他收入，如生产经营、劳务报酬、财产租赁等，能综合的进行综合，然后按照超额累进税率调节机制，对综合收入进行征税，同时给出必要的扣除。对于工资薪金收入可保持当前的超额累进征收办法。2015 年 1 月，国税总局、财政部起草了《税收征收管理法修订草案（征求意见稿）》。根据草案，要建立包括自然人在内、覆盖全面的纳税人识别号，同时银行和其他金融机构需将账户、投资收益、利息、单笔资金往来达到 5 万元以上等信息，提交给税务部门。这为个人所得税征收模式的改革提供了技术条件。第二，调整税率级距和税负水平，适当降低最高边际税率，减少累进级距，可考虑将超额累进税率级次进一步减少为 5 级左右，降低中等收入阶层尤其是中低工薪收入者的税收负担。第三，规范费用扣除标准和减免税优惠政策，建立与消费范围和物价水平相适应的、相对稳定的扣除费用标准自动调整机制并根据个人所得税征收对象与其他居民群体的收入差距、具体家庭的婚姻状况、负担能力、抚养赡养状况、购房按揭因素等实际情况来确定征收标准，以充分发挥其调节作用。

二、中国的分税制

1994年，中国经济体制改革在中央“全面推进、重点突破”的战略部署指导下进入新阶段，财税体制改革充当改革的先锋。根据事权与财权相结合的原则，将税种统一划分为中央税、地方税、中央与地方共享税，建起了中央和地方两套税收管理制度，并分设中央与地方两套税收机构分别征管，在核定地方收支数额的基础上，实行了中央财政对地方财政的税收返还和转移支付制度等，这成功地实现了中央政府与地方政府之间税种、税权、税管的划分，实行了财政“分灶吃饭”。

（一）确立的依据

分税制的实质主要表现为：按照税种划分税权，分级管理。税权是政府管理涉税事宜的所有权力的统称，主要包括税法立法权、司法权和执法权。其中，执法权主要包括税收组织征收管理权、税款所有权（支配权）。分税制就是要将这些税权（立法权、司法权、执法权）在中央及地方政府间进行分配。所以，分税制财政管理体制的实质，就是通过对不同税种的立法权、司法权、执法权在中央和地方政府间进行分配，以求实现事权与财权的统一。

一般来说，完善的分税制要求中央政府和地方政府根据自己的事权自主地决定所辖的税种。中央政府和地方政府有权根据自己的事权自主决定税法的立法、司法、执法事宜。划归地方政府征管的地方税税种，地方政府可以因地制宜、因时制宜地决定立法、开征、停征、减税、免税，确定税率和征收范围。

（二）我国分税制的划分原则

划分中央税与地方税，主要是根据财权与事权相适应的原则进行的。即把需要由全国统一管理、影响全国性的商品流通和税源集中、收入较大的税种划为中央税，税权（立法权、司法权、执法权）均归中央。把与地方资源、经济状况联系比较紧密，对全国性商品生产和流通影响小或没有影响，税源比较分散的税种划为地方税，税权归地方。把一些税源具有普遍性、但征管难度较大的税种划为中央和地方共享税，立法权归中央，司法权和执法权可归中央也可归地方。中央税与地方税的划分，对于正确处理中央与地方政府之间的财政关系和税收分配关系，对于加强税制建设有着特殊的含义。其意义主要表现在：通过税收立法权、司法权和执法权在不同级政府之间的划分和让渡，能够体现出一国政府的行政管理方式、法制建设程度、民主建设程度、财政管理体制和税收管理体制的科学化程度。

（三）我国分税制的内容

我国分税制按照征收管理权和税款支配权标准划分，凡征收管理权、税款所有权划归中央财政的税种，属于中央税；凡征收管理权、税款所有权划归地方财政固定收入的税种，属于地方税；凡征收管理权、税款所有权由中央和地方按一定方式分享的税种，属于共享税。

（四）我国分税制的特点

我国目前的分税制具有以下三个主要特点：

第一，按照税源大小划分税权，税源分散、收入零星、涉及面广的税种一般划归地方税，税源大而集中的税种一般划为中央税。一般来说，不可能把大税种划为地方税。地方税不仅对法人（公司、企业）征收，而且更多的是对个人征收，所以税源分散在千千万万个纳税人手中。地方税征收范围面小，税源不丰裕，所以收入零星；地方税税种小而多，所以涉及面广，几乎涉及所有单位和个人。

第二，部分税种的征收管理权归地方。地方政府对地方税可以因地制宜、因时制宜地决定开征、停征、减征、免征，确定税率和征收范围，这是地方税的主要特点。赋予地方以较大的机动权限，既能合理照顾地方利益，调动地方的积极性，同时又不至于影响全国性的商品流通和市场物价。这是因为地方税均属于对财产（不动产）、行为和部分所得以及不涉及全面性商品流通的经济交易课征，所以，即使各地执行不一致，也不影响全局。

第三，税款收入归地方。在我国当前的社会主义市场经济条件下，财力完全集中于中央或过多地分散于地方，都不能适应经济发展的需要。实践证明，在保证中央财政需要的同时，给地方一定规模的财力及适当的支配权，才能调动地方政府发展经济的积极性和主动性。因此，实行分税制，建立中央与地方相对独立的分级财政，给地方政府发展地方经济、加强文化建设提供资金保证，就成为中国预算管理体制改革的必然方向。

需要说明的是，我国目前实行的分税制还有许多不尽如人意之处，需要继续深化改革。具体表现为：我国社会主义市场经济发展相当迅速，地区差距很大；社会主义市场体系虽已初步形成，但尚不够健全，中央与地方的事权范围虽已初步划分，但尚不够规范，各级事权事责还有待明确；税收制度也不够完善，地方税收收入比重过低，地方财力与事权不匹配；税种陈旧老化，分散重叠；地方税征收管理改革不到位，地方税法制建设滞后，税制立法层次低等等。这些问题有待于在新一轮税制改革中不断完善。

第二节　流　转　税

流转税是指对生产、消费的商品或提供的劳务所课的税。这里所说的商品，既包括有形商品，如食品、服装、住宅等，也包括无形商品，如专利、技术等；既包括资本性商品，如生产资料，也包括消费品，如生活资料；既包括本国商品，也包括从外国进口的商品。劳务，通常只包括经营者提供的劳务，如宾馆向客人提供的食宿服务等，不包括被雇佣者提供的劳务，如公司职员受雇之后为本公司提供的劳务等，也不包括自我提供的劳务，如家务劳动等。我国流转税的主要税种有增值税、消费税、营业税和关税。

一、流转税概述

(一) 流转税的特征

流转税在历史上是各国取得财政收入的主要手段，它和财产税、所得税共同构成当代税收的三大体系。与财产税、所得税相比，流转税具有以下几方面的特性。

1. 课税对象广泛

商品和劳务是社会最基本的活动，也是最广泛的课税对象。和财产税、所得税相比，商品税的课税对象最为广泛，因而易于政府取得财政收入。

2. 以流转额为课税基础

流转税以商品和非商品的流转额为计税依据。商品流转额的主要内容指产品的销售额，劳务流转额是指交通运输、邮政电信以及各种服务性行业的营业收入。由于流转税以流转额为计税依据，在税率既定的前提下，税额大小直接依存于商品和劳务价格的高低以及数量的多少，而与成本和费用水平无关。

由于一种商品从投入生产到进入流通，再从流通到最终进入消费，往往要经过无数次的转手交易，每经过一次交易行为，买者变成卖者，商品随之流转一次，因此，同一批次的商品经过多次或多环节交易后，其流转额的价值就自然累加，征税对象必然大大超过商品本身的价值。至于服务性的劳务交易额，虽然没有实物形态的商品随之流转，但其作为价值进行交易的性质与实物商品交易没有什么本质区别。以商品交易额作为征税对象的流转税，面对如此复杂多样的商品（劳务）流转状况，在课税环节、课税范围的选择上均需作出科学、合理的决策。

3. 课税环节较多

流转税的课税环节多。从商品流通过程来看，商品从原材料到产成品，要经过生产、批发和零售等环节，才能进入消费者手中。其中经过的阶段和交易的次数有多有少，还经常分合多变。正因为商品流通存在着阶段性，所以课税的环节（阶段）不同，税收收入和对商品生产及流通的作用就不同。

4. 重复课税的存在

正因为流转税存在着课征环节问题，要在两个环节以上课征，或每一商品未进入最终消费品市场而继续流通，经过课税环节就要纳税，所以可能会形成重复课税。

5. 税负可以转嫁

由于流转税课税是在商品流通中进行的，纳税人很可能通过提高商品价格转嫁给消费者，或压低收购价格转嫁给生产者等，从而使税款转嫁给他人。

6. 商品税属于对物税

所得税和财产税属于对人税，商品税则属于对物税。因而商品税可以发挥对物税的一切功能来为国家政治和社会经济服务。

(二) 流转税的功能

具体说来，流转税的功能主要有以下 6 项：

1. 收入及时可靠

流转税范围广，而且只要生产经营者有销售（或营业）收入就要纳税，故可使国家均衡、及时、可靠地取得财政收入。而且商品税一般采用从价计征，税基广，只要纳税人发生了应税生产经营行为，取得了商品销售收入成劳务收入，不论其成本高低与利润的盈亏，国家均能取得税金，从而保证了税收收入的及时性和可靠性。

2. 负担普遍

流转税虽不能按能力课税，但仅社会各阶层、贫富老幼，只要消费，就有税负，符合税收普遍负担原则。

3. 贯彻国家产业政策，促进经济稳定增长

通过对不同商品、不同行业设计不同税率，有利于调节生产、交换、分配，正确引导消费。对同一产品、同一行业，实行同等税负的政策，有利于在平等的基础上开展竞争，鼓励先进，鞭策后进，限制盲目生产、盲目发展。通过减税、免税、退税等优惠激励措施，有利于体现国家对某些商品、行业、企业或地区实行优惠的扶持激励政策，引导投资，这些都能促进国民经济协调发展，稳定增长。

4. 有利于调节消费，鼓励储蓄

家庭、个人收入的支出不外乎消费和储蓄，用于消费方面的多，用于储蓄方面的必然减少；反之，用于消费方面的减少，用于储蓄方面的就必然增加。商品税是价格的组成部分，通常使商品价格增高，人们购买消费品就要多付钱。故一般来说，物价提高，消费减少，尤其是对那些有害于人们健康和社会利益的消费品，如烟酒或易污染的产品、设施，施以高税率，既可增加财政收入，又可调节消费，抑制奢侈之风，增加储蓄。

5. 征收容易，管理方便，节省费用

商品税一般采用从价计征或从量计征，比财产税和所得税计算手续简单，易于征收。同时，只向为数较少的企业厂商征收而不是向为数较多的个人征收，管理方便，课税容易，因而可节省税务费用。

6. 纳税人不感觉痛苦

商品税额均在物品价格之中，负担在不知不觉中，而且每次为数很少，没有强烈的牺牲感受，纳税人对征税的抵抗力较弱。

二、增值税

（一）增值税概述

增值税是以生产经营中所新增加的价值额为依据而计算征收的一种流转税。简单地讲，增值额就是购销差价，即因提供应税商品和劳务而取得的收入价格与该商品与劳务外购成本价格之间的差额。也就是说，增值税以应税商品和劳务的购销差价为课税依据。

增值税已经成为我国最主要的税种之一，增值税的收入占我国全部税收的比重虽然近些年有所下降，但仍保持在30%左右，是最大的税种。增值税由国家税务局负责征收，税收收入中75%为中央财政收入，25%为地方收入。进口环节的增值税由海关负责征收，税收收入全部为中央财政收入。

（二）增值税的特点

增值税是商品税的一种形式，除具有商品税的一般共性外，还具有其自身的特殊性。从大多数已实行增值税国家的制度分析看，现实中的增值税一般具有普遍征收、税不重征、多环节征、税负转嫁四个特点。

1. 普遍征收

从征税范围看，增值税依据普遍征税原则对从事商品生产经营和提供劳务的所有单位和个人征税。虽然各国的征收范围有宽有窄，但增值税不局限于对少数商品或劳务征税，而是对商品生产、流通、劳务交换过程中发生的增值额普遍征收，可涉及商品生产、批发、零售和各种服务业，甚至农业，有利于税制简化，税负公平和适度，有利于保证财政收入。

2. 税不重征

增值税以增值额为课税对象，对生产和销售过程中的各个环节分阶段征收，每阶段只征收其流转额中的增值部分，单位产品的含税量始终相同，消除了重复征税，有利于促进专业化协作生产。不论各国的法定增值额有多大的差别，增值税都是以增值额而不是以销售额为课税对象。以增值额为课税对象是增值税的最基本的特点。

3. 多环节征

从纳税环节看，增值税实行多环节征税，即在生产、批发、零售、劳务提供和进口等各个经营环节分别课税，而不是只在某一环节征税。由于税不重征，就有可能对生产经营活动的多环节实行多次课税，因为，多次或多环节课税也不会改变税收负担。同时，对创造和实现的价值增值采取单一税率或少数税率平等征收，对经济活动包括生产行为和消费行为一般不发生影响，能促进不同经济成分公平竞争，符合市场经济发展对税收制度的要求。

4. 税负转嫁

对货物和劳务的最终消费征收，纳税人已付的税款在每次的销售中从消费者那里得到补偿，即下一阶段的纳税人是上一阶段纳税人所缴税款的真实负税人。

（三）增值税的纳税人

增值税的纳税人是在我国境内所有从事销售或进口货物、提供应税劳务的单位和个人，包括国有企业、集体企业、私有企业、股份制企业、其他企业和行政单位、事业单位、军事单位、社会团体及其他单位、个体经营者和其他个人。企业租赁或承包给他人经营的，以承租人或承包人为纳税人。

我国《增值税暂行条例》参照国际惯例，将纳税人按其经营规模和会计核算水平划分为一般纳税人和小规模纳税人。一般纳税人和小规模纳税人划分的基本标准是纳税人年应税销售额的大小，销售额不能达到规定标准的，符合资格条件的，也可申请认定为增值税一般纳税人。

1. 小规模纳税人

小规模纳税人是指年销售额在规定标准以下，并且会计核算不健全，不能按规定报送有关税务资料的增值税纳税人。

2. 一般纳税人

一般纳税人是指年应税销售额超过《增值税暂行条例》认定的小规模纳税人标准的企业和企业性单位。增值税一般纳税人需向税务机关办理认定手续，以取得法定资格。一般纳税人的认定标准如下：从事货物生产或者提供应税劳务的纳税人，以及以从事货物生产或者提供应税劳务为主，并兼营货物批发或者零售的纳税人，年应征增值税销售额在50万元（含）以上的；对上述规定以外的纳税人，年应税销售额在80万元（含）以上的，以及“营改增”试点实施前应税服务年销售额满500万元的试点纳税人，为一般纳税人。

我国增值税纳税人中，尽管小规模纳税人缴纳税额所占比重不高，但小规模纳税人的户数占增值税纳税人户数的比重高达80%~90%。

（四）征税范围

增值税的征税范围包括在中国境内销售、进口货物或者提供加工、修理修配劳务，以及提供应税劳务。

1. 货物

货物是指有形动产、无形资产和不动产，包括电力、热力和气体。

2. 加工、修理修配劳务

加工是指受托加工货物，即委托方提供原材料，受托方按照委托方的要求制造货物并收取加工费；修理修配是指受托对损伤和丧失功能的货物进行修复，使其恢复原状和功能的业务。

3. 应税服务

应税服务是指“营改增”的应税服务，包括陆路运输服务、水路运输服务、航空运输服务、管道运输服务、邮政普遍服务、邮政特殊服务、其他邮政服务、基础电信服务、增值电信服务、研发和技术服务、信息技术服务、文化创意服务、物流辅助服务、有形动产租赁服务、鉴证咨询服务、广播影视服务、建筑服务、贷款服务、直接收费金融服务、保险服务、金融商品转让、文化体育服务、教育医疗服务、旅游娱乐服务、餐饮住宿服务、居民日常服务。

（五）税率与征收率

我国增值税采用比例税率。对于一般纳税人，增值税在设置了一档基本税率的基础上，针对特殊行业和产品设计了低税率，此外还对出口货物、服务实施的零税率。小规模纳税人不适用税率而适用征收率。

1. 基本税率（17%）的适用范围

（1）纳税人销售或者进口货物（除使用低税率和零税率的外）；

（2）纳税人提供加工、修理修配劳务；

（3）有形动产租赁服务（“营改增”项目）。

2. 低税率（11%）的适用范围①

（1）农产品（含粮食）、食用植物油；

（2）自来水、暖气、冷气、热水、煤气、石油液化气、天然气、沼气、居民用煤炭制品；

（3）图书、报纸、杂志、音像制品、电子出版物；

（4）饲料、化肥、农药、农机、农膜；

（5）食用盐、二甲醚。

3. 低税率（11%）的适用范围（适用“营改增”项目）

（1）交通运输业；（2）邮政业；（3）基础电信服务；（4）建筑服务；（5）不动产租赁服务；（6）转让土地使用权。

4. 低税率（6%）的适用范围（适用“营改增”项目）

（1）研发和技术服务；（2）信息技术服务；（3）文化创意服务；（4）物流辅助服务；（5）鉴证咨询服务；（6）广播影视服务；（7）增值电信服务；（8）贷款服务；（9）直接收费金融服务；（10）保险服务；（11）金融商品转让；（12）文化体育服务；（13）教育医疗服务；（14）旅游娱乐服务；（15）餐饮住宿服务；（16）居民日常服务。

5. 零税率的适用范围

（1）除国务院另有规定的除外，纳税人出口货物，税率为零；

（2）国际运输服务（含航天运输服务、取得经营许可的港澳台运输服务）；

（3）向境外单位提供的研发服务和设计服务（不包括对境内不动产提供的设计服务）；

（4）提供程租、期租、湿租服务，程租、期租、湿租的运输工具用于国际运输服务和港澳台运输服务，出租方可申请零税率。

6. 征收率（3%）的适用范围

（1）增值税的正常计算需要使用税率，但是简易计算需要使用征收率。

（2）小规模纳税人适用征收率。

（3）增值税一般纳税人在某些特殊情况下也会适用征收率。

（六）增值税的计算和缴纳

企业销售或提供应税商品和劳务，应纳税额为当期销项税额抵扣当期进项税额后的余额。应纳税额的计算公式为：

$$当期应纳增值税额=当期销项税额-当期进项税额$$

1. 销项税额

销项税额是指按照销售额和规定的税率计算并向购买方收取的增值税额。

$$销项税额=销售额\times增值税税率$$

其中，销售额是指不包括增值税本身的净销售额，即纳税人销售货物或劳务收取的全

① 参见财政部《关于简并增值税税率有关政策的通知》（财税〔2017〕37号），自2017年7月1日起，简并增值税税率结构，取消13%的增值税税率，纳税人销售或者进口有关货物，税率为11%。

部价款和价外费用，如手续费、包装费、运输装卸费等。

2. 进项税额

进项税额是指纳税人因购进货物（材料、半成品和成品部件）向货物销售方支付的税款。显然，增值税作为对生产和劳务净值的课税，一般要核对该项税款。税法规定，进项税款可分为可抵扣和不可抵扣两种情况。

（1）可抵扣的进项税款。可抵扣进项税款的三种凭证：从销货方取得的增值税专用发票；从海关取得的完税凭证；其他凭证，如未纳过增值税的免税农产品可按有关规定的凭证进行抵扣。

增值税一般纳税人取得 2010 年 1 月 1 日以后开具的增值税专用发票、货物运输业统一发票和机动车销售统一发票，应在开具之日起 180 天内到税务机关办理认证，并在认证通过的次月申报期内，向主管税务机关申报抵扣进项税额。

（2）不允许从销项税额中抵扣进项税额的项目包括：①纳税人购进货物、接受应税劳务或者应税服务，取得的增值税扣税凭证（即增值税专用发票、从海关取得的增值税专用缴款书、农产品收购发票）不符合法律、行政法规或者国家税务总局有关规定的。②用于增值税简易计税办法项目、免税项目、集体福利或者个人消费的购进货物、加工修理修配劳务、服务、无形资产和不动产。③非正常损失的购进货物及相关服务。④购进的旅客运输服务、贷款服务、餐饮服务、居民日常服务和娱乐服务。⑤财政部和国家税务总局规定的其他情形。

3. 小规模纳税人应纳增值税的计算

$$应纳增值税额=不含税销售额\times 3\%$$

4. 进口货物应纳增值税的计算

进口货物应缴纳的增值税，应按规定的组成计税价格和适用税率计算，不得抵扣任何税款。

三、消费税

（一）消费税概述

消费税是对特定的消费品和消费行为所征收的一种税。其目的在于引导消费方向，调节消费规模和结构。它在各国开征也较为普遍，具有特定的财政意义、经济意义和社会意义。

（二）我国消费税的特点

从征税范围看，消费税总体上属于选择性商品税，主要目的在于产业调节，目前我国消费税对 14 类消费品征收。

从纳税环节看，消费税一般是单环节征收的商品税，我国消费税在出厂销售环节对生产者征收。从计税依据看，消费税实行从价定率征收和从量定额征收和复合征收三种方式。从税率结构看，实行差别比例税率和差别定额税率。

（三）消费税的纳税人

消费税的纳税人是在我国境内从事生产、委托加工和进口应税消费品的单位和个人。此处“单位和个人”的具体范围与增值税的相关规定相同。

（四）消费税的征税范围

消费税的征税范围指在中华人民共和国境内生产、委托加工和进口的应税消费品。具体包括4大类、15个税目。

消费税征收的4大类型的产品包括：第一类：一些过度消费会对人类健康、社会秩序、生态环境等方面造成危害的特殊消费品，如烟、酒、鞭炮、焰火、涂料、电池等。第二类：奢侈品、非生活必需品，如贵重首饰、珠宝玉石、化妆品、高尔夫球及球具、高档手表等。第二类：高能耗及高档消费品，如小轿车、游艇等。第四类：不可再生和替代的石油类消费品，如成品油、汽油、柴油、木制一次性筷子、实木地板等。

15种消费品具体为：

（1）烟。征收范围是以烟叶为原料加工生产的产品，下设卷烟、雪茄烟、烟丝3个子目。其中，对卷烟既在生产环节征收，也在批发环节征收，雪茄烟和烟丝只在生产环节征收。

（2）酒。本税目下设白酒、黄酒、啤酒、其他酒4个子目。

（3）高档化妆品。包括香水、香水精、香粉、口红、指甲油、服脂、眉笔、唇笔、眼睫毛、成套化妆品等日常生活中用于修饰美化人体表面的美容和芳香两类产品，高档护肤类化妆品也属于本税目征税范围。2016年10月1日起，取消对普通美容、修饰类化妆品征收消费税，将“化妆品”税目名称更名为“高档化妆品”。征收范围包括高档美容、修饰类化妆品、高档护肤类化妆品和成套化妆品。税率调整为15%。

（4）贵重首饰及珠宝玉石。包括各种金银珠宝首饰和经采掘、打磨、加工的各种珠宝玉石。

（5）鞭炮、焰火。包括喷花类、旋转类、组合烟花类等各种鞭炮、焰火。体育上的发令枪，鞭炮引线，不按本税目征收。

（6）成品油。包括汽油、柴油、石脑油、溶剂油、航空煤油、润滑油、燃料油。

（7）小汽车。包括乘用车和中轻型商用客车，税率按气缸容量（排气量）的大小分档设置。

（8）摩托车。包括轻便摩托车和摩托车，税率按排量分档设置。2014年，取消气缸容量250毫升（不含）以下的小排量摩托车消费税。

（9）高尔夫球及球具。包括高尔夫球、高尔夫球杆、高尔夫球包（袋）。

（10）高档手表。为销售价格（不含增值税）每只在10000（含）元以上的各类手表。

（11）游艇。包括艇身长度大于8米（含）小于90米（含），主要用于水上运动和休闲娱乐等非牟利活动的各类机动艇。

（12）木制一次性筷子。包括各种规格的木制一次性筷子。

（13）实木地板。包括各类规格的实木地板、实木指接地板、实木复合地板及用于装饰墙壁、天棚的侧端面为榫、槽的实木装饰板。

（14）电池。范围包括：原电池、蓄电池、燃料电池、太阳能电池和其他电池。自2015年2月1日起对电池（铅蓄电池自2016年1月1日征收）征收消费税。

（15）涂料。涂料是指涂于物体表面能形成具有保护、装饰或特殊性能的固态涂膜的一类液体或固体材料之总称。自2015年2月1日起对涂料征收消费税，施工状态下挥发性有机物（VOC）含量低于420克/升（含）的涂料免征消费税。

以上税目，除金银、铂金、钻石饰品在零售环节征收，卷烟在批发环节加征一道税外，其他均在生产环节和进口环节征收。

（五）税率

消费税的税率包括比例税率和定额税率两类。比例税率，从最低的3%到最高的56%，分别适用于不同税目的消费品。定额税率适用于一些市场供求基本平衡，同类产品之间价格差别不大的消费品，如汽油、柴油、成品油等税目以及啤酒、黄酒等子目，如表11-2所示。

表11-2 **2016年消费税税目税率表**

税目	税率
一、烟	
1. 卷烟	
（1）甲类卷烟（调拨价70元/条以上（含70元））	56%加0.003元/支（生产环节）
（2）乙类卷烟（调拨价70元/条以下）	36%加0.003元/支（生产环节）
（3）商业批发	11%加0.005元/支（批发环节）
2. 雪茄烟	36%（生产环节）
3. 烟丝	30%（生产环节）
二、酒及酒精	
1. 白酒	20%加0.5元/500克
2. 黄酒	240元/吨
3. 啤酒	
（1）甲类啤酒	250元/吨
（2）乙类啤酒	220元/吨
4. 其他酒	10%
5. 酒精	5%

续表

税目	税率
三、高档化妆品	15%（2016年10月1日起实施）
四、贵重首饰及珠宝玉石	
1. 金银首饰、铂金首饰和钻石及钻石饰品	5%
2. 其他贵重首饰和珠宝玉石	10%
五、鞭炮、焰火	15%
六、成品油	
1. 汽油	
（1）含铅汽油	1.52元/升
（2）无铅汽油	1.52元/升
2. 柴油	1.20元/升
3. 航空煤油	1.20元/升
4. 石脑油	1.52元/升
5. 溶剂油	1.52元/升
6. 润滑油	1.52元/升
7. 燃料油	1.20元/升
七、摩托车	
1. 汽缸容量为250毫升的	3%
2. 汽缸容量在250毫升以上的	10%
八、小汽车	
1. 乘用车	
（1）汽缸容量在1.0升（含1.0升）以下的	1%
（2）汽缸容量在1.0升以上至1.5升（含1.5升）的	3%
（3）汽缸容量在1.5升以上至2.0升（含2.0升）的	5%
（4）汽缸容量在2.0升以上至2.5升（含2.5升）的	9%
（5）汽缸容量在2.5升以上至3.0升（含3.0升）的	12%
（6）汽缸容量在3.0升以上至4.0升（含4.0升）的	25%
（7）汽缸容量在4.0升以上的	40%
2. 中轻型商用客车	5%
九、高尔夫球及球具	10%
十、高档手表	20%
十一、游艇	10%

续表

税目	税率
十二、木制一次性筷子	5%
十三、实木地板	5%
十四、铅蓄电池	4%（2016年1月1日起实施）
无汞原电池、金属氢化物镍蓄电池、锂原电池、锂离子蓄电池、太阳能电池、燃料电池和全钒液流电池	免征
十五、涂料	4%

（六）应纳税额的计算

1. 适用比例税率的消费品的计算公式为：

应纳税额=消费品的销售额×税率

2. 适用复合计税的消费品（卷烟、白酒）的计算公式为：

应纳税额=销售数量（交货数量、进口数量）×定额税率+
销售额（同类应税消费品价格、组成计税价格）×比例税率

3. 适用定额税率的消费品（啤酒、黄酒、成品油）的计算公式为：

应纳税额=消费品销售数量×单位税额

需要说明的是，同增值税类似，上述消费品的销售额也是不含增值税的，转换公式同增值税的转换公式相同。

四、关税

（一）关税的含义

关税是指设置在国家指定的边境、沿海口岸，或者设置在境内的其他水、陆、空国际交往通道的海关机构，依法对进出关境（国境）的货物和物品，就其流转额所征收的一种税。作为一种较为古老的税种，它在各国开征十分普通，且具有很强的政策性。根据商品在国境上的不同流向，关税可分为进口关税、出口关税和过境关税。由于进口税对于国际经济和一国的民族经济的发展影响更大，各国一般主要是征收进口税，并且以对进口货物征税为主。

（二）征税范围

关税的征税范围包括准许进出我国关境的各类货物和物品。其中，货物是指贸易性的进出口商品，物品是指非贸易性的与特定个人相关的物员，包括旅客的行李物品、个人邮递物品、馈赠物品及其他个人日用物品。

（三）税法主体

关税的征税主体是海关，纳税主体包括进口货物的收货人，出口货物的发货人，接受委托办理有关货物进出口手续的代理人，物品的所有人或持有人、收货人或其代理人。

（四）税率

我国关税实行差别比例税率，并且同一税目的货物适用的税率可分为进口税率和出口税率两类。而进口税率又按优惠程度分为最惠国税率、协定税率、特惠税率和普通税率四种。

对于出口货物，按照奖出限入的原则，除某些市场容量有限或者资源有限又有大量需求的货物外，一般免征出口关税。

（五）应纳税额的计算

进出口关税实行从价计征，其计税依据是进出货物和物品的完税价格。具体来说，进口货物以海关审定的到岸价格为完税价格，到岸价格不能确定的，由海关估定。出口货物应当以海关审定的货物售与境外的离岸价格，扣除出口关税后，作为完税价格。离岸价格不能确定时，也由海关估定。进口物品由海关参照该项物品的境外正常零售平均价格确定其完税价格。

在完税价格确定或估定以后，即可计算关税的应纳税额。其计算公式为

应纳税额=关税的完税价格×税率

（六）税收减免

关税的税收减免项目较多，可分为法定减免、特定减免和临时减免三大类。其中，法定减免是指应依据税法的明确规定来实施的税收减免；特定减免是国务院及其授权机关在法定减免以外，为实现特定目的而特准给予的税收减免；临时减免是对某个具体纳税人的某次进出口货物临时给予的减免，它不具有普遍的减免效力。

第三节 所 得 税

一、所得课税概述

（一）所得课税的含义

所得课税又称收益课税，是指以所得额为课税对象的税类。所得课税可以根据纳税人的不同分为对企业课税和对个人课税两大类。所得税是大多数西方国家的主体税种。我国所得课税主要有两个税种：企业所得税和个人所得税。

（二）所得课税的特点

（1）按照纯所得征税。

（2）以应纳税所得额为课税对象，多得多征，少得少征，无所得不征。

（3）所得税的纳税人和实际负税人一致，可以直接调节纳税人的收入。

（4）所得税的计算因涉及成本核算和费用列支，如固定资产折旧、无形资产摊销、生产经营费用的列支等，所以要有比较完备的会计制度作基础。

（三）所得课税的税率

一般分为比例税率与累进税率。在累进税率中，又分为全额累进与超额累进。各国一般根据本国具体的政治经济情况来确定自己的税率制度。税率的高低，累进的级距，对于社会经济发展和人的积极性发挥有一定影响。

二、企业所得税

（一）我国企业所得税的制度变迁

企业所得税是对在我国境内的企业就其生产经营所得和其他所得征收的一种税。我国征收企业所得税是从改革开放以后开始的，起初税制建立和改革是按照内外资企业分开进行的。1994 年税制改革之前，中国的内资企业按照生产经营规模的大小和企业性质的不同，征收各种各样的企业所得税，1994 年税制改革统一了内资企业的所得税税种，统一征收企业所得税。20 世纪 80 年代初期针对不同的外资企业分别开征了不同的所得税税种，1991 年对外商投资企业征收的所得税税种合并为外商投资企业和外国企业所得税。2008 年开始合并内外资企业所得税税种，统一征收企业所得税。

（二）基本税制结构

1. 纳税人

在中华人民共和国境内，企业和其他取得收入的组织（以下统称企业）为企业所得税的纳税人。企业分为居民企业和非居民企业。居民企业，是指依法在中国境内成立，或者依照外国（地区）法律成立但实际管理机构在中国境内的企业。非居民企业，是指依照外国（地区）法律成立且实际管理机构不在中国境内，但在中国境内设立机构、场所的，或者在中国境内未设立机构、场所，但有来源于中国境内所得的企业。

2. 征税对象

居民企业应当就其来源于中国境内、境外的所得缴纳企业所得税。包括销售货物所得、提供劳务所得、转让财产所得、股息红利等权益性投资所得、利息所得、租金所得、特许权使用费所得、接受捐赠所得和其他所得。

非居民企业在中国境内设立机构、场所的，应当就其所设机构、场所取得的来源于中国境内的所得，以及发生在中国境外但与其所设机构、场所有实际联系的所得缴纳企业所得税。非居民企业在中国境内未设立机构、场所的，或者虽设立机构、场所但取得的所得与其所设机构、场所没有实际联系的，应当就其来源于中国境内的所得缴纳企业所得税。

3. 税率

企业所得税税率为 25%。非居民企业取得《企业所得税法》第三条第三款规定的所得，适用税率为20%。符合条件的小型微利企业，减按20%的税率征收企业所得税。国家需要重点扶持的高新技术企业，减按15%的税率征收企业所得税。

4. 税收优惠

国家对重点扶持和鼓励发展的产业和项目，给予企业所得税优惠。企业的下列所得，可以免征、减征企业所得税：从事农、林、牧、渔业项目的所得；从事国家重点扶持的公共基础设施项目投资经营的所得；从事符合条件的环境保护、节能节水项目的所得；企业符合条件的技术转让所得；企业所得税法规定的其他所得。

企业所得税的税收优惠包括减免优惠和税率优惠两方面。凡实行民族区域自治的民族地区，经省级政府批准，可对该区域内企业定期减税或者免税。其他情况的所得税减免需经国务院下文规定或者经财政部报经国务院批准同意。税率优惠的内容即前述的两档优惠税率。

（三）计税方式

应纳税额=应纳税所得额×适用税率-减免税额-抵免税额

企业每一纳税年度的收入总额，减除不征税收入、免税收入、各项扣除以及允许弥补的以前年度亏损后的余额，为应纳税所得额。

企业收入包括：销售货物收入，提供劳务收入；转让财产收入；股息、红利等权益性投资收益；利息收入；租金收入；特许权使用费收入；接受捐赠收入；其他收入。

不征税收入是指：财政拨款；依法收取并纳入财政管理的行政事业性收费、政府性基金；国务院规定的其他不征税收入。

企业实际发生的与取得收入有关的、合理的支出，包括成本、费用、税金、损失和其他支出，准予在计算应纳税所得额时扣除。企业发生的公益性捐赠支出，在年度利润总额12%以内的部分，准予在计算应纳税所得额时扣除。在计算应纳税所得额时，企业按照规定计算的固定资产折旧，准予扣除；在计算应纳税所得额时，企业按照规定计算的无形资产摊销费用，准予扣除；企业纳税年度发生的亏损，准予向以后年度结转，用以后年度的所得弥补，但结转年限最长不得超过五年。

公式中的减免税额和抵免税额，是指依照企业所得税法和国务院的税收优惠规定减征、免征和抵免的应纳税额。抵免限额，是指企业来源于中国境外的所得，依照企业所得税法的规定计算的应纳税额。

计算公式如下：

抵免限额=中国境内、境外所得依照企业所得税法的规定计算的应纳税总额×来源于某国（地区）的应纳税所得额÷中国境内、境外应纳税所得总额。

三、个人所得税

个人所得税是对我国境内的公民个人从我国境内外取得的所得和境外个人来源于我国境内的所得征收的一种税。它是各国开征十分普遍的一个税种，在保障财政收入和实现社会政策方面具有重要作用。

（一）个人所得税的特点

个人所得税是对个人（自然人）的劳务和非劳务所得征收的一种税。我国的个人所得税的特点有以下5个：

（1）实行分类征收。

（2）累进税率和比例税率并用。

（3）费用扣除额较宽。

（4）计算简便。

（5）采取课源制和申报制两种征纳方法。

（二）个人所得税的纳税人

征税主体是税务机关，纳税主体可分为两类，即居民纳税人和非居民纳税人。其中，凡在我国境内有住所，或者无住所而在境内居住满1年的个人，即为居民纳税人。凡在我国境内无住所又不居住，或者无住所而在我国境内居住不满1年的个人，为非居民纳税人。

（三）征税范围

我国实行分项所得税制，具体包括11个税目，即工资、薪金所得，个体工商户的生产、经营所得，对企事业单位的承包经营、承租经营所得，劳务报酬所得，稿酬所得，特许权使用费所得，利息、股息、红利所得，财产租赁所得，财产转让所得，偶然所得，经国务院财政部门确定征税的其他所得。

（四）税率

我国现行的工资薪金所得税免征额为3500元，具体税率如表11-3所示。

表11-3 **工资、薪金所得适用个人所得税累进税率表**

级数	全月应纳税所得额		税率（%）	速算扣除数
	含税级距	不含税级距		
1	不超过1500元的	不超过1455元的	3	0
2	超过1500元至4500元的部分	超过1455元至4155元的部分	10	105
3	超过4500元至9000元的部分	超过4155元至7755元的部分	20	555
4	超过9000元至35000元的部分	超过7755元至27255元的部分	25	1005
5	超过35000元至55000元的部分	超过27255元至41255元的部分	30	2755
6	超过55000元至80000元的部分	超过41255元至57505元的部分	35	5505
7	超过80000元的部分	超过57505元的部分	45	13505

例如：某人某月工资减去社会保障个人缴纳金额和住房公积金个人缴纳金额后的余额为6000元，则需交纳个人所得税为：

$$(6000-3500)\times 10\%-105=145\text{（元）}$$

个体工商户的生产经营所得和对企事业单位的承包经营、承租经营所得适用的税率如表11-4所示。

表11-4　　**个体工商户生产经营所得和对企事业单位承包承租经营所得税率表**

级数	全月应纳税所得额		税率（%）	速算扣除数
	含税级距	不含税级距		
1	不超过15000元的	不超过14250元的	5	0
2	超过15000元至30000元的部分	超过14250元至27750元的部分	10	750
3	超过30000元至60000元的部分	超过27750元至51750元的部分	20	3750
4	超过60000元至100000元的部分	超过51750元至79750元的部分	30	9750
5	超过100000元的部分	超过79750元的部分	35	14750

（五）应纳税额的计算

个人所得税应纳税额的计算，应首先按税法规定确定应税所得额，然后计算应纳税额。其计税公式是：

$$\text{应纳税额}=\text{应纳税所得额}\times\text{税率}$$

1. 费用扣除的一般方法

我国现行个人所得税的扣除项目，采取分项确定、分类扣除，根据其所得的不同情况分别实行定额、定率和会计核算三种扣除办法。具体扣除规定如下：

（1）工资、薪金所得。以每月收入扣除三险一金及3500元后的余额，为应纳税所得额，适用3%~45%的七级超额累进税率。此外，对外籍人员和在境外工作的中国公民的工资、薪金所得，扣除的标准是4800元。

（2）个体工商户的生产、经营所得。以每一纳税年度的收入总额减除成本、费用和损失后的余额为应纳税所得额，适用5%~35%的五级超额累进税率。

（3）企事业单位的承包经营、承租经营所得。以每一纳税年度的收入总额减除必要的费用后的余额为应纳税所得额，适用5%~35%的五级超额累进税率。

（4）稿酬所得。纳税人每次稿酬收入不超过4000元的，减除800元的费用。4000元以上的，减除20%的费用，其余额为应纳税所得额，适用20%的税率，并按其应纳税额减征30%。

（5）劳务报酬所得、特许权使用费所得、财产租赁所得。每次收不超过4000元的，减除800元的费用；4000元以上的，减除20%的费用，其余额为应纳税所得额，适用20%的税率。其中，劳务报酬一次收入在2万~5万元，加成征收50%；一次报酬在5万元以上，加成征收100%。

（6）财产转让所得。以转让财产的收入总额减除财产原值和合理费用的余额为应纳税所得额，适用20%的税率。

（7）利息、股息、红利所得，偶然所得和其他应纳税所得。不减除任何费用，以每次收入额为应纳税所得额，适用20%的税率。

2. 每次收入的确定

（1）劳务报酬所得：属于一次性收入的，以取得该项收入为一次；属于同一事项连续取得收入的，以一个月内取得的收入为一次。

（2）稿酬所得：以每次出版、发表取得的收入为一次。具体又可细分为：①同一作品再版取得的所得，应视作另一次稿酬所得计征个人所得税；②同一作品先在报刊上连载。然后再出版，或先出版，再在报刊上连载的，应视为两次稿酬所得征税。即连载作为一次，出版作为另一次；③同一作品在报刊上连载取得收入的，以连载完成后取得的所有收入合并为一次，计征个人所得税；④同一作品在出版和发表时，以预付稿酬或分次支付稿酬等形式取得的稿酬收入，应合并计算为一次；⑤同一作品出版、发表后，因添加印数而追加稿酬的，应与以前出版、发表时取得的稿酬合并计算为一次，计征个人所得税。

（3）特许权使用费所得：以一项特许权的一次许可使用所取得的收入为一次。

（4）财产租赁所得：以一个月内取得的收入为一次。

（5）利息、股息、红利所得：以支付利息、股息、红利时取得的收入为一次。

（6）偶然所得和其他所得：以每次收入为一次。

【例题1】我国公民郑某2011年10月份月工资4000元。计算郑某2011年10月份应缴纳的个人所得税。

解：公民郑某2011年10月份应当缴纳的个人所得税为：

（4000−3500）×3%＝15（元）。

【例题2】某作家写作一本书出版，取得稿酬40000元。计算其应纳个人所得税。

解：该作家应纳个人所得税为：

40000×（1−20%）×20%×（1−30%）＝4480（元）。

（六）个人所得税申报及缴纳

个人所得税实行代扣代缴和纳税义务人自行申报两种计征办法。

1. 代扣代缴

应扣缴税款的所得项目：工资、薪金所得，对企事业单位的承包经营、承租经营所得，劳务报酬所得，稿酬所得，特许权使用费所得，利息、股息、红利所得，财产租赁所得，财产转让所得，偶然所得，经国务院财政部门确定征税的其他所得。

（1）11个税目中，除个体工商户的生产、经营所得之外，其他10个税目均可由扣缴义务人在向个人支付其所得时，代扣代缴个人所得税。

（2）代扣代缴期限：扣缴义务人每月扣缴的税款，应当在次月15日内缴入国库。

（3）代扣代缴税款的手续费：税务机关根据扣缴义务人所扣缴的税款，付给2%的手续费。

2. 自行纳税申报

（1）纳税义务人有以下情形之一的，应当按照规定到主管税务机关办理纳税申报：①年所得12万元以上的；②从中国境内两处或者两处以上取得工资、薪金所得的；③从中国境外取得所得的；④取得应纳税所得，没有扣缴义务人的，⑤国务院规定的其他情形。

（2）个人所得税纳税期限：一般情况下，纳税人应在取得应纳税所得的次月15日内向主管税务机关申报所得并缴纳税款。

（七）个人所得税的减免项目

1. 免税项目

免税项目包括：（1）省级人民政府、国务院部委和中国人民解放军军以上单位，以及外国组织、国际组织颁发的科学、教育、技术、文化、卫生、体育、环境保护等方面的奖金；（2）国债和国家发行的金融债券的利息；（3）按照国务院规定发给的政府特殊津贴、院士津贴、资深院士津贴等国务院规定免纳个人所得税的补贴、津贴；（4）福利费、抚恤金、救济金；（5）保险赔款；（6）军人的转业安家费、复员费；（7）按照国家统一规定发给干部、职工的安家费、退职费、退休工资、离休工资、离休生活补助费；（8）依照我国有关法律规定应予免税的各国驻华使馆、领事馆的外交代表、领事官员和其他人员的所得；（9）外籍个人取得的探亲费。仅限于外籍个人在我国的受雇地与其家庭所在地（包括配偶或父母居住地）之间搭乘交通工具且每年不超过2次的费用；（10）按照国家规定，单位为个人缴付和个人缴付的住房公积金、基本医疗保险费、基本养老保险费、失业保险费，从纳税义务人的应纳税所得额中扣除；（11）按照国家有关城镇房屋拆迁管理办法规定的标准，被拆迁人取得的拆迁补偿款。

2. 减税项目

减税项目具体包括：（1）残疾、孤老人员和烈属的所得；（2）因严重自然灾害造成重大损失的。

第四节 资源与财产税

一、资源税类

资源税类是对自然资源征税的税种的总称。我国对资源征税的税种主要有资源税、城镇土地使用税、耕地占用税和土地增值税。

从税收理论研究的角度来分析，资源的概念有广义和狭义两种解释。广义的资源概念实际上包括构成社会生产力的三大要素，即劳动力、劳动资料、劳动对象。也就是说，在物质资料生产过程中，或者社会总产值的创造过程中的自然力和自然资料，都是资源。有的学者提出，如果改变当前这种对商品生产和流通环节课征的消费税，直接对创造物质财富的社会再生产资源的人力、财力、物力课税，就可以从根本上解决国家财政收入的来源，就可以大大地简化目前这种繁琐而复杂的税制体制。具体地说，就是对人力资源可以课征人才税，以有利于人尽其才，减少人才的浪费，促进人才的合理流动；对财力资源可以开征资金税，以有利于发挥投资效益，避免资金的积压浪费，克服投资饥饿症；对物力资源的开发利用征税，既体现国有资源有偿使用原则，又适当调节不同自然资源的级差收入，这就是资源税的广义概念。但是，要在我国实行广义的资源税，无论是税制设计，还是实际执行都非常困难。狭义的资源，就是指土地、矿藏、水利、森林等现代人类正在进行开发利用的各种自然财富，即自然存在的劳动对象。我国现在对资源课征的税种，就属于这种狭义的资源税。下面将以资源税为例，对资源税类进行介绍。

资源税是对自然资源征税的税种的总称，是对在我国境内开采应税矿产品和生产盐的单位和个人、就其应税数量征收的一种税。在我国境内开采《中华人民共和国资源税暂行条例》规定的矿产品或者生产盐的单位和个人，为资源税的纳税义务人，应缴纳资源税。

（一）资源税的特点与作用

1. 资源税的特点

（1）征税范围较窄

自然资源是生产资料或生活资料的天然来源，它包括的范围很广，如矿产资源、土地资源、水资源、动植物资源等。目前我国的资源税征税范围较窄，仅选择了部分级差收入差异较大、资源较为普遍、易于征收管理的矿产品和盐列为征税范围。随着我国经济的快速发展，对自然资源的合理利用和有效保护将越来越重要，因此，资源税的征税范围应逐步扩大。我国现行资源税法却采用列举方法，仅把原油、天然气、煤炭、非金属矿原矿、黑色金属矿原矿、有色金属矿原矿和盐等七种资源产品列入征税范围之内，因而征税范围窄小。

（2）实行差别税额从量和从价征收

资源税采用差别税额，实行从量定额和从价定率征收相结合。目前，世界各国征收资源税的方法主要有三种：一是从价定率征收；二是从量定额征收；三是以矿产净收入为计税依据按率征收。我国现行资源税法规定资源税以应税资源产品的销售量和销售额为计税依据，实行从量定额和从价定率计税（原油、天然气、煤炭采用从价征收，其他采用从量定额征收），有利于计征和足额缴纳税款，增加财政收入。

（3）实行源泉计征

不论采掘或生产单位是否独立核算，资源税均规定在采掘或生产地源泉控制征收，这样既照顾了采掘地的利益，又避免了税款的流失。这与其他税种由独立核算的单位统一缴纳不同。

2. 资源税的作用

（1）调节资源级差收入，有利于企业在同一水平上竞争。

（2）加强资源管理，有利于促进企业合理开发、利用。

（3）与其他税种配合，有利于发挥税收杠杆的整体功能。

（4）资源税是以国家矿产资源的开采和利用为对象所计征的税。开征资源税，旨在使自然资源条件优越的级差收入归国家所有，排除因资源优劣造成企业利润分配上的不合理状况。

（二）资源税的纳税人、征税范围和税率

（1）资源税纳税人

在我国境内开采应税矿产品或者生产盐的单位和个人，称为资源税纳税人。

（2）资源税扣缴义务人

在某些情况下，可由收购未税矿产品的单位代为扣缴税款。

（3）资源税征税范围

资源税的征税范围包括7类，分别为原油、天然气、煤炭、其他非金属矿原矿、黑色金属矿原矿、有色金属矿原矿、盐。

（4）税率

在2014年对煤炭采用从价征收后，我国目前的资源税税目与税率如表11-5所示。

表11-5　　**资源税税目税率表**

税目		税率
一、原油		销售额的6%~10%
二、天然气		销售额的6%~10%
三、煤炭		销售额的2%~10%
四、其他非金属矿原矿	普通非金属矿原矿	每吨或者每立方米0.5~20元
	贵重非金属矿原矿	每千克或者每克拉0.5~20元
五、黑色金属矿原矿		每吨2~30元
六、有色金属矿原矿	稀土矿	每吨0.4~60元
	其他有色金属矿原矿	每吨0.4~30元
七、盐	固体盐	每吨10~60元
	液体盐	每吨2~10元

现行的资源税计税依据是纳税人应税产品的销售数量和自用数量。具体是这样规定的：纳税人开采或者生产应税产品销售的，以销售数量为课税数量；纳税人开采或者生产应税产品自用的，以自用数量为课税数量。

（三）资源税的计算

资源税的应纳税额，按照从价定率或者从量定额的方法，分别以应税产品的销售额乘以纳税人具体适用的比例税率或者以应税产品的销售数量乘以纳税人具体适用的定额税率计算。

（1）实行从价定率征收的，按照应税产品的销售额和规定的适用税率计算应纳税额，计算公式如下：

$$应纳税额=销售额\times适用税率$$

（2）实行从量定额征收的，按照应税产品的课税数量和规定的单位税额计算应纳税额，计算公式如下：

应纳税额＝课税数量×单位税额标准

二、财产税类

（一）财产税的类别

财产税类是指以各种财产为征税对象的税收体系。财产税类税种的课税对象是财产的收益或财产所有人的收入，主要包括房产税、财产税、遗产和赠与税等税种。对财产课税，对于促进纳税人加强财产管理、提高财产使用效果具有特殊的作用。我国财产课税有房产税、城市房地产税等。遗产和赠与税在体现鼓励勤劳致富、反对不劳而富方面有着独特的作用，是世界各国通用的税种，我国虽然将其列入了立法计划，但至今也未开征。

财产按物质形态可分为以下几种。

1. 不动产

不动产指土地和土地上的改良物，如附着于土地上的工矿企业、商店、住宅等。

2. 动产

包括有形资产和无形资产。前者如耐用消费品、家具、车辆等，后者如股票、公债、借据、现金和银行存款等。动产较难控制，其财产价值额也不易确定，故多数国家仅对不动产征税，主要是对土地及土地上的改良物征税，但在某些特殊情况下，如发生遗产继承等，也对动产征税。当代世界各国对财产课征的税收主要有房屋税、土地税、地价税、土地增值税、固定资产税、流动资产税、遗产税、赠与税和契税等。

（二）财产税的特点

（1）土地、房屋等不动产位置固定，标志明显，作为课税对象具有收入上的可靠性和稳定性。

（2）纳税人的财产情况，一般当地政府较易了解，适宜由地方政府征收管理，有不少国家把这些税种划作地方税收。如美国课征的财产税，当前是其地方政府收入的主要来源，占地方税收总额的80%以上。

（3）以财产所有者为纳税人，对于调节各阶层收入，贯彻应能负担原则，促进财产的有效利用，有特殊的功能。

（三）财产税的税种

1. 房产税

房产税是指以城市中的房屋为课税对象，按照房价、租价向产权所有人征收的税。现行房产税实行从价计征或从租计征。

从价计征的，依照房产原值一次减除10%～30%之后的余值，按照1.2%的税率征税。例如你的房产原值100万元，当地政府规定征税时可一次减除30%，那么你要交的房产税就是100×（1－30%）×1.2%＝0.84（万元）。

从租计征的，按照租金收入的12%征税。例如你将门市房出租给他人，每年收取租金10万元，那么本年应交房产税就是10×12%=1.2（万元）。

特殊规定如下：从2001年1月1日起，对个人按市场价格出租的居民住房，用于居住的，暂时减按4%的税率从租计征。注意这里只能是居民住房，且出租给他人是用于居住，不包括用于经营同时又用于居住。

房产税应纳税额的计算公式为：

应纳税额=房产原值×（1-扣除比例）×1.2%

应纳税额=租金收入×12%（或4%）

2. 契税

契税是以所有权发生转移变动的不动产为征税对象，向产权承受人征收的一种财产税。应缴税范围包括：土地使用权出售、赠与和交换，房屋买卖等。契税的纳税义务人是境内转移土地、房屋权属，承受的单位和个人。境内是指我国实际税收行政管辖范围内。土地、房屋权属是指土地使用权利、房屋所有权。单位是指企业单位、学业单位、国家机关、军事单位和社会团体以及其他组织。个人是指个体经营者及其他个人，包括我国公民和外籍人员。契税实行3%~5%的幅度税率。实行幅度税率是考虑到中国经济发展的不平衡，各地经济差别较大的实际情况。因此，各省、自治区、直辖市人民政府可以在3%~5%的幅度税率规定范围内，按照该地区的实际情况决定。

3. 遗产税

遗产税是政府对遗产的征税，一般认为，遗产税有助于舒缓贫富悬殊。遗产税是以被继承人去世后所遗留的财产为征税对象，向遗产的继承人和受赠人征收的税，是世界上许多国家和地区征收的一种税收，但也有国家和地区出于吸引投资、吸引资金流入或其他考虑，特意不设遗产税或者废除遗产税的。我国早在1940年7月1日正式开征过遗产税。新中国成立后，1950年通过的《全国税政实施要则》将遗产税作为拟开征的税种之一，但限于当时的条件未予开征。1994年的新税制改革将遗产税列为国家可能开征的税种之一。1996年《国民经济和社会发展“九五”和2010年远景目标纲要》中提出“逐步开征遗产税和赠与税”。根据新一轮税制改革整体部署，2013年，国务院批转发改委等部门《关于深化收入分配制度改革若干意见》提出，研究在适当时期开征遗产税问题。

各国及地区征收遗产税的情况大致可分为三类：（1）总遗产税制。就被继承人死亡时所遗留的财产价值课税，以遗嘱执行人或遗产管理人为纳税义务人；（2）分遗产税制。这是被继承人死亡后将遗产分给继承人，然后就各个继承人分得的遗产课税。纳税义务人是遗产继承人，税负的大小以继承人与被继承人之间的亲疏关系而定。（3）混合遗产税制。它对被继承人的遗产先征收遗产税，税后遗产分配给各继承人时将就继承人的继承财产额征一次继承税。

开征遗产税可节约资本，平均社会财富，提倡劳动所得，增加国库收入，补充所得税的不足。遗产税最早产生于4000多年前的古埃及，出于筹措军费的需要，埃及法老胡夫开征了遗产税。近代遗产税始征于1598年的荷兰，其后英国、法国、德国、日本、美国等相继开征了遗产税。

4. 城镇土地使用税

国家对拥有土地使用权的单位和个人，就其使用土地的面积按规定税额征收的一种税。土地使用税由拥有土地使用权的单位和个人缴纳，若拥有土地使用权的纳税人不在土地所有地，则由代管人或实际使用人缴纳；土地使用权未确定或权属纠纷未解决的由实际使用人纳税；土地使用权为共有的，则由共有各方分别纳税。

土地使用税采用分类定额幅度税率，按大城市、中等城市、建制镇、工矿区规定不同档次的税额，实行从量定额计征。土地使用税以纳税人实际占用的面积为依据，按照规定的单价税额计算应纳税额。计算公式为：

应纳税额=应税土地实际占用面积×适用单位税额

企业缴纳的土地使用税应从管理费用中列支。为反映土地使用税的计算及缴纳，企业可在应交税金账户下设应交土地使用税明细账。借记管理费用，贷记应交税金——应交土地使用税。若按季预交分月摊销则将季度预交的土地使用税项记入待摊费用账户，然后分月摊销。

5. 土地增值税

对有偿转让国有土地使用权、地面建筑物及其附着物（以下简称房地产）取得收入而就其增值的部分征收的一种税。凡有偿转让房地产并取得收入的单位和个人，为土地增值税的纳税人。土地增值税采用四级超率累进税率，分别为30%、40%、50%和60%。土地增值税以转让房地产时所取得的增值额为征税对象，计算公式为：

应纳税额=增值额×适用税率-扣除项目金额×速算扣除系数

土地增值额=转让房地产的收入总额-扣除项目金额

其中，扣除项目金额包括取得土地使用权所支付的金额、开发土地的成本费用、新建房及配套设施的成本费用、与转让房地产相关的税金及规定的其他扣除项目。严格说来，土地增值税是一种利得税，而非财产税，企业应在应交税金账户下设置应交土地增值税明细，它是企业一项经常性的经营支出，应记入营业税金及附加账户。非主营房地产业务的企业，因土地使用权已在无形资产账户中反映，则应将应纳的土地增值税，记入其他业务支出账户。

三、行为与目的税类

（一）行为税的概念

行为税是国家为了对某些特定行为进行限制或开辟某些财源而课征的一类税收。如针对一些奢侈性的社会消费行为，征收娱乐税、宴席税；针对牲畜交易和屠宰等行为，征收交易税、屠宰税；针对财产和商事凭证贴花行为，征收印花税，等等。行为税收入零星分散，一般作为地方政府筹集地方财政资金的一种手段，行为课税的最大特点是征纳行为的发生具有偶然性或一次性。

（二）行为税的征税对象

行为税的征税对象，是国家税法规定的，除商品流转、劳务收入、收益、所得、财产占有、特定目的、资源开采和占用等行为之外的其他各种应税行为。行为税包括的税种较多，各个税种的具体课征对象差异甚大，所以此类税收中各税种的课征制度也不大相同。

行为税中很多税种是国家根据一定时期的客观需要，大部分是为了限制某种特定的行为而开征的，因此，除屠宰税、印花税等税负较轻、长期征收的税种之外，税负都较重，税源都不是很稳定。加之征收范围有限，税源零星，征收管理难度较大，又多为地方税，在税制体系中此类税收一般作为辅助税种存在。

（三）行为税的特点

（1）具有较强的灵活性。当某种行为的调节已达到预定目的时即可取消。

（2）收入的不稳定性。往往具有临时性和偶然性，收入不稳定。

（3）征收管理难度大。由于征收面比较分散，征收标准也较难掌握，征收管理较复杂。

（4）调节及时。能有效地配合国家的政治经济政策，有利于引导人们的行为方向，针对性强，可弥补其他税种调节的不足。

行为课税具有较长的历史，欧洲在中世纪就有国家对铸造金银货币的行为课征铸造税。我国在战国时期，就对牲畜交易行为征税。中华人民共和国成立后，政务院规定设立了印花税、交易税、屠宰税、特种消费行为税等四种行为税。我国现行税制中属于行为课税的有车船使用税、印花税等。

（四）车船使用税

对行驶于国家公共道路的车辆，航行于国内河流、湖泊或领海口岸的船舶，按其种类和大小，实行定额征收的一种税。纳税人为车船使用人，他们既有车船使用行为，又享受交通建设利益，因此要向国家履行其纳税义务。车船使用税按机动与非机动车船种类，实行定额征收。

（五）城市维护建设税

城市维护建设税是对从事工商经营，缴纳增值税、消费税、营业税的单位和个人征收的一种税。

城市维护建设税是以纳税人实际缴纳的增值税、消费税、营业税（以下简称“三税”）税额为计税依据，随上述三税同时征收，其本身没有特定的课税对象。城市维护建设税的纳税义务人，是指负有三税义务的单位和个人，包括国有企业、集体企业、私营企业、股份制企业、其他企业和行政单位、事业单位、军事单位、社会团体、其他单位、个体工商户及其他个人。从其征收对象来看，城市维护建设税几乎是对所有纳税人的征税，因此，其征税范围比其他任何税种的征税范围都要广。

应纳税额＝纳税人实际缴纳的增值税、消费税、营业税税额×试用税率

具体的税率如下：纳税人所在地为市区的，税率为7%；纳税人所在地为县、镇的，税率为5%；纳税人所在地不在市区、县城或者镇的，税率为1%。

【本章小结】

税收制度是规范国家征税和纳税的法律规范。我国目前实行的是分税制管理体制，这是目前世界上比较通用的财政税收管理模式。税制模式主要有三种形式，税制模式选择的制约因素主要有五个。我国流转税的税种有三个，即增值税、消费税和关税。所得课税主要包括企业所得税和个人所得税。财产税主要有房产税、契税、遗产税、城镇土地使用税等。行为税主要包括车船使用税、城市维护建设税等。

【复习思考题】

1. 什么是分税制？我国分税制建立的依据是什么？
2. 分税制有哪些类型？
3. 简述我国分税制的特点。
4. 简述税制模式的分类。
5. 税制模式选择的制约因素有哪些？
6. 流转税的特点有哪些？
7. 增值税有哪些特点？
8. 简述一般纳税人与小规模纳税人的区别。
9. 消费税的征收范围有哪些？
10. 关税的税率分为哪几种？
11. 简述个人所得税的纳税范围及税率。
12. 简述资源课税的特点。

【阅读书目】

1. A. Schenk, O. Oldman. Value Added Tax：A Comparative Approach. Cambridge：Cambridge University Press, 2007.

2. H. S. Rosen. Public Finance. 6th ed. New York：McGraw-Hill, 2002.

3. 曹立瀛．西方财政理论与政策．北京：中国财政经济出版社，1995.

4. 杨志勇．营业税改征增值税试点：趋势与展望．涉外税务，2012（5）.

5. 叶振鹏，张馨．公共财政论．北京：经济科学出版社，1999.

6. 杨志勇．中国物价虚高：间接税在作怪．人民论坛，2011（25）.

7. 卜祥来，夏宏伟．从OECD国家个人所得税改革趋势看我国税制改革．税务研究，2009（1）.

8. 岳树民，卢艺，岳希明．免征额变动对个人所得税累进性的影响．财贸经济，2011（2）.

9. 杨志勇．公共财政视角下的房产税改革目标．税务研究，2012（3）.

10. 刘佐．中国改革开放以来房地产税改革的简要回顾与展望．财贸经济，2011（12）.

第十二章　公　　债

【学习目的与要求】

1. 了解公债的含义、由来及分类

2. 理解并掌握公债的功能、负担、发行、偿还等

3. 理解并掌握公债的经济效应

【教学重点与难点】

1. 公债的功能与公债负担

2. 公债的经济效应

第一节　公债概述

一、公债及其由来

（一）公债的含义

公债即公共债务，是指各级政府的债务或负债，是政府向公众所借的债务。其中的公众，包括本国的居民、企业，外国政府或居民。各国法律一般都规定：在确有必要时，政府有权以债务人的身份向个人、企业、社会团体和金融机构借款。

公债是政府依据信用原则获取财政收入的特殊活动。但是，公债与国家信用之间存在差异。国家信用又称政府信用，指政府依据信用原则进行的财政活动，由中央政府信用、地方政府信用两部分组成。其内容既包括政府作为信用关系的债务人进行的借贷活动，又包括政府作为债权人所进行的财政资金有偿运用的活动。所以，政府向公众所借债务仅是国家信用活动的一个方面，即公债为国家信用的一个组成部分。从国家信用的产生及实践来看，国家信用活动的内容主要表现为公债活动，因而人们经常以公债活动代表国家信用。

公债作为财政收入的一种较特殊形式，是国家按照信用原则借款而形成的。国家必须按照借款约定向债权人支付利息和偿还本金。因此，在公债活动中，政府与公债拥有者之间就存在债权债务关系。在市场经济条件下，这种债权债务关系一般都是在交易双方自愿的条件下达成的，这种关系不同于税收所反映的关系。税收作为财政收入的主要来源，反映的是政府向纳税人单方面进行强制性、无偿性的征收所形成的征纳关系，采取这种方式获得的收入不需要支付利息和偿还本金。

（二）公债的由来

公债是随国家的发展而出现的一个古老的分配范畴，其产生的前提条件：一是财政支出的需要，二是借贷资本的存在。随着人类社会的不断发展，国家职能不断扩大，人们的物质财富需求不断增多，仅仅依靠税收已很难满足日益增长的财政支出需求，迫切要求公债的产生。但仅这一条件并不一定能导致公债产生，公债的产生还需要满足另外一个条件，即社会有大量闲置的货币资本。

马克思在《资本论》中指出：公共信用制度，即国债制度，在中世纪的热那亚和威尼斯就已产生，到工场手工业时期流行于整个欧洲。殖民制度以及它的海外贸易和商业战争是公共信用制度的温室。① 12 世纪末期在当时经济最为发达的意大利城市佛罗伦萨，政府曾向金融业者募集公债，此后热那亚、威尼斯等城市相继效仿。15 世纪末至 16 世纪初，随着美洲新大陆的发现和欧洲来往印度航路的开通，世界市场进一步扩大，在殖民制度、海外贸易和商业竞争的作用下，荷兰迅速发展成为当时的资本主义强国。17 世纪末荷兰国内资本充斥，利率不断下降，资本家为得到更多利息竞相向本国政府和国外贷放公债，而其他国家为进行战争、争夺市场，也相继在荷兰募集公债。18 世纪末英国掀起产业革命高潮，其后逐步波及欧洲各国，资本主义迅速发展所带来的巨大财富，又为公债提供了充裕的来源，因此这一时期公债取得了快速发展。

19 世纪末 20 世纪初，资本主义从自由竞争时代发展到了垄断资本主义时代。两次世界大战期间，各国竭力扩充军备，军费开支惊人地增长，其费用就是主要依靠发行公债筹措。19 世纪初整个资本主义国家的国债总额不超过 30 亿美元，约有 80%的军费来自公债；第二次世界大战期间国债总额急剧提高，1940—1945 年整个资本主义国家的国债总额为 8000 亿~9000 亿美元。可见，战争是推动公债急剧膨胀的重要因素，而公债是国家筹集战争经费的重要工具。

进入 20 世纪以来，凯恩斯主义主张运用以减少税收、扩大政府支出和实行赤字预算为核心的财政政策手段来“烫平”资本主义经济周期的波动。他们认为运用赤字财政可以刺激有效需求，通过发行公债可以弥补财政赤字。自 20 世纪 30 年代以来，西方国家纷纷实行赤字政策并把发行公债作为弥补财政赤字的主要手段。但公共选择学派的领袖人物布坎南认为，凯恩斯主义经济学是战后许多国家赤字持续增长、国债负担率不断提高的罪魁祸首。20 世纪 80 年代以来，发达国家和发展中国家财政赤字激增，国债负担率居高不下，宏观经济政策的中心问题再一次聚焦在对国债和赤字的研究。

公债已成为现代西方国家宏观经济的重要组成部分，是各国政府赖以实现其职能的重要政策工具。随着近年来的经济发展，财政赤字日益增加，公债发行数额快速上升。根据国际清算银行统计，2013 年全球国内公债余额增至 100 万亿美元，大大超过 2006 年的 50. 3 万亿美元和 2007 年的 70 万亿美元，其中政府是最大的债务提供者。以 2006 年为例，50. 3 万亿美元的国内公债中，美国为 22. 3 万亿美元，约占全球国内公债余额的 44. 33%。

① 资本论：第 1 卷. 北京：人民出版社，2004：864.

在全球国内债券余额中，政府债券、金融债券、公司债券余额分别为 24 万亿美元、20.5 万亿美元和 5.8 万亿美元，分别约占全球国内公债余额的 47.71%、40.76% 和 11.53%，其中美国政府债券余额 6.2 万亿美元，约占全球政府债券余额的 12.33%。另外，2009 年以来在欧洲部分国家爆发的主权债务危机，是美国次贷危机的延续和深化，其本质原因是政府的债务负担超过了自身的承受范围而引起的违约风险。

专栏 12-1

欧洲债务危机

表 12-1　　**欧洲债务危机发展历程**

开端	2009 年 12 月全球三大评级公司下调希腊主权评级，希腊的债务危机随即愈演愈烈，但金融界认为希腊经济体系小，发生债务危机的影响不会扩大	2009 年 12 月 8 日 惠誉将希腊信贷评级由 A-下调至 BBB+，前景展望为负面。2009 年 12 月 15 日 希腊发售 20 亿欧元国债。2009 年 12 月 16 日 标准普尔将希腊的长期主权信用评级由“A-”下调为“BBB+”。2009 年 12 月 22 日 穆迪宣布将希腊主权评级从 A1 下调到 A2，评级展望为负面
发展	欧洲其他国家也开始陷入危机，包括比利时这些外界认为较稳健的国家及欧元区内经济实力较强的西班牙，都预报未来三年预算赤字居高不下，希腊已非危机主角，整个欧盟都受到债务危机困扰	2010 年 1 月 11 日 穆迪警告葡萄牙若不采取有效措施控制赤字将调降该国债信评级。2010 年 2 月 4 日 西班牙财政部指出，西班牙 2010 年整体公共预算赤字恐将占 GDP 的 9.8%。2010 年 2 月 5 日 债务危机引发市场惶恐，西班牙股市当天急跌 6%，创下 15 个月以来最大跌幅
蔓延	德国等欧元区龙头国都开始感受到危机的影响，因为欧元大幅下跌，加上欧洲股市暴挫，整个欧元区正面对成立 11 年以来最严峻的考验，有评论家更推测欧元区最终会解体收场	2010 年 2 月 4 日 德国预计 2010 年预算赤字占 GDP 的 5.5%。2010 年 2 月 9 日 欧元空头头寸已增至 80 亿美元，创历史最高纪录。2010 年 2 月 10 日 巴克莱资本表示，美国银行业在希腊、爱尔兰、葡萄牙及西班牙的风险敞口达 1760 亿美元
升级	希腊财政部长称，希腊在 5 月 19 日之前需要约 90 亿欧元资金以渡过危机。但是欧洲各国在援助希腊问题上迟迟达不成一致意见，4 月 27 日标普将希腊主权评级降至“垃圾级”，危机进一步升级	2010 年 3 月 3 日 希腊公布 48 亿欧元紧缩方案。2010 年 4 月 23 日 希腊正式向欧盟及 IMF 提出援助请求。2010 年 4 月 26 日 德国表示，除非希腊出台更为严格的财政紧缩政策，否则不会“过早”援手。2010 年 5 月 4 日 欧债危机升级，欧美股市全线大跌。2010 年 5 月 6 日 欧债危机引发恐慌，道指盘中暴跌近千点。2010 年 5 月 10 日 欧盟和 IMF 斥资 7500 亿欧元救助欧元区成员国。2010 年 5 月 20 日“问题债券”恐酿欧洲银行危机，金融股频频失血

二、公债的分类

（一）按债务主体进行分类

以债务主体为标准，公债可分为中央政府（联邦）公债和地方政府公债。中央政府公债是指由中央（联邦）政府发行并负责清偿，其收入用于中央政府支出的公债；地方政府公债是指由地方政府发行，用于地方政府支出，并由地方政府负责清偿或由中央政府担保的公债。

一般而言，西方国家的中央政府（或联邦政府）和地方政府都具有发行公债的权力，而中央政府公债是其公债的主要内容。因中央政府公债规模大、范围广，中央政府运用中央政府公债可以对货币、利率等宏观经济因素产生重要影响。

（二）按发行特点进行分类

以发行特点为标准，公债可分为强制公债和自由公债。强制公债是国家在发行公债时规定一定的应募条件，凡是符合应募条件的团体和个人，无论主观愿望和经济状况如何都必须购买的公债：当国家财政发生异常困难，如战争期间为了筹集巨额军费，在以正常方式发行自由公债遇到困难的情况下，国家凭借政治权力强制摊派公债。19 世纪以前强制公债在西方各国较为流行，当代西方各国已基本停止发行强制公债。我国 1981—1988 年发行的公债就属于强制公债。

自由公债又称“任意公债”，是政府在发行时不附带任何应募条件，而由企业或居民自由购买的公债。自由公债是公债的普遍形式。

（三）按发行地域进行分类

以发行地域为标准，公债可分为国内公债和国外公债。国内公债是指在国内发行的公债，其债权人多数为本国企业、组织或个人，发行收入和偿还本息都用本国货币支付；国外公债是指在国外发行的公债，其债权人多数为外国政府、企业、组织和个人，发行收入和还本付息使用外币支付。

发行国内公债，会导致本国资源在不同用途之间转移，通常不影响国际收支，但如果发行过量，则会引起国内资金紧张、利率上浮。发行国外公债有利于吸收外国资金、利用外国资源，加快本国经济发展。国外公债的偿还意味着把本国资源交付给外国，倘若国外公债发行过多则不仅带来还本付息压力而且还会引起本国国际收支不平衡，造成经济、政治上的困难。通常情况下，在自由流通债权的前提下，国内外公债可相互转化。如果债务国居民将持有的国内公债拿到国外金融市场上卖出，被外国政府、企业、组织或个人所购买，这时国内公债就转化为国外公债。

（四）按发行方式进行分类

以发行方式为标准，公债可分为国家借款和发行债券。国家借款是指国家以非债券形式举借的债务。其特点在于国家并非发行一定面值的债券，而是以收款凭证或其他记账方式来确立债权债务关系。

发行债券是指政府以发行一定面值的债券供债权人认购的方式举借的债务。在这种方式下，债券成为债权债务关系确立的凭证。发行债券具有适用、普遍、持久和安全等优点。

(五) 按偿还期限进行分类

以偿还期限为标准，公债可分为短期公债、中期公债和长期公债。通常认为，短期公债是指发行期限在一年以内的公债。短期公债的发行和偿还日期相距时间较短，所以短期公债也称流动公债。中央银行可以通过买卖短期公债以实施公开市场操作业务，来达到调控市场货币供给量的目的。当市场上货币供给偏紧时，中央银行就可以通过买进大量债券，以向市场投放货币；反之就卖出债券以收回货币。

关于长期公债的期限，目前看法不一。有的认为5年以上，有的认为10年以上。发行长期公债对国家比较有利，但因期限过长，债券持有人容易受到币值变动的影响，公债的推销难度较大，因而长期公债在各国债务总额中的比重一般不大。

中期公债是介于长、短期公债之间的公债，与短期公债相比，其期限较长，政府可以在较长时期内使用中期公债筹集的资金。因此，在各国发行的公债中，中期公债占有较大比重。同样，在我国中期公债在全部公债中所占比重较大。

(六) 按流通程度进行分类

以流通程度为标准，公债可分为可转让公债和不可转让公债。公债一般具有自由认购、自由买卖和自由转让的特点。大多数的公债可在债券市场上自由买卖，这种公债称为可转让公债，又称上市公债。这类公债，对于购买者来说，在需要现金时可以出售变现；对于国家来说，可以利用其流动性来调节国家债务总额、构成及金融市场。

同时，也有部分是不能在证券市场上公开出售的，称为不可转让公债。因变现能力较差，不可转让公债一般规定较长的期限，并给予较高的利息率或其他优待条件。一般采取记名的方式发行，旨在限制买卖活动。

除以上的划分方法外，公债还可从其他角度进行分类。如按公债有无担保划分，可将公债分为有担保公债和无担保公债；按公债债务收入的用途不同划分，可将公债分为生产性公债和非生产性公债。

三、公债的功能

随着社会经济发展和财政支出增长，公债不仅可以用于弥补财政赤字，还可以作为政府干预经济运行的重要工具。其功能主要表现在以下几个方面。

(一) 弥补财政赤字

随着经济社会的发展，政府职能日益扩大，国家财政支出需求越来越大，仅靠税收逐渐难以满足财政支出增长的需要，因而发行公债就成为弥补财政收支差额的重要手段。当今世界不发行公债的国家基本上是不存在的。

（二）筹集建设资金

发行公债作为弥补财政赤字的手段是公债最基本的功能，但随着社会经济的发展、政府职能的扩大，发行公债越来越成为政府筹集建设资金的重要渠道。当政府发行公债用于保证重点项目建设、调整投资结构的目的和用途时，这种债券就具有明确的筹集国家重点建设资金的功能。

我国自1987年开始发行重点建设债券和重点企业建设债券，其中包括电力债券、钢铁债券、石油化工债券和有色金属债券，筹集资金用于经济建设，债务融资是公共投资的主要资金来源。由于建设性支出的原因导致财政赤字，就决定了发行债券融资弥补赤字具有建设性。

（三）调节经济运行

若经济长期运行在充分就业和无通货膨胀的条件下，那么政府借债的唯一理由就是为公共投资融资。西方各国长期推行赤字财政政策，其目的就是扩大政府支出，增加社会有效需求，避免生产过剩的经济危机。公债是国家调控经济的工具，主要表现如下：

1. 发行公债可用于基础设施建设

如果私人资本没有更合适的投资对象而相对过剩时，国家可通过发行公债把企业和私人资本集中起来，用于扩大社会再生产的基础设施建设，改善私人投资环境。

2. 运用公债改变积累与消费比例

公债所筹集的资金如果来源于企业和个人的投资资金，用于非生产性支出就会使国民收入中积累的比例缩小、消费的比例增大；如果来源于企业的消费基金和个人的生活费用，用于国家投资就会使国民收入中积累的比例增大、消费的比例缩小。

3. 通过公债方式调节货币供应量

当出现通货膨胀时，国家可以在公开市场上抛售公债、回笼货币，减少流通中的货币量。当出现通货紧缩时，政府可购买公债，增加货币流通，这在一定程度上可缓和危机的破坏程度。

第二节　公 债 制 度

公债制度是国家或政府关于公债发行、流通及偿还等各种法律和规定的总称，它是规范公债运作、处理国债运作中各种经济关系的基本准则。本节主要介绍公债的发行、偿还以及我国公债制度的发展历程。

一、公债的发行

公债发行是指公债售出或被认购者认购的过程，是公债资金运动的起点，是公债筹资功能的实现环节。公债发行是整个公债运动过程中最为重要的环节，政府在这一过程中主要解决公债发行规模、期限、方式、价格和利率等问题。

（一）公债发行的规模

目前，各国都把发行公债筹集资金看成解决财政支出不足的重要手段。但是，公债的发行应该有个数量限度，尤其是将借债收入当成组织财政收入的一项经常性的资金来源时，更要注意其可行性和数量界限，否则将会引起债务危机。影响公债发行规模的因素主要包括以下几个方面：

1. 社会应债能力

社会应债能力是指社会上个人和应债机构对公债的承受能力。前者是指一定时期内居民个人对公债的认购能力，它主要取决于居民的收入水平和社会平均消费水平。通常居民对公债的认购能力与其收入水平成正比，而与社会平均消费水平成反比。后者是指一定时期内各经济实体对公债的认购能力，它主要取决于各经济法人实体自有资金的数量和维持正常积累及兴办各项事业对资金的正常需要量。一般而言，公债发行规模不能超过全社会的应债能力，否则会影响全社会的积累与消费的比例关系。

2. 政府偿债能力

政府偿债能力是指政府作为债务主体对其所借债务还本付息的能力。通常由财政收入和 GDP 两个增长速度决定，前者反映了一定时期财政收入规模扩大的趋势，它取决于财政收入政策；后者反映一定时期经济发展的状况和国民经济发展对公债的承受能力，它是根本和前提。如果 GDP 增长速度快，则一定时期的 GDP 在满足正常投资和消费后有较大余地为政府调度；如果正常的财政收入不足以抵偿债务，政府可通过继续发行新债的方式来偿还旧债。在 GDP 一定的情况下，财政收入规模越大，则财政收入在满足其他正常收支后可用于归还到期公债本息的资金越多，政府对公债的偿还能力越强。

3. 公共产品供给

在一定社会资源条件下，公共产品的供给并非越大越好。因为在政府以税收和收费的方式为公共产品供给筹资时，人们会由于自己承担了费用而对公共产品表现出适度的需求。当政府以公债为公共产品生产筹资时，就等于减少了相当于公债发行额度的税收数额。没有购买债券的人不会感到负担，就是购买债券的人也通常只将自己持有的公债看成是资产而不是负担。这样通过公债融资就容易扩大公共产品的供应水平，从而扩大政府资金规模，当这个规模超过合理的界限时，必然会造成资源配置效率的损失。

4. 使用效益

公债使用效益是公债规模的决定性因素，适度的公债规模不仅要从有关指标的相对数和绝对数来看，还要从公债的使用效益来考察。如果公债用于投资收益较高的生产性建设项目，公债再投资收益可以还本付息，则公债规模可以大一些；如果公债用于社会效益性项目，或公债再投资的收益不足以支付公债本息，则公债规模就要相应小一些。

（二）公债发行的期限

公债期限的确立实际上在债务发行中是最主要的，它不仅影响公债的发行对象、发行范围、发行方式及流通与否等具体问题的选择，同时也直接关系到最终的筹资效果。确定公债期限时一般应考虑以下两个因素。

1. 债务收入用途

一般来说，政府借债总是与一些既定的用途有关，因此为长期支出项目筹资的债务的期限就较长，而用于短期需要的债务的期限则较短。从政府角度看，长期债务能使政府资金的使用期限更长，在安排使用方向上有更大的选择余地，如果条件允许，可以选择以长期债务为主。

2. 社会闲置资金

在本国社会闲置资金较多时，一般考虑举借内债，而在本国资金供应较紧张时，则更多地考虑举借外债。一般而言，国内外的闲置资金会因不同时期而有差异，而无论在哪一个经济时期，社会资金会因不同的所有者而具有不同的闲置期限。政府除了根据不同经济时期的资金闲置状况来决定债务期限外，更多地还是应该选择多种期限的债务结构。这不仅可以确保债务的顺利发行，同时也可以分散还债时间。

上述两个因素对政府债务期限选择的影响最直接，但在现实经济状况中还会有多种复杂的因素对债务期限的选择产生影响。

（三）公债发行方式

各国发行公债的方式多种多样，主要有固定收益出售、公募拍卖、连续经销、直接推销和有机组合等方式。

1. 固定收益出售

固定收益出售即在金融市场上按预先确定的发行条件发行公债的方式。其主要特点有：一是认购期限较短，从公债开盘发售到收盘，一般必须在几天（最长为两周）的时间内完成；二是发行条件固定，公债利率与票面价格相联系固定不变，按既定的发行条件出售。而这一既定的发行条件，往往是由财政部门通过事先与有关包销团谈判或按金融市场行情确定的；三是发行机构不限。金融机构、邮政储蓄机构、中央银行和财政部门等，都可按该方式发行或代理发行，但通常以前两种机构为主；四是主要适用于可转让的中长期债券的发行。在政府不易把握金融市场行情等情况下，该方式往往要辅之以销售担保措施。

2. 公募拍卖

公募拍卖是一种在金融市场上通过公开招标发行公债的方式。其主要特点有：一是发行条件通过投标决定，即认购者对准备发行的公债的收益和价格进行投标，推销机构根据预定发行量，通过决定中标者名单被动接受投标决定的收益和价格条件；二是拍卖过程由财政部门或中央银行负责组织，即以其为发行机构组织；三是主要适用于中短期政府债券，特别是国库券的发行。

3. 连续经销

连续经销又称“出卖发行法”，即发行机构（包括经纪人）受托在金融市场上设专门柜台经销债券的方式。其主要特点有：一是经销期限不定，发行机构可无限期地连续经销，直到预定发售任务完成；二是发行条件不定。不预先规定债券的出售价格，而由财政部或其他推销机构根据推销中的市场行情相机确定，且可随时进行调整；三是主要通过金融机构、中央银行和证券经纪人经销；四是主要适用于不可转让债券，特别是对居民家庭发行的储蓄债券。

4. 直接推销

直接推销又称“承受发行法”，是由财政部门直接与认购者谈判出售公债的发行方式。其主要特点有：一是发行机构只限政府财政部门，如财政部或其所属公债局（署、司）直接与认购者进行交易，不需要通过任何中介或代理机构；二是认购者主要限于有组织的机构投资者，主要是商业银行、储蓄银行、保险公司、养老基金和政府信托基金等，个人投资者不能以该方式认购公债；三是发行条件通过直接谈判确定，预备发行公债的利息，由财政部和公债局召集各个有组织的机构投资者共同确定；四是主要适用于某些特殊类型的政府债券的推销，如比利时和瑞士的专门用于吸收商业银行资金的特殊可转让债券及有些国家对特定金融机构发行的专用债券等，就是通过这种方式发行的。

5. 有机组合

有机组合即综合上述各种方式的特点而加以结合使用的公债发行方式。在某些国家的公债发行过程中，不单纯使用上述的任何一种方式，而是将这些方式的其中一些特点综合起来，取其所长，结合运用。

（四）公债发行的价格

公债的发行价格，是指认购主体认购国债时所支付的价格。公债的发行价格不一定就是票面金额，它可低于票面金额发行，少数情况下也可高于票面金额发行。按照公债发行价格与其票面金额的关系，公债分为平价发行、折价发行和溢价发行三种发行方式。

1. 平价发行

平价发行即政府债券按票面金额出售，认购者按公债票面金额支付购金，政府按票面金额取得收入，到期也按票面金额还本。

2. 折价发行

折价发行即政府公债以低于票面金额的价格出售，认购者按低于票面金额的价格支付购金，政府按这一折价取得收入，到期仍按票面金额还本。

3. 溢价发行

溢价发行即政府债券以超过票面金额的价格出售，认购者按高于票面金额的价格支付购金，政府按面值和溢价部分取得收入，到期则按票面价值还本。

在一定时期究竟选择什么样的价格来发行国债。主要考虑以下因素：第一，要考虑一定时期国家的财政政策和货币政策取向。在社会总需求大于总供给，国家实行紧缩的财政、货币政策的时候，可以选择折价方式来发行公债。折价发行可以低于票面金额的价格吸引投资者，保证公债得以顺利售出，以达到通过发行公债来回笼资金、收缩社会需求和平抑物价的目的。第二，要考虑资金市场的供求情况。资金市场货币供求状况是决定公债发行价格的重要因素。在货币供求关系基本正常的情况下，公债的发行价格应与票面金额相等，即实行平价发行；在货币资金供大于求时，为了利用市场优势，降低筹资成本，发行价格可适当高于公债票面金额即实行溢价发行；在货币资金供小于求、公债销售困难的情况下，则可以降低公债的发行价格，以折价发行方式来吸引投资者。第三，要考虑资金市场的利率水平。资金市场的利率水平实际上反映着市场资金供求状况。在利率水平低、资金需求量较小的情况下，如果政府能以不低于或高于市场利率的公债利率吸引投资者，则国债平价发行也是可行的；反之，则可以采取折价发行的低价策略吸引投资者。

（五）公债发行的利率

公债利率是指公债利息占公债本金的比率，通常由举债的政府来确定，也称为法定利息率。政府确定法定利息率时，应考虑以下几个因素。

1. 市场利率

公债利率可参照金融市场利率确定。金融市场利率高，公债利率须相应提高；反之，公债利率可相应降低。如果公债利率与金融市场利率相差其远，可能导致政府公债找不到认购者，反而使政府蒙受不必要的损失。

2. 公债期限

当政府同时发行的公债包含不同期限时，一般应根据期限长短来确定利率的高低，这是借债的基础条件。由于长、短期债务的资金来自于不同的资金市场，在考虑期限的同时还应结合当时不同资金市场的利率来确定公债的利息率。如市场短期资金紧张，而市场长期资金充裕，则长期公债的利率也可定得低些。

3. 政府信用

公债利率可按照政府信用的状况确定，即政府信用良好时，公债利率可相应较低；反之政府信用不佳时，公债利息只能较高。否则，不是加重政府的债息负担，就是阻滞政府公债的发行。

4. 财政货币政策

公债利率虽然是以市场利率为基础，但反过来又会影响市场利率的变动。当政府施行扩张性财政政策时，一般会更多地选择较低的公债利率，而施行抑制性政策时则会选择较高的公债利率，以与不同经济波动周期的资金供求情况相适应。在萧条时资金大量闲置，低利率也可实现顺利融资；在经济高涨时资金通常供应紧张，则只有确定较高利率才能实现融资。因此，经济萧条时推行扩张性财政货币政策，经济过热时采用紧缩性财政货币政策是政府反周期的政策选择方式。

二、公债的偿还

（一）公债的付息方式

公债发行后，除短期债券（已通过折价发行预扣利息）外，公债在发行时已经规定了利息率，每年应付的利息支出是固定的，政府公债付息的主要任务是确定付息方式，包括对付息次数、时间和方法等作出相应的安排。公债付息方式大体可分为两类：一类是按期分次支付法。即将债券应付利息在债券的期限内（如每一年或半年）分几次支付，一般附有息票，债券持有者可按期剪下息票而兑付息款。另一类是到期一次支付法。即将债券应付利息同偿还本金结合起来，在债券到期时一次支付。

（二）公债的偿还方式

公债到期后要按发行时的规定如数还本。公债偿还中的一个重要环节就是确定其偿还方式。政府可选择使用的公债偿还方式主要包括以下几种。

1. 分期偿还法

对一种债券规定几个偿还期，每期偿还一定比例的本金，直至债券到期时本金全部偿清。该方式的优点是：可分散公债还本对国库的压力，避免集中偿还可能给政府财政带来的困难。缺点是：频繁地进行本金兑付，从而加大了政府偿还工作量及其复杂程度。

2. 抽签偿还法

在公债偿还期内通过定期按公债券号码抽签对号方式确定偿还一定比例的债券，直至偿还期结束并偿清为止。该方式的优缺点与分期偿还法大体相同。

3. 一次偿还法

对发行的公债实行在债券到期日按票面金额一次全部偿清。这是一种传统的偿还方式。该方式的优点是：政府公债还本管理工作简单、易行，不必为公债还本而频繁筹措资金。该方式的缺点是：集中一次偿还公债本金有可能造成财政支出的急剧上升，给国库带来较大支付压力。

4. 买国债券法

在债券期限内通过定期或不定期地从证券市场买回一定比例债券且不再卖出。按照这种方式，到债券期满时债券已全部或绝大部分被政府所持有，因而债券的偿还实际上变成一个政府内部的账目处理问题。买价一般要高于票面额，债券持有者可视资金松紧情况自由决定是否出售。该方式的优点是：给投资者提供了中途兑现的可能性，并对政府债券的价格起支持作用，有助于增强投资者对公债的信任和稳定感，支持政府债券的价格，同时政府还可达到调节社会资金运动的目的。

5. 以新换旧法

政府通过发行新债来兑换到期的旧债券，以达到偿还公债的目的。该方式的优点是：增加了筹措还债资金的灵活性，在新债券需求量较大的情况下对原持有者有利。该方式的缺点是：若经常使用这种偿还方式，实际上等于无限期推迟偿还，终究会损坏政府信誉。

（三）公债偿还的资金来源

1. 偿债基金

政府预算设有专项基金用以偿还公债，即每年从财政收入中拨付一笔专款设立基金，由特定机关管理，专款专用。在公债未还清之前，每年的预算拨款不能减少，以期逐年减少债务，故又称作“减债基金”。

2. 财政盈余

政府在预算年度结束时，以当年财政收支的结余作为偿还公债的资金。盈余多则偿债数额也多，盈余少则偿债数额也少，如无盈余则无款用于偿债。

3. 预算列支

将每年的公债偿还数额作为财政支出的债务还本项目列入当年支出预算，由正常财政收入（主要指税收）来保证公债的偿还。

4. 发行新债

在政府的预算收入不足以偿还到期债务又未建立偿债基金的情况下，发行新债偿还旧债也是筹集偿债资金的来源之一。在政府财政收入增长因体制等因素的影响而慢于国民收入增长时，社会资金趋于分散，对国债的承受能力较强，借新债还旧债不会给经济发展带来不利影响，但一定要把握好债务规模，如果长期借新债还旧债，就会使债务负担过度，甚至引发债务危机。

第三节　公债的规模

一、公债规模

公债发行规模受到社会应债能力、政府偿债能力、公共产品供给、使用效益等因素的影响，且发行规模超过一定限度往往会产生一些不良的后果，所以，需要对政府年度公债发行规模进行限制。从国内外学术界研究公债理论的现状看，国家举借内债的限度，可综合参考如下主要指标：

（一）国债依存度

国债依存度是指国债发行与当年财政支出的比例关系，即当年财政支出中有多大份额是依靠发行国债来满足的。为避免出现财政的过度膨胀，国债依存度的比例不应过高。其计算公式为：

国债依存度=（当年国债发行额/当年财政支出额）×100%

这一指标的计算有两种不同的口径：一是用当年的债务收入额除以当年的财政支出额，再乘以100%，我们习惯把它叫做“国家财政的债务依存度”；另一个是用当年的债务收入额除以当年的中央财政支出，再乘以100%，我们称之为“中央财政的债务依存度”。在我国，公债是由中央财政来发行、掌握和使用的，所以，后一种口径更具现实意义。国际上有一个公认的控制线（或安全线），即国家财政的债务依存度是15%~20%，中央财政的债务依存度是25%~30%。

（二）国债负担率

国债负担率是指到计算期为止国家历年发行尚未偿还的国债累计余额与当年国民生产总值的比例关系。这个指标反映着国家累积债务的总规模，是研究、控制债务总量和防止出现债务危机的主要依据。其计算公式为：

国债负担率=（国债累积余额/当年国民生产总值）×100%

国债负担率是从国民经济的总体和全局，而不是仅从财政收支上考察和把握公债的数量界限。根据世界各国的经验，发达国家的公债累积额一般不超过当年GDP的45%，发达国家财政收入占国民生产总值的比重较高，一般为45%左右，所以，公债累积额大体相当于当年的财政收入总额，这是公认的公债最高警戒线。我国的财政收入，即使加上预算外收入也只占 GDP 的 20%左右，因此，按此推算，我国的公债累积额占 GDP 的比重不超过 20%为宜。有资料显示，2013 年，美国政府的公共债务余额再次超过美国 GDP，债务负担率达到 103.3%。同期，日本国债已高达 1009 万亿日元，是日本 478.36 万亿日元 GDP 的两倍多。

（三）国债偿债率

国债偿债率是指当期到期还本付息的国债总额占当年财政收入总额的比例。这个指标反映着财政还本付息的能力。在通常情况下，一个年度国债的偿还不能影响社会再生产的正常进行和人民群众的正常生活需要。其计算公式为：

国债偿债率=（当年还本付息总支出额/当年财政收入总额）×100%

公债还本付息资金来源于多方，但不管是建立偿债基金、增加税收收入、发行新债，其本质都来自于财政收入。因此，要把公债规模控制在财政收入的适当水平上。关于这一指标的数量界限，学术界分歧不大，不少学者主张我国的公债偿债率应控制在 8%~10%。这一指标反映政府的偿债能力，公债偿债率越高，表明政府债务负担水平越高。

除上述三个指标外，还有一些其他的参考指标，如国债余额占当年财政支出的比重，当年国债发行额占当年国民收入的比重等。

二、外债规模

（一）外债的功能

1. 弥补国内建设资金短缺

借入外债可以增加国内建设的可用资金，以加快国民经济发展的速度。一个国家之所以要向外借债，是因为资金短缺，发展中国家要实现经济起飞，借入一定的外债以弥补建设资金的不足是非常重要的。

2. 调整经济结构

一个国家在经济发展过程中，国民经济各部门不可能均衡协调发展，会形成不合理的经济结构，而不合理的经济结构会阻碍国民经济持续、稳定、协调发展。为调整国民经济结构，可采取压缩长线和加长短线两种策略，前一种策略会引起国民经济总量的减少，后一种策略是较好的选择。在国内资金短缺的情况下，就有必要利用外资。

3. 平衡国际收支

一个国家如果进口大于出口，就会出现外贸逆差，在没有外商直接投资等其他外汇来源的情况下，向国外借债就成为一个必然的选择。

4. 宏观调控的需要

外债可以刺激本国经济的发展。利用外债从事若干大型项目时，需要购买本国的设备和雇用本国的劳动力，其结果是对国内需求起刺激作用，促进国民经济的发展。

（二）外债规模的影响因素

1. 国际政治经济形势

国际政治形势稳定，国际交流就能在比较和平的条件下广泛开展，国际资本流动向多元化发展，从而使取得外债的地理空间拓宽，各大国际证券市场迅速扩张，市场容量大大增加。国际经济形势发展状况，直接影响到国际资本的数量及流向。在经济稳定发展时期，发达国家就会有较多的资本流向国外，寻求国际资本市场，这样有利于发展中国家采取多种手段吸引外资，借入外债。

2. 外债偿债能力

外债不同于内债。内债是政府向本国居民通过信用手段借入的，只是“左手借了右手的钱”，内债归还时，资本也不会流向国外，不会造成国内经济较大波动。而外债则不然，它会导致国际资本流动。因此，借外债时更要充分考虑国家的偿还能力。

3. 国内资金配套能力

借入外债用于项目投资，国内必须有一定的生产要素相配套，才能保证投资项目的成功，世界银行贷款项目要求东道国配套资金应占 70%。国内配套资金一般有两个渠道：财政和银行。因此，举借外债应考虑到国内财政承受能力及银行贷款规模的制约。若超过国内资金配套能力，将导致财政赤字规模扩大或通货膨胀严重，并直接影响项目投资建成后的经济效益。

4. 外债结构

外债结构主要有币种结构、国别结构、外债期限等。从币种结构来看应充分考虑到浮动汇率制度下各币种外汇市场走势，“硬币”与“软币”应搭配恰当，也可以用组合货币，如 SDR（特别提款权）、ECU（欧洲货币单位）等，要防止因汇率变动造成偿债困难。

外债国别结构强调借入外债的区域分布，适当增加友好国家或组织借入资金的比重，以防政治因素造成资金到位障碍或偿债压力增大。可以相应提高来自一些国际金融组织的债务比重，如国际货币基金组织、世界银行、亚洲开发银行、亚洲基础设施投资银行等。

此外，借入外债规模大小还应考虑本国货币与外币的汇率变动趋势，如果本国货币有贬值的倾向，就要控制借入外债的规模，减轻偿债压力。

（三）衡量外债规模的指标

外债规模的大小一般用以下三个指标进行考察：

1. 外债偿债率指标

偿债率是指当年外债还本付息额与当年出口收入之比，这一指标是当前各国比较通用的反映一国外债偿还能力的中心指标。一般认为发展中国家外债偿债率应为 25%左右，最高不得超过 30%。

2. 外债率指标

外债率是指当年外债余额与当年该国出口创汇收入之比。国际上公认这一指标的安全线为 100%。超过 100%，达到 150%者为中度负债国，达到 200%的称为高负债国。

3. 负债率指标

该指标是指当年外债余额与当年国内生产总值之比。主要反映一国经济对外债规模的负担水平。国际上普遍认为此指标值应低于 30%。

专栏 12-2

财政部在香港发行五个期限 140 亿元人民币国债　获超额认购

2016 年 6 月，财政部在香港面向机构投资者招标发行 140 亿元人民币国债。投标结果显示，五个期限的人民币国债全部获得超额认购。其中 3 年期、5 年期、7 年期、10 年期和 20 年期国债中标利率分别为 2.9%、3.25%、3.3%、3.38%和 3.9%。

英国“脱欧”导致发达国家国债收益率创出新低，使中国国债收益率优势更加凸显，在香港招标发行的人民币国债受到国际投资者追捧。投标结果显示，3 年期人民币国债发行规模为 70 亿元，认购规模 244.56 亿元，超额认购 2.5 倍；5 年期国债发行规模 45 亿元，认购规模 118.51 亿元，超额认购 1.6 倍；7 年期人民币国债发行规模为 10 亿元，认购规模 31.695 亿元，超额认购 2.2 倍；10 年期人民币国债发行规模为 10 亿元，认购规模 36.8 亿元，超额认购 2.7 倍；20 年期人民币国债发行规模为 5 亿元，认购规模 13.11 亿元，超额认购 1.6 倍。

自 2011 年之后，在港发行人民币国债已成为一项长期的制度安排。2009 年至 2015 年，财政部在香港累计发行人民币国债共计 1360 亿元。2016 年 5 月，财政部在伦敦成功定价发行 30 亿元的 3 年期人民币国债，发行利率为 3.28%，因获逾两倍超额认购，较初始询价降了 12 个基点。这是财政部首次在香港以外的离岸市场发行人民币计价国债。

资料来源：环球网，http：//finance. huanqiu. com/roll/2016-06/9100861. html.

第四节　公债的经济效应

公债作为财政收入的特殊形式，对经济发展是有利还是无利，在理论上还存在一定的分歧。西方有关公债的争论，大体上可分为公债无害论与公债有害论的争论、李嘉图等价定理的争论。在探讨公债的经济效应之前，非常有必要对相关理论进行深入剖析。

一、公债无害论与公债有害论的争论

（一）公债无害理论

19 世纪末 20 世纪初，西方国家的公债无害论开始流行。国内公债只是“左手欠右手”的债务，公债并不减少国内的资源总量；当时看来数额巨大的公债，未来相对数量不足为道。诸如此类的叙述其实质反映的都是公债无害论的观点。特别是凯恩斯主义兴起之后，公债无害论更是深入人心，经济学家也将公债、赤字和补偿性财政政策联系在一起，对公债大加赞扬。

凯恩斯主义把公债看成是国家干预和控制社会经济、稳定社会秩序的手段。它认为通过发行公债筹集资金，可以增加财政支出，扩大有效需求，促进社会就业，创造社会财

富。凯恩斯主义的政策主张在20世纪五六十年代，促进了西方国家的经济繁荣，一时间公债无害论成为公债理论的主流。

（二）公债有害理论

该理论认为，公债有害于社会经济的发展，从而反对发行公债。自由资本主义时期为减少对资本的侵蚀，“廉价政府”和“守夜人”的政府观念深入人心。许多经济学家反对政府举债，亚当·斯密的观点比较具有代表性。

斯密认为，国家举债是因为当权者奢侈而不知节俭，举债使国家轻易取得收入，造成君主和国家更加奢侈，更不注重财富的积累和储备。他认为，公债是非生产性的，举债将减少生产资本，且当国家费用由举债来支出时，就是把一部分用以维持生产性劳动的资本流出来转用于非生产性的财政支出，这样势必对国民经济的发展造成不利的影响，而且国家举债造就了一批食利阶层，鼓励人们将资金投入非生产领域，做不劳而获的寄生虫；举债是预借赋税，必将加重后代人的负担，举债过多会使国家采用通货膨胀的办法推卸债务，经济将陷入危机，也将造成国家破产。

二、李嘉图等价定理的评析

在公债理论中，最具有影响力的、较具有争议的理论莫过于李嘉图等价定理。下面对李嘉图等价定理进行详细评价。

（一）李嘉图等价定理

英国著名的古典经济学家大卫·李嘉图在其《政治经济学及赋税原理》一书中，对征税和举债的效应问题作了这样的论述：如果为了一年的战费支出而以发行公债的方式征集2000万英镑，这就是从国家的生产资本中取走了2000万英镑。每年为偿付这种公债利息而课征的100万英镑，只不过由付这100万英镑的人手中转移到收这100万英镑的人手中，也就是由纳税人手中转移到公债债权人手中，实际的开支是那2000万英镑，而不是为那2000万英镑必须支付的利息。付不付利息都不会使国家增富或变穷。政府可以通过赋税的方式一次征收2000万英镑，在这种情况下，就不必每年课征100万英镑。但这样做并不会改变这一问题的性质。这段话的意思是：人们手中的政府债券只能通过包括其本身在内的所有纳税人将来缴纳的税收来偿还，这样政府债券就不应该被视为利息财富的一部分。同时举债和征税对人们经济行为的影响相同，特别是对人们消费行为的影响相同。20世纪70年代，经济学家们将该观点命名为“李嘉图等价定理”，并作为研究公债理论与实践的一个重要命题。1974年美国经济学家R. J. 巴罗在其一篇著名论文《政府债券是净财富吗?》中深化了李嘉图对政府举债的经济影响的论述。为了纪念巴罗对李嘉图等价定理的发展所作出的贡献，李嘉图等价定理又被称为“李嘉图-巴罗等价定理”。

虽然，李嘉图认为理论上征税与发债相同，但并不等于他主张发债。因为他认为该理论需要的一系列假设条件无法在实践中得到很好满足。但巴罗在1997年提出，给定政府支出路径的条件下，有两个方面的因素可使李嘉图等价定理成立：一是每期政府预算约束表明，预算赤字仅改变征税时间，而没有改变税收贴现值，这是因为政府迟早要为其支出付费，不存在“免费午餐”的问题，二是每个家庭在作出消费与劳动供给等决策时关心的只是税收贴现值，而不是税收时间安排。这两个方面结合在一起产生李嘉图等价效应。因为预算赤字不是通过改变消费与劳动供给来影响利率和产出等变量的，既然每个家庭都注意到政府发债只是改变了征税时间，并没有减少税收量，他们自然会未雨绸缪地将一部分钱用于储蓄以备将来纳税。各个家庭多储蓄的部分正好抵消政府扩大的支出，因此整个经济的投资和储蓄状况不变。

（二）李嘉图等价定理的评析

在现代经济条件下，以发新债的办法来抵付旧债，已成为现代各国政府偿还到期债务的基本手段。这就是说，以举债替代征税而实现当期的税收减少，并不意味着未来某一时期一定要增税，也不存在消费者基于利他动机为给后代遗留财产而不增加现期自身消费的问题，这就从总体上否定了李嘉图等价定理的真实性。对李嘉图等价定理在揭示举债与征税的比较效应方面失效的原因分析，是由詹姆斯·托宾提出的。托宾在1980年明确指出，消费者在缴纳税收和认购公债两种情况下的经济行为是不同的，李嘉图等价定理在实际生活中的失效当然也是必然的。其原因在于，这个定理是在现实生活中一系列并不存在的、严格的假定条件下得出的。具体包括：

第一，李嘉图等价定理要求消费者都是利他的，而且要求在利他动机支配下的各代消费者不能给其子孙留下债务。然而常识告诉我们，一个给其子孙留下负值财产的消费者并不一定就不具有关心其后代的利他动机。当他面临政府实行以举债来替代征税的政策时，由于偿还公债本息所需要增加的税收要在他死后才能开征，他所需交纳的税收的现值就会下降，其现值的消费支出就会增加。

第二，李嘉图等价定理的前提是政府以举债替代征税的政策不具有再分配效应，且每个消费者的边际消费倾向是无差别的。然而，这一前提在现实生活中是不存在的。显然，在收入再分配过程中获利的消费者将会增加消费支出，而受损的消费者将会减少消费支出。消费支出在消费者之间的重新配置，一定会对李嘉图等价定理的前提造成一种破坏。

第三，李嘉图等价定理是基于假定政府所征税收都是一次性总付的人头税，因而举债对征税的替代只会造成税收总额变化，而这一变化又恰好被公债数量的变化完全抵消。但在现实生活中，政府所征税收并不是一次性总付的人头税，实际上大多数的税收是针对特定经济行为而征收，这就意味着以举债替代征税而实现的税收变化一定会引起人们经济行为的相应变化。毋庸赘言，人们经济行为的变化就意味着李嘉图等价定理的失效。

三、公债的经济效应分析

基于上述分析，在现实中李嘉图等价定理是很难成立的。言外之意，政府发行公债必然会对经济产生影响。下面以国债为例，进行详细介绍。

（一）国债的资产效应

国债的经济影响，从短期看主要是国债的收入效应，即国债对国民收入的影响。从长期来看，不仅限于国债的收入效应，还需要分析国债存量对资产的影响。所谓的国债资产效应就是指国债发行量的变化，影响居民所持有资产的变化。国债的资产效应与国债错觉紧密相连。国债错觉是指国债持有者在持有国债时认为是自己的财富增加了，由此可能增加自己的消费需求，因而国债积累与消费的增加相联系。正因为国债具有资产效应，所以国债在经济增长中具有稳定功能。

（二）国债的需求效应

国债会影响需求总量和结构。社会总需求是指有支付能力的需求，如果货币供给量增加，社会需求总量也会扩大。因此，凡是国债运行带来货币供给量增加，都会增加了社会需求总量。一般来说，中央银行购买国债会叠加在原有总需求之上扩张总需求。而商业银行或居民个人购买国债，一般来说，只是购买力的转移或替代，不会产生增加货币供应从而扩张总需求的效应。

从对需求结构的影响看，在国债使用中如果新增加了社会需求，则会改变原来社会需求结构状态。而政府通过发行国债，把部分货币购买力由私人部门转移到政府部门，这本身就会改变公共部门和私人部门的需求结构。如果国债资金来源于私人部门的投资资金，当政府把这部分资金用于投资时，就会把私人部门的投资需求转化为公共部门的投资需求；当政府把这部分资金用于消费时，就会把私人部门的投资需求转化为公共部门的消费需求。如果国债资金来源于私人部门的消费资金，当政府把这部分资金用于投资时，就会把私人部门的消费需求转化为公共部门的投资需求；当政府把这部分资金用于消费时，就会把私人部门的消费需求转化为公共部门的消费需求。可见，国债对需求结构的影响还要取决于国债资金的来源性质与使用方向。

（三）国债的供给效应

国债不仅具有需求效应而且同时具有供给效应，即国债也会影响社会总供给的总量和结构。事实上，需求和供给是一个问题的两个方面，二者相互伴随、不可分割。比如，国债收入用于投资，自然会增加投资需求，当然用于投资也必然提供供给，而且由于投资领域的不同，还会改变供给结构。因为国债资金的投向主要是基础产业等领域，通过对国债资金结构的合理安排，从而在一定程度上影响社会的生产结构，进而影响社会的供给结构。在2008年国际金融危机期间，我国实施积极财政政策，国债投资集中力量建成了大批重大基础设施项目，既有效增加了社会供给总量，同时又改变了社会供给结构。

【本章小结】

本章主要讲述了四个方面的内容，即公债的概述、公债制度、公债的经济效应与公债市场及其功能。公债即公共债务，是指各级政府的债务或负债，它是政府向公众所借的债务。公债可按其债务主体、发行特点、发行地域、发行方式、偿还期限和流通程度等多种标准进行分类。公债的功能：弥补财政赤字，筹集建设资金，调节经济运行。公债负担，包括经济的公债负担、政府的公债负担、认购者的公债负相、纳税人的公债负担、后代人的公债负担。公债制度是国家或政府关于公债发行、流通及偿还等各种法律和规定的总称，它是规范公债运作，处理公债运作中各种经济关系的基本准则。公债的偿还方式主要有分期偿还法、抽签偿还法、一次偿还法、买国债券法、以新替旧法；其资金来源主要有偿债基金、财政盈余、预算列支、发行新债等。国际上通常采用偿清率、债务率和负债率三个指标来衡量一个国家的国外公债规模。公债作为财政收入的特殊形式，对经济发展是有利还是无利，在理论上还存在一定的分歧。公债的经济效应包括资产效应、需求效应、供给效应。

【复习思考题】

1. 简述公债的含义及分类。
2. 公债有哪些功能？
3. 影响公债发行规模的因素主要有哪些？
4. 公债主要有哪些偿还方式？偿还资金来源又有哪些？
5. 简述我国公债制度的发展历程。
6. 财政赤字一直富有争议，你认为中国是否可以实行赤字财政政策？
7. 简述李嘉图等价定理以及公债的经济效应。

【阅读书目】

1. O. Blanchard. Macroeconomics. 2th ed. Upper Saddle River：Prentice Hall，2000.

2. 大卫·李嘉图．政治经济学及赋税原理．郭大力，王亚楠，译．北京：商务印书馆，1962.

3. 邓子基，张馨，王开国．公债经济学：公债历史、现状与理论分析．北京：中国财政经济出版社，1990.

4. 财政部财政科学研究所课题组．中国政府债券市场存在的问题及政策建议．经济研究参考，2012（19）.

5. 陈共．积极财政政策及其财政风险．北京：中国人民大学出版社，2003.

6. 袁东．公共债务与经济增长．北京：中国发展出版社，2000.

7. 张馨．财政学．北京：人民出版社，2002.

第十三章　政 府 预 算

【学习目的与要求】

1. 了解政府预算的概念、分类及原则
2. 熟悉政府预算的编制、执行和决算
3. 掌握政府非税收入的内容及管理对策

【教学重点与难点】

1. 政府预算的含义、国家预算法
2. 政府预算的编制、执行和决算

第一节　政府预算概述

政府预算是资产阶级与封建阶级斗争的产物。13—17 世纪，随着资本主义生产方式的出现，一方面，社会财富增加使财政收入大量增加，政府职能范围不断扩大，财政支出大量增加。政府必须有计划地安排财政支出活动，管理财政资金，防止顾此失彼，这是政府预算产生的根本原因。另一方面，新兴的资产阶级成为社会财富的主宰，但他们却未能控制财权，腐朽没落的封建贵族仍然利用财权滥收滥支。为了争夺财权并且打击封建势力，资产阶级提出政府收支必须编列计划，并经政府批准才能生效。经过几百年的斗争，这一要求最终实现。英国于 17 世纪编制了世界上第一个政府预算，其他西方国家也陆续接受了这一做法。到了 20 世纪，几乎所有的国家都建立了政府预算制度。据考证，清朝光绪二十四年（公元 1898 年）戊戌变法《明定国事》的诏书中规定，要“改革财政，实行国家预算”，这表明我国已经开始接受政府预算。

一、政府预算的含义

政府预算起源于英国，英文词汇是“Budget”，意为“皮包”。由于当时英国财政大臣到议会提请审批财政法案时，总要携带一个装满财政收支账目的大皮包，久而久之，该词就含有财政收支计划的意思。中、日等东方国家将其译为“政府预算”。政府预算通常也叫政府公共预算，它是一个财政年度政府的财政收支计划。它反映了一个财政年度内政府的全部收支计划和总额，是一国中央政府和地方各级政府财政收支计划的总和，是一国管理经济事务，实现宏观调控的主要手段之一。在政府活动中，财政起着支配作用，政府资金的筹集和支配从根本上决定了政府活动的范围和方向。因此，政府预算还反映了政府参与社会产品分配所形成的特定收入分配关系。

政府预算从形式上看是以收支一览表的形式实现的，是按照一定的标准将财政收支分门别类列入特定的表格，清楚表明政府的财政收支活动，反映政府进行财政收支活动所应达到的各项收支指标与收支总额之间的平衡关系。正如马克思所言，每一个人都知道，预算只不过是国家本年度预期收入与支出的一览表，它是以上一年度的财政经验即平衡表为根据的。每一个预算的基本问题是预算收支部分之间的对比关系，是编制平衡表，或者为结余，或者为赤字，这是确定国家或者削减、或者增加税收的基本条件。① 从内容上看，政府预算的编制是政府对财政收支的计划安排，政府预算的执行是财政资金的使用和筹措过程，政府决算是对政府预算执行的总结。从政府预算的效力来看，政府预算必须经过国家权力机关审批才能生效，是国家重要的立法文件。因此，任何一个国家的政府组织都应包含四个方面的内容：（1）财政收支的规模与结构及表现出的性质与作用。（2）各级政府机关处理财政收支问题的权责关系。（3）财政收支的编制、执行、决算等程序。（4）国家为保证预算收支计划顺利完成而制定的规章制度。

政府预算是以收支一览表为表现形式，以财政收支的编制、执行、决算为内容，具有法律地位的文件。计划性、法律性、归一性、政府程序性和公开性为其基本特点。计划性是指政府预算是政府的财政收支计划，并非实际的结果。法律性是指政府预算通过一定的法律程序确定，受到法律的约束和限制，违反政府预算是违法行为，将受到法律追究和制裁。归一性是指除特殊款项外，所有的财政收支都必须计入政府预算，即使那些特殊款项也必须由法律授权，否则就是违法的。政府程序性是指政府预算的编制、审批、执行和决算的过程，都要在既定法治程序的监督和约束下进行，政府不能超越各级人民代表大会的权限，在预算执行中随意地追加或追减，而必须严格地遵循既定的政府预算程序。公开性是指政府预算应成为公开文件，其内容应能被全社会了解，其数据面向全社会公布，而不能成为少数人的私下活动，不能成为某些地方、部门和机构谋取集团利益的工具。

二、政府预算分类

随着社会经济生活和财政活动的日益复杂，政府预算的形式和内容也更加复杂多样，最初的政府收支一览表的形式已不适用。对五花八门的政府预算进行科学合理的分类是十分必要的，是搞好预算管理，深入研究政府预算结构，充分发挥其宏观调控作用的前提。

（一）按预算的技术组织形式分为单式预算和复式预算

1. 单式预算

单式预算是传统的预算组织形式，指在预算年度内将各类财政收入与支出汇集编入一个计划表格中进行反映和计算。凡是收入项目就一概列入“收入”栏中，凡是支出项目就一概列入“支出”栏中，而不去区分各种或各项财政收支和经济性质。单式预算的优点是将全部收入分列于一个统一的表格内，整体性和综合性强，有利于反映财政活动的总体情况，便于立法机关审议批准和社会公众的了解；而且操作起来简便易行，编制和审批比较容易，成本较低。单式预算的缺点是没有将全部收支按照经济性质分列和汇集，反映

① 马克思恩格斯全集：第9卷．北京：人民出版社，1961：67，87.

不出收支结构之间的对应平衡关系，不能有效地反映经济建设工程的效益情况，不利于经济分析和宏观调控的进行。

2. 复式预算

复式预算由单一预算演变而来，是指在预算年度内，将财政收支按照经济性质汇集编入两个或两个以上的计划表格中，从而形成两个或两个以上的预算。我们通常将政府预算分为经常预算和资本预算：经常预算主要以税收、社会保险基金等为收入来源，以行政、国防、文教等经常性项目支出为支出对象；资本预算主要以国债和国有企业盈利为收入来源，以政府盈利性的资本投资支出为支出对象。复式预算的优点是区分了财政支出的经济性质，能明确反映经济建设的效益，便于政府权衡支出项目的轻重缓急，做到合理有序地安排和使用财政资金，便于具体分析、分别管理和宏观调控。该方式的缺点是不能全面反映资金运行，而且操作复杂，对技术要求高，成本较高。

3. 单式预算和复式预算的区别

（1）形式不同。单式预算将所有收支汇集平衡在一个计划表格中，不区分其经济性质，只编制一个预算。复式预算将所有财政收入按经济性质不同，分别汇集到两个或两个以上的计划表格中，编制两个或两个以上预算。

（2）内容不同。单式预算的收入大于支出即为预算盈余，反之，为预算赤字。复式预算中将国债收入作为资本预算的正常收入，所以资本预算不存在盈余或赤字，只有经常预算才可能有差额，但往往将经常预算的盈余或赤字转入资本预算，使复式预算盈余或赤字的性质含混不清。

（3）国债收支的处理方式不同。单式预算通常把国内债务收支作为一般的收支项目纳入总的收支项目，统一核算财政平衡。复式预算的经常预算中一般只列债务利息支出，不列债务本金。

（二）按照编制方法不同分为增量预算和零基预算

（1）增量预算也称基数法预算，是指以一年度的财政收支为基础，新的财政收支计划根据新财政年度的经济发展情况，在此基础上递增的一种预算编制方法。它的优点是在上一财政年度的基础上递增的方法简便易行；缺点是主观随意性强，原有财政收支中的不合理因素可能被保留甚至被放大。

（2）零基预算是指财政收支计划只以新财政年度的需求为依据，不考虑以前的财政收支状况的一种预算编制方法。它的优点是摒弃了以前预算中不合理的成分，既科学合理，又满足了实际需要；缺点是技术要求和操作成本比较高，面临理论和时间上的困难。

（三）按照预算的级次分为中央预算和地方预算

（1）中央预算是中央政府的财政收支计划。我国的中央预算是中央各部门的财政收支以及中央直接管理的企业的财政收支计划。中央预算承担着国家的国防、外交、行政等所需经费，承担着宏观调控所需支出及央企发展支出，在政府预算体系中占主导地位。

（2）地方预算是各级地方政府财政支出计划的总称。我国地方预算由各省、自治区、直辖市总预算构成，地方各级总预算由本级政府预算和汇总的下一级预算构成。地方预算承担着地方行政管理、经济建设、科教文卫支出，特别是支援农村发展的重要任务，是政府预算体系的有机组成部分，是组织、管理政府预算的基本环节，在政府预算体系中占有重要地位。

（四）按照财政收支管理范围分为总预算和单位预算

（1）总预算是国家各级政府的基本财政计划，由各级政府的本级预算和汇总下一级政府总预算构成。地方各级总预算由本级政府预算和汇总各部门预算组成。

（2）单位预算是各级政府的直属机关就其本身及所属行政事业单位的年度经费收支所汇编的预算。它是地方各级政府预算的基本组成部分，承担着各级政府机关本身及所属单位实现职能或事业计划的财力保证。

（五）按立法的手续分为临时预算、正式预算和追加预算

（1）正式预算是指政府依法将各个财政年度的财政收支计划编制成预算草案，立法机关审核通过后公布实施的预算，又称为本预算。

（2）临时预算是为解决正式预算成立前的经费开支而编制的暂时性预算，作为正式预算成立前财政收支活动的依据。

（3）追加预算是在正式预算成立并且付诸实施后，为解决情况变化需要增减正式预算收支时而编制的一种追加性预算或修正性预算。我们把正式预算成立后的追加预算与正式预算汇总执行，称为追加后预算。

三、政府预算的体系

政府预算是政府的年度收支计划，为了保证各级政府在独立行使事权和职权时有足够的财力，这就要求一级政府设立一级财政，一级财政设立一级预算，预算体系与国家政权体制相对应。在现代社会中，大多数国家无论采取何种政体，大多采用多级预算，从而产生了政府预算的级次和构成问题。我国的政府预算体系就是根据一级政府一级预算的原则建立的，与我国的政权结构相适应并结合我国行政区域划分，相应设有中央、省（自治区、直辖市）、市（设区的市、自治州）、县（自治县、不设区的市、市辖区）、乡（民族乡、镇）五级预算。因此，我国的政府预算体系由五级预算组成，又可以分成中央预算和地方预算两大类。

中央预算又称为中央政府本级预算。由中央各部门（含直属单位）的预算构成，包括地方向中央上缴收入数额和中央对地方返还的支出数额，负责中央政府履行职能，进行全国性宏观调控所需的资金。地方预算由各省、市、县、乡总预算构成，地方各级总预算由本级政府各部门预算和汇总的下一级政府总预算构成。目前我国乡镇一级政府预算还未全面铺开，对不具备设立预算条件的乡镇，经省级政府确定后，可暂不设立预算。地方各级预算应当统筹安排本级预算收支，按照量入为出、收支平衡的原则编制，不列赤字。我们用图 13-1 来说明我国政府预算体系。

- 政府预算
- 地方总预算
  - 省本级预算
  - 汇总的市级总预算
    - 市本级预算
    - 汇总的县级级预算
      - 县本级预算
      - 乡（镇）预算

图 13-1 我国政府预算体系

四、政府预算的原则

政府预算的原则是指国家在确定预算形式和预算制度时应遵循的指导思想。政府预算原则伴随着政府预算制度的产生、发展、成熟而相应变化。自 13 世纪政府预算制度产生后，理论界就开始了对政府预算原则的探讨，并在不同国家和历史时期，形成了各种各样的思想和主张。在实践中，影响较大并被广泛接受的政府预算原则有以下五大项。

（一）公开性原则

公开性原则是指政府预算从编制、审批、执行到决策都必须采取一定的形式公之于众，在人民的监督下进行。具体来讲，政府预算必须经人民代表大会讨论通过才能实施，执行过程中对政府预算进行修正必须经立法机关批准，财政年度结束后要编制财政决算并提交同级人民代表大会批准。

政府预算的公开性原则维护了公民利益，是政治民主化在政府财政管理上的体现，是一个重要的预算原则。政府预算反映了政府活动的范围、方向和政府的重大政策，关系到社会各阶层的切身利益，尤其是财政收支安排关系到社会财富的分配和社会福利水平，它的编制是一项重大的政治活动，必须交由人民监督。实际上政府预算的编制过程就是各阶层公民为维护本阶层利益，在国家权威的调整下相互妥协的过程。

（二）完整性原则

完整性原则是指政府的一切收支都要列入政府预算中。政府预算所列示的各项收入和支出的项目和数额，必须包含政府的全部财政收支，反映它的全部财政活动。不允许将一部分财政收支排除在政府预算之外，成为“小金库”。不允许打埋伏、造假账、预算外另列预算，不论是中央还是地方的一切财政支出都要反映在政府预算中，即使是法律允许的预算外收支，也应在政府预算中有所反映。如果有一部分资金收支游离在政府预算之外，那么将会导致这部分资金失去财政监督，被贪污和挪用，产生公款消费、奢侈浪费等腐败行为，不能发挥财政资金支持经济建设、维护社会公平等作用，不利于提高财政资金的使用效率。

专栏 13-1

全口径预算管理

全口径预算管理是财政预算管理的一种模式，预算管理的范围不仅包括预算内资金和预算外资金的监管，而且包括政府性债务和或有负债的监管，是防范财政风险的一项重要措施。

全口径预算管理包括公共预算、政府性基金预算、国有资本经营预算和社会保障预算。从这四个维度入手，维护预算的统一性和完整性。从概念上来讲，公共预算主要是以税收为主的预算，目标是保民生、促发展，维护国家安全和国家机构正常运转；政府性基金预算则是按照专门的法律法规向特定对象征收并专项用于特定公共事业的收支预算。政府性基金预算收入属于非税收入，包括国有土地出让金收入、铁路建设基金、地方教育附加等，支出特点是专款专用，用于社会发展和改善民生，如教育、城市建设、文化事业发展等；国有资本经营预算是对国有资本收益作出支出安排的收支预算；而社会保险基金预算则是对社会保险缴款等各类收支模式，专项用于社会保险的收支预算。之所以将"社会保障预算"修改为"社会保险基金预算"，是因为社保中的社会救济、社会优抚、社会福利等已在一般公共预算中有安排。至此，已经把所有预算按照上述四类口径全部清晰归纳进来，为政府高效运行以及下一步财税体制改革的深化奠定了良好的基础。

全口径预算管理的终极目标是将所有政府收支纳入其中，并进行高效、统一管理，这实际上不仅仅规范了财政资金，还涉及大量地方政府事权的规范，要求将地方政府的事权与财权高度匹配，并建立综合的政府收支问责机制，由人大等机构对政府行为进行预算控制，是财政收支管理向政府理财观念转变的深刻变革，是执政者自己对自己的改革，其潜在意义不亚于一次革命。

（三）年度性原则

年度性原则是指政府预算应该按照预算年度编制，要有时间上的界定。预算要反映全年的财政收支活动，不需要也不应该将本预算年度之外的财政收支列入本年度的政府预算中。目前世界各国采取的预算年度有两种：一种是历年制预算，即从公历的 1 月 1 日起到同年的 12 月 31 日止。中国、德国、法国等多数国家采取历年制预算。二是跨年度预算，即从每年某月某日起至次年某月某日止，中间历经 12 个月，365 天。但跨越了两个公历年度，如美国的预算年度从每年 10 月 1 日开始到次年 9 月 30 日止，英国和日本的预算年度从每年的 4 月 1 日起至次年 3 月 31 日止。财政预算原则的确立既要根据政府预算本身的属性，又要依据国家的经济发展状况和政府的经济发展目标，协调收入与支出、积累和消费的关系。

（四）统一性原则

统一性原则是指无论是中央政府预算还是地方政府预算，都必须纳入国家预算，地方各级政府预算连同中央预算共同组成统一的政府预算，各级财政部门都要按照统一设置的科目、统一的统计口径和计算程序来填列预算。

（五）可靠性原则

可靠性原则是指每项预算、每一财政支出项目的数字都是稳健可靠的，都必须运用科学的方法，按照一定的规律性，依据充分、正确的资料，精确计算，不得假定，不得估算，更不能随意编造。可靠性原则要求政府预算编制要充分考虑和预测到可能出现的各种变化，保证预算的可执行性。财政支出的数字要可靠，财政收入的数字要稳健，以避免入不敷出、无法执行而不得不追加预算的情况。可靠性原则也要求政府预算的编制要留有一定的机动预算，以应付各种突发事件，各级政府预算应按本级政府预算支出额的1%～3%设置预备费，按国务院规定设置预算周转金。

第二节 政府预算的编制、执行和政府决算

在实践中，世界各国的预算程序一般分为预算的编制、预算审批、预算执行和政府决算四个阶段。

一、政府预算的编制

预算编制，是指各级政府、各部门、各预算单位制订筹集和分配预算资金年度规划的预算活动。预算编制是整个预算工作的起点，是国家实现预算管理的前提。我国每个年度国务院都要下达编制下一年度预算草案的指示，由财政部负责主持预算编制工作。预算编制应当遵守国家编制预算的依据和原则，按照编制程序进行。

（一）预算编制的依据和原则

政府预算编制要严格遵循有关国家法律和法规，其依据包括上一年度预算执行情况和本年度预算收支变化、国民经济和社会发展计划以及有关的财政经济政策、预算管理职权、预算收支范围。预算编制必须遵循量入为出、收支平衡，与国民生产总值的增长率相适应，统筹安排，厉行节约的原则。

（二）预算的编制内容

1. 中央预算的编制内容

（1）本级预算收入和支出；（2）上一年度结余用于本年度安排的支出；（3）返还或者补助地方的支出；（4）地方上缴的收入。中央财政本年度举借的国内外债务和还本付息数额应当在本级预算中单独列示。

2. 地方各级政府预算的编制内容

（1）本级预算收入和支出；（2）上一年度结余用于本年度安排的支出；（3）上级返还或者补助的收入；（4）返还或者补助下级的支出；（5）上解上级的支出；（6）下级上解的收入。

（三）预算编制的方法和程序

预算的编制采取自上而下和自下而上相结合并且逐级编制和汇总的程序。以中央预算的编制为例，首先，本级政府各部门和下级政府向财政部报送收支建议数据，财政部就根据这些建议数据和经济发展计划指标，拟定预算收支指标，并交国务院批准；其次，各级政府和部门根据预算控制指标，自下而上编制地方预算草案，并逐级汇总，各级地方政府要在国务院规定的时间内将本级总预算草案报国务院审核汇总；再次，财政部将中央和地方预算汇总后，编制预算草案；最后，财政部将政府预算草案提交国务院，并由国务院提请全国人大审批，形成正式的政府预算。地方政府预算的编制程序基本类似，先由地方财政部门编制本级总预算草案，并在本级人民代表大会举行前一个月将预算草案提交本级人民代表大会专门委员会初审，在人民代表大会与会期间做关于预算草案的报告，提请人大批准。然后，将各项具体收支指标下达各行政和事业单位。

（四）预算收支指标的确定

预算收支指标的确定是政府预算编制的关键，它关系到政府预算的合理程度及实现。预算收支指标是在历史年度数据和相关经济指标的基础上，根据财政规划和经济发展要求，运用科学的方法计算出来的。常用的方法有以下几种：

1. 系数法

系数法是指在已知当年相关经济指标计划数的前提下，根据相关经济指标之间的规律（系数）来推测预算指标的方法。用公式表示如下：

预算收入（支出）指标=系数×当年相关经济指标计划数

2. 定额法

定额法是指利用各种预算定额与相关经济指标来测算财政收支指标的方法。定额是指财政收支项目中由国家统一规定的征收标准、开支定额。

某项预算收入（支出）指标=定额×相关经济指标

3. 比例法

比例法是指利用历年某项预算收支与全部预算收支的比例来测算某项财政收支指标的方法。

4. 分析法

分析法是指在上年度预算收支基础上，考虑到计划年度预算收支的影响因素，来推测计划年度财政收支数额的方法。

计划年度财政收支指标=上年度财政收支+增减因素

二、政府预算的审查和批准

预算审查和批准是指国家权力机关对同级政府所提出的预算草案进行审查和批准的活动。预算草案编制完成后，只有提交国家权力机关审批通过的方可生效。预算草案经审批生效，就成为正式的国家预算，并具有法律约束力，非经法定程序，不得改变。在西方，预算必须由议会批准，在实行一院制的国家，政府预算直接由议会批准，如瑞典、荷兰和西班牙；在实行两院制的国家，一般两院都可以审批预算，但下院拥有更大的权力，往往拥有预算先议权和最后批准权，如美国、法国、德国和日本。我国的政府预算必须提请同级人民代表大会审批。中央预算由全国人民代表大会审批，国务院应在全国人民代表大会作关于中央预算草案的报告；各级地方预算应由本级人民代表大会审批，各级地方政府应在本级人民代表大会作关于地方预算草案的报告。

我国当前预算审批存在诸多问题，如审查时间短、审查力度不够、监督不力等。对于初审而言，初审是预算审查的基础，直接影响各级人大审批的质量。但是由于初审时间短、任务重，往往流于形式，难以进入深度的实质性审查。为了提高初审质量，促使审查从形式向实质转变，各级人民代表大会财经委员会不但要积极提早介入预算的编制和审查工作，参加各级政府部门预算编制的主要会议，掌握预算编制的过程和动态、指导思想和主要内容，存在的主要问题等，并就存在的问题提出意见和建议，财政部门要在预算草案送政府常务会议审定前，就人大财经委员会所提意见和建议的采纳情况向人民代表大会财经委员会作专题报告，而且还要对预算草案进行调查研究，征求各专门委员会、人大代表、政府部门和事业单位意见，必要时邀请有关专家参与审议。人民代表大会财经委员会初审要提交初审报告。其内容包括上年度预算执行情况的评价、对本级预算是否批准的意见、预算草案的修改意见和实现预算的建议等。对于人民代表大会的审批而言，预算审查采取全面审查与重点审查相结合的制度。预算审查的重点是预算收入是否与地区经济发展适应，预算支出是否合理，预算草案是否体现“量入为出、收支平衡”原则，保证预算实现的措施是否得当等问题。

三、政府预算的执行

政府预算一经批准生效，财政部门将通过的各项预算指标分解，下达各预算执行机构。预算执行是政府预算收支计划实现的关键环节，是把政府预算由可能变为现实的必要步骤。预算执行，是指各级政府、各部门、各预算单位在组织实施经本级权力机关批准的本级预算中的筹措预算收入、拨付预算支出等活动的总称。

（一）预算执行的特点

1. 预算执行是一项经常性的工作

预算执行包括收入征缴、指标审核、支出资金拨付和预算调整四个环节。财政年度的每一天都要进行这项工作。

2. 预算执行是实现预算收支计划的必经步骤

预算收支计划不能凭空自我实现，它的实现必须靠预算执行机构日复一日大量艰苦复杂的工作才能实现。

3. 预算执行情况是政府预算编制的基础

本年度预算执行情况和结果是下一年度预算编制的基础。

4. 预算执行过程中，需要不断组织新的平衡，进行预算调整

在预算执行过程中，由于预算收支指标不可能完全符合现实需要，国家政治经济形势的变化、财政政策的变化等原因可能造成入不敷出或者债务增加等情况。为了保证财政收

支平衡，必须对政府预算进行相应的调整。

（二）预算执行的任务

各级预算内本级政府组织执行，具体工作由本级政府财政部门负责。中央预算由国务院负责组织执行，财政部国库司具体负责预算执行工作。地方预算由地方各级政府组织执行，各级政府财政部门是预算指向的职能部门。除此之外，还有其他专门机构负责组织和参与预算执行工作，如税务机关、海关、国库以及各行政与事业单位。预算执行的基本任务简单地说就是：组织预算收入、拨付预算资金、预算调整和监督检查。

1. 组织预算收入

各级财政、海关、税务等预算征收部门，必须按照政府预算确定的收入指标，积极组织预算收入，及时足额地上缴国库，不得擅自减征、免征、缓征应征的预算收入。有预算收入上缴任务的部门和单位，必须按照规定的预算级次、预算项目和缴库方式，在规定的期限内，及时足额地将应当上缴的预算收入上缴国库，不能截留、占用、挪用和拖欠。

2. 拨付预算资金

根据政府预算确定的支出计划，及时合理地拨付和使用资金，提高预算资金使用效益。在我国，国库是办理预算资金出纳的专门机构。按照《预算法》的规定，政府预算的一切收入都应纳入国库，一切支出都应通过国库拨付。县级以上的各级政府都必须设立国库，具备条件的乡、民族乡、镇也可以设立国库。各级国库必须按照国家有关规定，及时准确地办理预算收入的收纳、划分、留解以及预算支出的拨付。国库库款的支配权属于本级财政部门，除另有规定外，任何部门、单位和个人都不能支配和动用国库库款。

3. 预算调整

预算调整是预算执行的一项重要程序。预算调整是指经全国人民代表大会批准的中央预算和经地方各级人民代表大会批准的本级预算，在执行中因特殊情况需要增加支出或者减少收入，使原批准的收支平衡的预算的总支出超过总收入，或者使原批准的预算中举借债务的数额增加的部分变更。简单地说，预算调整就是政府按照法定程序对原批准的预算收支指标进行追加或追减的活动。对于必需的预算调整应当首先由财政部门编制预算调整方案，说明预算调整的原因、项目、数额和措施等。预算调整方案提请本级政府确定，并由政府报经本级人大常委会审核，不经批准，不得擅自调整预算。本级预算调整方案经批准后，再向上一级财政机关备案。预算调整的方法有四种：

（1）预算追加或追减。追加预算指在原批准财政收支指标外增加收入或支出数；追减预算是指在原批准财政收支指标外减少收入或支出数。预算追加或追减会影响预算平衡，因此，追加支出必须有相应的收入来源，追减收入必须有相应的追减支出。

（2）科目流动。科目流动指不变更原批准的预算收支总额，只是部分改变收入来源或支出用途，不影响收支平衡。不同预算科目间资金需要调剂使用，必须报经本级人大常委会批准，经批准后，由本级政府上报上一级政府备案。

（3）预算划转。预算划转指由于某些收支在上下级之间、地区、部门之间相互转移时，影响到其预算收支变化，但不影响各级总预算收支平衡。上级政府返还或给予补助而引起的预算收支变化，不属于预算调整。

(4) 动用预备费。预备费是为了解决预算年度内某些临时需要而设置的备用资金，由本级政府按照支出总额的1%~3%提取。在发生自然灾害或其他难以预料情况时，经立法机构审批后，应动用预备费，在未发生的情况下，用来补充某些不足的项目，所以预备费控制在下半年使用。

4. 监督检查

监督检查是指国家通过立法机关及政府审计部门对本级和下级政府、部门、单位的预算和决算执行情况进行监督与检查，以检查预算收支的完成情况和执行情况，监督预算的合法性和有效性。

政府决算是政府预算工作程序的最后一个环节，也是对预算执行情况的年度总结，是国家财政活动的集中反映。编制国家决算具有十分重要的意义：(1) 通过编制政府决算可以反映出预算年度内预算的执行情况，对全年预算收支的完成情况进行检查。(2) 通过编制政府决算，集中反映政府财政活动和财政政策。政府的一切活动，政府政策的中心、范围和调整等都可以通过政府决算表现出来。(3) 通过编制政府决算，可以强化财政监督能力，提高预算管理水平。政府决算监督是一种事后监督。(4) 总结经验，预测未来，为下一年度政府预算的编制提供依据，指导政府宏观调控。

政府决算的编制和审批程序同政府预算工作程序十分相似。首先是各单位根据主管部门要求编制单位决算草案，其次各部门根据本部门自身的决算收支数字和汇总的下属各单位的决算草案编制本部门决算草案。最后部门决算草案附上决算草案详细说明经部门行政领导签章后报经本级政府财政部门审核。

对于中央决算草案而言，财政部通过汇总各部门决算草案编制中央决算草案，经国务院审核后，由国务院提请全国人大常委会审批。对于县级以上的地方决算草案而言，各级政府财政部门汇总部门决算草案编制本级决算草案，经本级政府审定后，由本级政府提请本级人大常委审批。决算草案经批准后，本级政府应在自批准之日起20日内向本级各部门批复决算，本级各部门应在自批复之日起15日内向各下属单位批复；并且各级政府应在决算草案批准之日起30日内，将本级政府决算连同下一级政府上报备案的决算草案汇总，报上一级政府备案。对于乡、民族乡和镇而言，政府根据财政部门提供的年度预算收支执行结果，编制本级决算草案，并提请本级人大常委会审批。

第三节　预算外资金管理

一、预算外资金的含义与内容

(一) 预算外资金的含义

预算外资金是指国家机关、事业单位、社会团体和其他机构为履行或代行政府职能，依据国家法律法规和具有法律效力的规章而收取、提取、募集和安排使用未纳入财政预算管理的各种财政性资金。

预算外资金在性质上属于一种财政性资金，因为其分配特征与国家或政府权力相联系。其分配对象主要是来自国民生产总值的剩余产品部分和一部分补偿基金，与预算内资金之间具有此消彼长和相互转化的关系。预算外资金有规定的收入渠道、提取标准和使用范围。

（二）预算外资金的内容

目前，我国的预算外资金包括以下未纳入财政预算管理的财政性资金。

1. 地方财政部门管理的预算外资金

主要是指地方财政部门、基层企业和主管部门提留或负责组织的预算外收入和相应安排的支出。其主要项目有：

（1）各项附加收入，包括城镇公用事业附加、工商税附加、渔业税及渔业建设附加等；

（2）集中的企业收入，包括集中的企业折价基金、预算外企业上缴的收入等；

（3）集中的事业收入，包括公房租赁收入和集中的其他事业收入等；

（4）集中的其他收入。

2. 行政事业单位管理的预算外资金

主要是指由行政事业单位负责组织的预算外收入和相应的支出。其主要项目有：

（1）工业、交通、商业部门的收入，包括交通监理收入、驾驶员培训费、运输管理费、内河航道养护费等，

（2）农、林、水、气象的收入，主要有育林费收入、水费收入等，

（3）文化、教育、卫生、科学事业收入，主要包括中小学杂费收入、勤工俭学收入、高等院校的学校基金、体育场馆收入、广告收入等；

（4）社会福利事业收入，包括民政部门管理的盲、聋、哑及其他残疾人员的福利工厂和殡仪馆、火葬场的收入；

（5）行政机关收入，包括机关印刷厂、宾馆、招待所收入等；

（6）工商管理收入，包括市场管理收入、工商企业登记费、合同签证费、商标注册费等；

（7）其他收入，即按照财政部和各省、自治区、直辖市财政部门规定不纳入预算管理的其他预算外资金。

3. 其他预算外资金

这部分资金是指除地方财政部门管理的预算外资金和行政事业单位管理的预算外资金两项收入以外的其他预算外资金。主要包括：

（1）地方和中央主管部门所属的企事业单位和社会团体集中的管理费及其他资金；

（2）用于乡（镇）政府开支的乡自筹资金和乡统筹资金；

（3）其他未纳入财政预算管理的财政性资金。

（三）预算外资金的特点

虽然预算外资金是不纳入国家预算的财政资金，但它的形成和分配仍以国家为主体，并根据国家的有关规定安排使用。与预算内资金相比，预算外资金具有以下特点：

1. 自主性

预算外资金的自主性表现在各地方、各部门和各单位在国家规定的范围内实行自收自支、自提自用、自行管理的方式，对预算外资金具有充分自主的支配权和使用权。国家不能直接占有、直接支配或无偿调用。尽管如此，由于预算外资金的所有权仍属于国家，它必须接受国家宏观经济政策的指导，并为财经制度所制约。

2. 专业性

预算外资金的专业性是指预算外资金一般都有专门用途，应该专款专用，而不能随意挪用，这样才能保证这些项目的资金需要，有利于这些事业的发展。预算外资金的这一特点，是加强对预算外资金有效管理的必然要求。

3. 分散性

这是指预算外资金属于非集中性资金，其来源项目繁多，且零星分散，资金的支出有多种用途。国家对这一部分资金不进行统筹安排，而由各地区、各部门、各单位自收自支，自行掌握使用。这一特点有利于调动各地区、各部门、各单位的积极性，大力开展增收节支，因时因地发展国民经济。

二、预算外资金的发展概况

中华人民共和国成立以来，我国预算外资金的发展经历了以下几个阶段：

（一）第一个五年计划时期

中华人民共和国成立初期，预算外资金的项目和数量很少，主要有机关生产收入和通过征收地方附加公粮的农村乡自筹等两项收入。这两项收入由各地方、各部门、各单位自收自支，自行管理，用于补充机关经费及举办农村公益事业。而随着经济恢复、调整工作的全面推进，政府对资金的需求大大增加，迫使政府实行高度集中的财政管理体制，严格控制和整顿预算外资金。如 1952 年政府颁发了《关于统一管理机关生产的决定》和《整顿乡自筹的决定》，规定除屯垦部门农场、机关部门菜园、民政生产事业、劳改生产副业等以外的机关和部门的生产单位一律作为国营企业纳入预算，取消各机关单位的“小公家务”，对农村的乡自筹实行“包、筹、禁”原则，即将原来由农村乡自筹解决的人员开支纳入预算包起来，继续允许地方筹集 7% 以下的农业税附加以解决农村的公益事业开支，禁止在国家规定以外向农民摊派款项。经过如此整顿，几乎所有的收支都纳入国家预算，使预算外资金相对萎缩。

但从 1954 年开始，为了解决某些特殊需要，政府允许地方开征工商税附加作为地方自筹资金，列入预算外用于城市公用事业的维护；同时，允许一部分零散收入划到预算外，并规定其用途，由各单位自收自支，单独管理；另外，企业开始设置奖励基金、福利基金、大修理基金等，将其作为企业专项基金纳入预算外资金管理。

可见，第一个五年计划时期，我国预算外资金的范围开始扩大但资金的数额仍然很小。

（二）1958—1960 年“大跃进”时期

这一时期，由于我国大批国营企业下放到地方，财政管理体制也随之进行了调整。调整内容包括：财权和管理权下放，地方机动权力增加；对国有企业实行全额利润分成和超计划利润分成制度，企业从分成中提取的资金纳入预算外资金管理；允许各地区、各部门自筹资金开办企业，这些企业所获得利润在一定时期可以不纳入国家预算管理，等等。这样，这一时期预算外资金的范围和数额得到了进一步扩张，由地区部门负责管理的预算外资金多达几十种。

（三）1961—1966 年国民经济调整时期

由于“大跃进”的失误及自然灾害的影响，我国国民经济出现了暂时的严重困难，我国经济进入国民经济调整时期。这一时期，政府加强了对财政管理体制的集中统一管理，同时对预算外资金进行了整顿，采取了“纳、减、管”，即有的预算外资金纳入预算，有的减少数额，并且加强了管理。通过整顿，全民所有制企业被全部纳入预算管理，由中央实行统一管控，同时中央取消了利润留成制度和一些企业不合理的预算外资金项目。这样，预算外资金的范围又缩小了。

（四）“文化大革命”时期

这一时期，财政管理体制由于政治上的动乱也受到了冲击，管理比较混乱，财权下放，预算外资金的范围又有所扩大，从 1967 年开始，国营企业的基本折旧基金由全部上缴国家预算改为全部留归企业和企业主管部门，用于企业的四项费用和固定资产的更新改造。1970 年以后，县办“五小”企业实行利润留成，将实现利润的 60% 纳入预算，40% 留给县财政纳入预算外资金管理。由于财政管理混乱，很多地方和单位乘机“巧立”预算外资金项目，乱摊派、乱收费、划预算内资金为预算外资金等现象非常普遍，致使这一时期预算外资金迅速膨胀。

（五）1978—2010 年

1978 年中国共产党十一届三中全会以后，我国进入了社会主义现代化建设的新时期。财政管理体制也随着经济形势的变化而进行了重大改革。改革内容包括：调整了中央和地方的分配关系，变“一灶吃饭”为“分灶吃饭”，扩大了地方的财权、财力，调整了国家与企、事业单位的分配关系，如对国营企业恢复实行企业基金制度，实行多种形式的利润留成制度。这一系列的改革措施使一部分预算内资金变为预算外资金，地方和企、事业单位的财权、财力不断扩大，致使预算外资金急剧膨胀，总规模几乎与预算内资金相当，号称“第二预算”。预算外资金的急剧膨胀引起了一系列问题。20 世纪 90 年代以后，政府加强了对预算外资金的管理，使预算外资金开始步入规范化管理的轨道。如 1992 年 12 月财政部颁发了《企业财务通则》和《企业会计准则》，进行企业财务会计制度改革。从 1993 年 7 月 1 日起实行新的财务会计制度，财政部相应调整了预算外资金的范围和口径，将原确定为国有企业及其主管部门的预算外资金纳入预算内资金的统计和管理范围，从而使所统计的预算外资金总量大幅度减少。

（六）2010年以后市场化改革深入时期

根据《财政部关于将按预算外资金管理的收入纳入预算管理的通知》（财预〔2010〕88号）有关要求，从2011年起，除教育收费纳入财政专户管理外，其他预算外资金全部纳入预算管理。此举意味着从2011年开始，预算外资金成为历史，财政管理进入了全面综合预算管理的新阶段。

从中华人民共和国成立以来不同时期预算外资金发展变化的情况可以看出，预算外资金的数量、规模和占国家预算收入的比例的变化主要是由财政管理体制的变革而决定的。也就是说，财政管理体制决定了哪些资金项目可以放在预算内，哪些资金项目可以放在预算外，从而引起预算外资金的变化。因此，当实行高度集中的财政管理体制时，预算外资金的项目就减少，其数额也相应减少，绝大部分财政收入都纳入预算内收入管理的范围；当财政管理体制发生变化，实行财权下放时，预算外资金就会迅速地增加，其占预算收入的比例也会相应提高。中华人民共和国成立以来，我国预算外资金发展变化的最突出的表现是：第一，1957—1990年，预算内外资金合计占国民收入的比例为40%~50%，但是从1991年以来，这一比例下降到40%以下，并且呈继续下降的趋势。第二，改革初期（1978—1992年）的行政事业单位和企业的预算外资金急剧增长。这期间的企业和行政事业单位的预算外资金分别增长了11.2倍和2.9倍，企业预算外资金从1978年的252.6亿元（占财政预算外资金的73%）急剧增长到1992年的2827.5亿元（占财政预算外资金的75%），但是地方财政部门的预算外资金在同期只增长了2.9倍。第三，1993年7月1日实行新的财务会计制度，原来占预算外资金总量75%的国有企业及其主管部门的预算外资金不再纳入预算外资金管理范围，导致统计口径的预算外资金总量减少了2/3，原确定为企业预算外资金部分由企业自主支配使用。

三、预算外资金的管理

（一）预算外收支两条线的管理制度

预算外收支两条线管理是强化预算外资金管理的重要方法。它从制度上打破了以往由部门和单位自收自支、收支一体的体制。收支两条线制度的主要内容是：

1. 预算外资金财政专户储存

预算外资金财政专户是指财政部门在银行开设的统一专户，用于预算外资金收入和支出管理。财政专户分为中央财政专户和地方财政专户，分别办理中央和地方预算外资金的收缴和拨付工作。财政专户管理是国家强化行政事业单位预算外资金管理的一种行政手段，具有强制性的特点。财政专户管理的运作方法是：部门和单位的预算外收入必须上缴同级财政专户，支出由部门和单位提出用款申请后，同级财政部门根据年度预算外资金收支计划、单位财务收支计划和预算外资金收入上缴财政专户情况，从财政专户中及时核拨资金，实行收支两条线管理。部门和单位要严格按照财政部门的规定使用预算外资金。

2. 规范单位预算外资金银行账户

部门和单位如果在银行开户过多过滥就会给挪用、截留、坐支国家预算外资金提供可趁之机，使大量的预算外资金滞留在财政专户外，不能及时上缴财政，因此，必须取消单位擅自在银行开设的过渡性账户，确需开立预算外资金账户的，必须经财政部门批准，可在指定的一家银行设立一个预算外资金支出账户；确有必要的，也可再开设一个预算外资金收入过渡性账户。未经财政部门审核同意的，银行不得为部门和单位开设预算外资金账户。

3. 实行票据管理、使用单一化

强化收费票据管理，即收费票据管理集中统一到财政部门。收费单位收费时，必须按隶属关系使用中央或省级财政部门统一制发的收费票据。票据的购买、管理要在单位财务部门统一办理，同级财政部门要做好票据的发放、核销工作，对各单位领取的收费票据进行验证、审核、结算，通过验证把收取的各种预算外资金划转到财政专户。严格票据的审批、领用、缴销和监督工作。对非中央和省级财政部门印制或监制的票据一律予以取消。

4. 实行收缴分离、票款分离的管理办法

为确保预算外资金及时足额缴入预算外资金财政专户，财政部门要在统一票据的基础上管理票据，实行征收与缴款分离，采取银行代收、收款人代缴办法：一切预算外资金的支付一律凭财政部门的拨款凭证，由预算外资金财政专户统一办理拨付。

票款分离和收支脱钩是实行“收支两条线”管理的核心。在“收”的方面，重点要加快票款分离步伐，做到罚没款和行政事业性收费的开票与收缴相分离。

（二）综合财政预算管理

预算外资金具有比较分散的特点，各地方、各部门和企事业单位在自行支配和使用预算外资金时，考虑的是自身的局部利益，这样做的结果是：预算外资金仅仅从局部看可能是平衡的，但从全局看，则可能是不平衡的。因此，必须将预算外资金计划列入国家综合财政计划，进行综合平衡。

财政综合计划是一种预测性、参考性、指导性计划，只能在不损害资金使用权的前提下，统筹和指导各项预算外资金。综合财政计划不参与国家对一部分剩余产品的集中过程，也不能代替国家预算去进行资金使用方面的具体分配，而只是从国民经济的整体需要出发，指导社会财力的分配和使用，对国家财力进行宏观控制和管理。

编制综合财政计划应该遵循以下原则：一是量力而行。有多少财力办多少事情。要在促进生产发展和提高经济效益的基础上，按主次先后顺序安排好积累和消费等重大比例关系。同时，把主观和客观、需要和可能紧密结合起来，坚持做到量入为出，收支安排不留缺口。二是统筹安排、综合平衡。综合财政计划是财力平衡表，是协调财政预算内、外资金之间关系的行动方案，是保证整个国民经济计划顺利实现的重要文件。编制计划必须坚持通盘考虑、综合平衡的原则，适应经济和社会发展的需要。三是不平调资金。如果将综合财政计划作为国家筹集资金的手段任意抽调资金，就会严重挫伤各地区、各部门和各单位的积极性。

（三）加快税费制度改革

20 世纪 90 年代一段时间以来，我国政府收费较为混乱，税费不分、费多税少、以费挤税的问题突出，地方政府及各部门越权设立的各种游离于预算之外的非规范性收费使企业和居民负担加重。对此可采取转换、合并的办法实行税费整合，正本清源，综合分流预算外资金，规范政府的收入行为。

对政府收费制度进行改革的思路是：通过财政体制和税收管理改革，用法律形式来规范国家、单位和个人的利益分配关系，科学设计税费项目，建立合理的税费体系，规范政府收入机制，将具有税收性质的收费用税收取代，保留必要的政府规费，纳入财政预算，实行收支两条线管理，全面整顿收费秩序，取消不合理收费。为此，需要由政府统一组织财政、税务、物价等部门对收费单位、项目、标准等进行分类，实行清理整顿，加强对重点部门和行业的清理。在清理工作的基础上，采取如下措施：

1. 取消不合理收费

取消不合理、不合法、纯属乱收费的项目，合并或取消重复设置的收费项目，降低过高收费标准。对于地方政府及部门重复设立的收费项目应予以合并，对于越权擅自立项、自定标准违法收费的，要进行严厉的行政、经济处罚。

2. 费改税

与发达国家的情况相比，我国收费收入占财政收入的比重过高，预算外收入规模过大。因此，在健全公共财政体系的过程中需要以费改税为主攻方向，结合地方税体系的完善，将一部分稳定、可控性强的收费和基金项目转为税收，扭转分配领域中费多税少的畸形局面。其中，对由国务院及有关部门批准实际上具有税收特征的收费、基金等，应通过立法开征新税种取而代之，如将教育费附加、中小学教育基金归并为教育税。

3. 规范收费管理

合理规范的收费是政府收入的组成部分，是税收的必要补充。但对于收费也需进行规范管理：一是对属于预算外资金的收费收入，财政部门代表政府行使管理权，核定单位预算外资金收支计划；二是对收费单位实行收支两条线管理；三是逐步把各种行政性收费纳入政府财政预算，以增强其管理力度，提高其使用效益；四是对市场性收费，如中介机构收费，由市场机制调整，政府进行宏观指导，其收入不再作为预算外资金。

【本章小结】

我国的政府预算体系实行一级政府一级预算，包括中央预算和地方预算。公开性、可靠性、年度性、统一性和完整性是政府预算的基本原则。

预算法是调整和规范预算关系的法律，预算法要和我国的社会主义市场经济的建立和完善相适应，预算法修订应当以人民利益最大化为导向，以满足人民群众公共需要为基本目的，实现经济、社会和人的全面和谐发展。

实践中，世界各国的预算程序一般分为预算的编制、预算审批、预算执行和政府决算四个阶段。其中预算编制是预算程序的起点，预算执行是预算程序的关键，政府决算是预算程序的完结和总结。

政府非税收入是除税收之外政府财政收入最重要的来源。政府非税收入中，行政事业性收费、政府性基金是其主要组成部分。

预算外资金作为我国经济体制改革和财政制度改革的产物，在历史上确实起过积极的作用，但在深层次上也引发了诸多问题，肢解了财政资源配置职能，弱化了政府的宏观调控，加剧了企业负担，影响了公平分配。对预算外资金的管理，我国采取了综合财政管理、预算外收支两条线管理等改革，取得了一定成效。当前，主要是积极稳步推进“税费”制度改革，建立起以税收为主、收费为辅、统一纳入预算管理的规范的财政收入机制。

【复习思考题】

1. 政府预算的含义是什么？政府预算有什么特点？
2. 政府预算执行的主要程序是什么？
3. 简述国家预算法的主要内容。
4. 简述政府非税收入的内容。
5. 如何加强政府非税收入的监督管理？
6. 简述政府预算调整的方法。
7. 我国是否需要编制包括政府资产负债表在内的政府财务报告？制约政府财务报告编制的因素有哪些？

【阅读书目】

1. R. D. 李，R. 约翰逊，P. 乔伊斯．公共预算系统．8 版．北京：中国财政经济出版社，2002.

2. 陈峰．晚清财政预算的酝酿与实施．江汉论坛，2009（1）．

3. 高培勇．实行全口径预算管理（中国财政政策报告 2008/2009）．北京：中国财政经济出版社，2009.

4. 李杨，张晓晶，常欣，等．中国主权资产负债表及其风险评估．经济研究，2012（6）．

5. 马骏，张晓蓉，李治国，等．中国主权资产负债表研究．北京：社会科学文献出版社，2012.

6. 马骏，赵早早．公共预算：比较研究．北京：中国编译出版社，2011.

7. 杨志勇．国库制度应与国库管理现代化相适应．中国财经报，2012-08-11.

第十四章　财 政 政 策

【学习目的与要求】

1. 熟悉我国财政政策的含义以及分类
2. 掌握财政政策的基本目标
3. 了解我国建立社会主义市场经济体系以来的财政政策实践

【教学重点与难点】

1. 了解不同的财政政策工具
2. 熟悉财政政策与货币政策的协调配合
3. 熟悉财政政策的传导与效应

第一节　财政政策概述

一、财政政策的含义及分类

所谓财政政策，是政府依据宏观经济规律制定的指导财政工作和处理财政关系的一系列方针、准则和措施的总称。财政政策属于上层建筑范畴，它是政府根据一定时期的政治、经济形势，在一定的理论指导下制定的，也可以说是理财思想在一定社会经济环境下的具体运用。

财政政策作为国家经济政策的组成部分，并形成自己的体系，经历了一个长期的历史发展过程。在自然经济占统治地位时期，虽然一些理财家提出了“量入为出”、“轻徭薄赋”、“藏富于民”等朴素的财政政策思想，但当时的财政分配结构单一，手段也比较简单，因而没有形成系统的财政政策。随着生产力的逐步提高，商品经济的日益发展，财政分配所面临的经济问题和社会问题也越来越多。相应需要运用各种财政政策来处理复杂多变的经济社会问题，国家对经济活动的干预日益显得重要起来，于是产生了内容丰富、手段多样、作用力较强的系统的财政政策。

无论是实行市场经济的资本主义国家，还是实行市场经济的社会主义国家，财政政策的运用都是为了实现一定的政治经济调控目标，如资源的优化配置、收入的公平分配、经济的稳定和发展等。财政政策贯穿于财政工作的全过程，涉及社会经济生活的各个领域，体现在收入、支出、预算平衡和国家债务等各个方面。因此，财政政策就是由税收效策、支出政策、预算平衡政策、国债政策等构成的一个完整的政策体系。市场经济下财政功能的正常发挥，主要取决于财政政策的适当运用。财政政策运用得当，就可以保证经济的持续、稳定、协调发展；财政政策运用不当，可能会引起经济较大的失衡和波动。

财政政策作为国家宏观经济调控的重要杠杆，在传统的产品经济和社会主义市场经济两种不同的经济体制下，它的内容和作用过程是不相同的。在传统经济下，财政政策对宏观经济的调节，采取大一统的形式，内容单一，基本上只是一个国民收入的统配计划。随着市场经济的建立，财政政策已经不可能再用大一统的形式统揽国民收入的分配过程及整个国民经济活动，而主要是通过各种政策手段来调节经济的运行。这就说明，随着市场经济的发展和逐步完善，财政政策内容不仅丰富了，而且在相当大的程度上财政政策运用的难度增加了。财政政策、按照不同标准可以进行各种分类，主要有以下几种：

(1) 按财政收入、支出和管理活动分类，财政政策可分为税收政策、支出政策、投资政策、财政信用政策、补贴政策、固定资产折旧政策、国有资产政策、国家预算政策等。

(2) 根据财政政策调节国民经济总量和结构中的不同功能来划分，财政政策划分为扩张性财政政策、紧缩性财政政策和中性财政政策。扩张性财政政策，又叫松的财政政策，是指通过降低财政收入或增加财政支出以刺激社会总需求增长的政策。主要措施有：增加国债、降低税率、提高政府购买和转移支付。扩张性财政政策的结果集中表现为财政赤字，因而也称为赤字财政政策。紧缩性财政政策又叫紧的财政政策，是指通过增加财政收入或减少财政支出以抑制社会总需求增长的政策。主要措施有：减少国债、提高税率、减少政府购买和转移支付。紧缩性财政政策的结果集中表现为财政结余，因而也称盈余性财政政策。平衡财政政策，是指通过保持财政收支平衡以实现社会总需求与总供给平衡的财政政策。

(3) 按财政政策的长短期目标划分，可分为长期财政政策和短期财政政策。长期财政政策是为国民经济发展的战略目标服务的财政政策，具有长期稳定性的特点。短期财政政策属于战术性政策，适用于特定时期和特定范围。

(4) 按调节方式分类，财政政策分为自动稳定的财政政策和相机抉择的财政政策。自动稳定的财政政策，是指能根据某些经济波动情况自动发生稳定经济作用的政策，是无需借助外力就可产生控制效果的财政政策。这种机制也被称为财政自动稳定器。主要表现在两方面：一方面，是包括个人所得税和个人所得税的累进所得税自动稳定作用。在经济萧条时，个人和企业利润降低，符合纳税条件的个人和企业数量减少，因而税基相对缩小，使用的累进税率相对下降，税收自动减少。因税收的减少幅度大于个人收入和企业利润的下降幅度，税收便会产生一种推力，防止个人消费和企业投资的过度下降，从而起到反经济衰退的作用。在经济过热时期，其作用机理正好相反。另一方面，是政府福利支出的自动稳定作用。如果经济出现衰退，符合领取失业救济和各种福利标准的人数增加，失业救济和各种福利的发放趋于自动增加，从而有利于抑制消费支出的持续下降，防止经济的进一步衰退。在经济繁荣时期，其作用机理正好相反。相机抉择的财政政策，是指某些财政政策本身没有自动稳定的作用，需借助外力才能对经济产生调节作用，一般主要指政府利用国家财力有意识地干预国家经济的一种行为。相机抉择财政政策具体包括汲水政策和补偿政策。汲水政策是指经济萧条时期进行公共投资，以增加社会有效需求，使经济恢复活力的政策。汲水政策有四个特点：第一，它是以市场经济所具有的自发机制为前提，是一种诱导经济恢复的政策；第二，它以扩大公共投资规模为手段，启动和活跃社会投资；第三，财政投资规模具有有限性，即只要社会投资恢复活力，经济实现自主增长，政府就不再投资或缩小投资规模。补偿政策是指政府有意识地从当时经济状况反方向上调节经济景气变动的财政政策，以实现稳定经济波动的目的。在经济萧条时期，为缓解通货紧缩影响，政府通过增加支出，减少收入政策来增加投资和消费需求，增加社会有效需求，刺激经济增长；反之，经济繁荣时期，为抑制通货膨胀，政府通过财政增加收入、减少支出等政策来抑制和减少社会过剩需求，稳定经济波动。

此外，还有按政策调节客体分类，将财政政策分为存量财政政策和增量财政政策等。

二、财政政策目标

财政政策目标就是财政政策所要实现的期望值。从发达国家财政政策乃至整个宏观经济政策的经验来看，财政政策的基本目标就是实现充分就业、物价稳定、经济增长和国际收支平衡。

20 世纪 30 年代的罗斯福新政和“凯恩斯革命”主要是针对经济衰退的。因此，充分就业是第二次世界大战之后现代财政政策的首要目标。而就业与实际 GDP 的增长具有相关关系。同时，实际 GDP 也体现着宏观经济的总体水平，与此相应，稳定的经济增长成为战后西方国家财政政策的第二个重要目标。20 世纪 50—60 年代，由于西方国家财政政策和货币政策的频繁运用，通货膨胀时有发生。“保持物价稳定”成了财政政策的基本目标之一。随着资本主义各国对外贸易和对外投资的不断发展，各国政府在制定政策的时候，也必须考虑“国际收支”情况，于是“国际收支平衡”也就成了财政政策的基本目标。

（一）充分就业

充分就业是指社会劳动力的充分利用，或者是说需要就业者均能找到适当的工作。现在西方一般把失业率 4%即就业率 96%作为达到充分就业的标准。努力实现充分就业，将失业率降到尽可能低的水平，是财政政策的首要目标。不过，充分就业并不意味着没有失业，而是指把失业率限定在一定范围内，当实际失业率超出该标准时，就采取手段予以调节，努力增加就业机会，保持经济处于稳定状态。

充分就业之所以成为财政政策的首要目标，有两个原因：（1）在社会物质生产资料有大量闲置的情况下，却不能使劳动者得到工作，这不仅给社会带来了极大的浪费，而且也说明了国家能够做的事没有做到。国家完全有可能凭借财政政策的功能使劳动者和生产资料结合起来从事生产，为社会创造物质财富。（2）高失业率给经济带来的损失是很明显的，其造成了人们的许多困苦，如家计的艰难、个人自尊心的丧失和犯罪的增加等。

专栏 14-1

季节性失业、摩擦性失业、结构性失业和周期性失业

在经济学家们看来，失业可以分为几种情况，须分别采用不同的方法和政策去解决。

1. 季节性失业

季节性失业是指某些行业生产中由于气候和季节的变化等原因而造成的失业。例如在冬季，农业和建筑业往往会解雇一些工人；西方国家的圣诞节、复活节期间和之后，也会引起某些行业增雇工人和减雇工人。这种失业被认为是临时性的，一旦淡季过去，旺季到来，工人就可以恢复工作。

2. 摩擦性失业

摩擦性失业是指由于劳动力市场的正常流动而造成的失业。例如，工人在由一种工作转换为另一种工作的过程中需要时间，家庭由一个地方迁移到另一个地方需要重新寻找工作。工人也往往要放弃待遇较低的工作谋求待遇较高的工作。这种摩擦性失业被认为是不可避免的，工人是心甘情愿的。只要改善就业机会信息传播的方式，就能缩短寻找工作的时间，减少摩擦性失业。

3. 结构性失业

结构性失业是指由于劳动力需求结构的变化，工人不能很快或完全适应新结构的要求而造成的失业。例如，消费者偏好的改变，使得一些新厂商应运而生，一些老厂商被淘汰，而老厂商工人不能适应新厂商的技术要求而造成失业；劳动生产率的提高，使得原有的技术和经验变得过时，新技术一时掌握不了也会造成一部分工人失业。结构性失业同摩擦性失业的重要区别在于，后者拥有可以重新找到工作的技术，很容易恢复工作；而前者若没有重新培训或接受再教育的机会以掌握新技术，就很难找到工作。因此，对工人进行培训和再教育，并鼓励工人流动，从而减少或消除技术进步对劳动力就业所造成的消极影响，是解决这种失业的有效办法。

4. 周期性失业

周期性失业是指由于周期性爆发的经济衰退而造成的失业，也就是由于社会总需求下降造成对劳动力需求的不足而引起的失业。这种失业和经济活动水平密切相关，经济活动总水平下降则失业增加，经济活动总水平上升则失业减少。

对于周期性失业，并不像前三种类型的失业那样好解决，因为经济的周期性波动是经济发展的客观规律。只有通过实施财政政策，并配合以货币政策和其他经济调控政策，扩大社会总需求的规模，才能避免或缓和经济衰退，从而减少周期性失业。

由此看来，财政政策在实现充分就业方面的主要任务，在于减少或消灭周期性失业，至于季节性失业、摩擦性失业和结构性失业，经济学界虽也承认其存在，但认为政府不应直接干预，不必也不宜通过财政政策来解决。

（二）经济增长

经济增长，是指一国的国民生产总值实际的增加。通常有两层含义：一是指国家的产品和劳务总量要有实际增加，它以一国的国民生产总值或国民收入经过价格指数调整后的实际年增长率来衡量。二是指人均国民生产总值的实际增长，它表示一国或一个地区人民生活水平的高低。如果人口增长速度超过经济总量的增长速度，那么，人均收入不但没有上升反而下降了。只有在人口增长速度低于经济总量增长速度时，才能说经济有了真正的增长。财政政策通过分配、调节和引导，推动国民经济技术改造和产业结构优化组合，促使国民经济保持适度的增长速度，以保证国民财富的增加和社会安定，进而推动社会的全面进步。

（三）物价稳定

随着西方国家在20世纪70年代后期陷入“滞胀”的局面，人们越来越重视这一目标，越来越多地注意到通货膨胀的社会和经济代价。之所以希望实现物价稳定，是因为持续上升的物价水平（通货膨胀）造成了经济中的不确定性。因为，当物价总水平正在变动时，商品和劳务中所包含的信息就更加难以解释，从而消费者、企业和政府的决策可能变得更加困难。通货膨胀的一个更为重要的影响，是它对收入和财产再分配的影响。如果工资增长落后于物价上涨，它使靠工资生活的人生活水平下降。通货膨胀可以绷紧一个国家的社会结构：因为社会中的每个集团都可能同其他集团竞争，以确保它的工资收入不低于物价水平上涨，这会导致社会冲突。

（四）国际收支平衡

国际收支平衡是保证国际收支基本上不发生实际盈余和实际赤字，即不发生自发性的国际收支差额，以保证本国货币值在国际市场上兑换价值的基本稳定。这是开放经济中财政政策的基本目标。按国际经济往来的性质，国际收支可以划分为两类。一类为经常项目收支。它是指本国与外国之间经常发生的，并在整个国际收支总额中占有主要地位的外汇收支。具体包括三个主要的收支项目：贸易收支、劳务收支和转移收支（如政府间无偿的经济和军事援助、战争赠款、捐款等）。另一类为资本收支项目，它是由于资本输出或输入而发生的外汇收支。反映的是以货币表现的债权债务在国际上的变动情况。具体包括：长期的直接投资贷款和短期资本流动（如银行间的资金调拨和投放、贸易资金融通与结算、资金外逃、套利、逃汇、抵补保值和投机等）。

财政政策之所以把国际收支平衡列为基本目标之一，是因为国际收支会影响到一国的经济稳定增长，也影响到一国的物价水平，还间接影响到一国的就业水平。同样，财政政策也会有力地影响到一国的国际收支。例如，财政政策促使一国经济稳定增长，就会为扩大商品输出打下基础。财政政策还能够间接影响到一国利息率的变化，而利息率的高低对吸引外资有很大作用。

随着社会的不断发展和人们认识的逐步深入，除上述四个基本目标之外，经济学家又提出以下两个政策目标：（1）收入的合理分配。收入分配不合理，贫富悬殊，不利于社会经济的稳定。在市场经济条件下，市场对资源配置起基础性的作用，同时也需要政府的宏观调控。收入分配既要有利于充分调动社会成员的劳动积极性，同时又要防止过分贫富悬殊，所以在政策导向上要协调公平与效率的关系。税收负担的合理分担，完善的社会保障体系，是实现收入的合理分配目标的关节点。（2）社会生活质量的提高。人类进行经济活动最终是为了满足需要，需要包括个人消费需求和公共需要。公共需要的满足，综合表现为社会生活质量的提高。公共安全、环境质量、教育水平的提高都标志着社会生活质量的提高。财政政策把社会生活质量的提高作为政策目标之一，是因为提高社会生活质量，仅靠市场是远远不够的，还必须依靠政府部门提供足够的高质量的社会公共需要。

三、财政政策工具

财政政策工具具体有税收政策、投资政策、公共支出政策、公债政策、预算政策等。这些财政政策工具与社会再生产之间的内在关系共同构成了财政政策的调控机制。

由于不同的财政政策工具具有不同的功能，而且经济形势不断发生变化，有些政策工具可能有利于这种政策目标的实现，而有些政策工具只能用来实现另外一种政策目标。有些政策工具可能在一段时期内能发挥相当大的作用，但却不能长远地作为应付各种局面的唯一工具。因此，经济状况发生变化时，为实现财政政策目标，政策工具就应予以权衡取舍。

（一）税收政策

税收政策是最主要的财政政策工具之一。作为政策工具，税收的作用形式是税种、税率和减免税。由于税收是凭借国家的政治权力取得的收入，税种的开征与废止、税率的提高与降低以及减免税规定，都必须通过立法程序来确定。因此。税收是国家依据法律的严肃性而加以控制和运用的一个可靠工具。国家通过对税种、税率、减免税的变动，体现国家对社会经济活动的鼓励或限制政策，从而调节经济结构，调节社会总供给和总需求，鼓励或限制某些行业、部门、企业或产品的生产与流通。

税收作为调节手段：一是调节社会总供给与总需求的关系，二是调节收入分配关系。调节总供求关系是通过两个过程实现的，即自动稳定机制和相机抉择机制。前者是在既定税收制度和政策下，受经济的内在发展规律支配；后者是政府根据经济形势的发展变化，有目的地调整税收制度和政策。在经济繁荣时期，国民收入增加，以国民收入为源泉的税收收入会随之自动增加，相对地减少了个人的可支配收入，在一定程度上减轻了需求过旺的压力，此时，如果总需求与总供给的缺口仍然很大，政府则要采取相机抉择的税收政策，或扩大税基，或提高税率，或减少税收优惠等等。在经济萧条时期，税收收入会自动减少，相对地增加了个人的可支配收入，在一定程度上缓解了有效需求不足的矛盾，有利于经济复苏。此时，如果经济依然不景气，政府可进一步采取税收措施，或缩小税基，或降低税率，或增加税收优惠措施，等等。

（二）公债政策

公债政策的作用形式是公债发行额、公债对象和公债利息率。中央政府发行的公债，其发行的规模、对象及利率，国家都可以立法控制。国家利用公债资金进行现代化建设，可以加快能源、交通等重点建设及基础工业的发展，从而有利于产业结构的优化。国家通过公债规模的确定、发行对象以及利率的调整，可以间接调整市场上的货币流通量，调节社会总供给、总需求的总量平衡与结构平衡。

公债政策是一种有效的财政政策工具。公债管理的经济杠杆作用主要体现在它对经济的流动性效应和利率效应上。所谓公债政策的流动性效应，是指通过改变公债的流动性程度来影响整个社会的资金流动性状况，从而对经济产生扩张性或抑制性效应。公债政策的这种影响主要通过以下两种措施来实现：（1）调整公债期限构成。公债可分为长期公债和短期公债。一般情况下，长期公债的流动性低，短期公债的流动性高。当经济处于萧条时，政府通过增加短期公债的发行，以提高整个社会的资金流动性状况，扩大社会总需求；当经济处于繁荣时，政府通过增加长期公债的发行，以减少公债的流动性，抑制社会总需求。（2）改变公债资金来源。公债的认购单位可分为银行部门和非银行部门。银行系统认购公债，有可能会通过扩大信贷规模而增加货币供给量；非银行部门认购公债，只会引起资金使用权的转移，不会引起货币供给量的增加。因此，经济学家认为，在经济萧条时，政府应增加银行系统持有公债的份额，以刺激投资和消费需求，在经济繁荣时，政府应尽量从非银行部门借入资金，以减轻通货膨胀压力。

所谓公债政策的利率效应，是指通过调整公债的利率水平和影响其供求状况来影响金融市场利率变化，从而使经济产生扩张性或抑制性效应。公债政策的利率效应是通过确定公债利率水平和改变公债价格来实现的：（1）确定公债发行利率。公债的利率水平对金融市场的利率变化有重大影响，从而对整个社会的投资需求和消费需求产生作用。当经济萧条时，政府通过调低公债的发行利率，带动金融市场利率水平下降，以刺激投资需求和消费需求；当经济繁荣时，政府通过调高公债的发行利率，推动金融市场利率水平上升，以抑制总需求。（2）改变公债的买卖价格。公债价格与利率呈反向变化。在经济衰退时，政府可以大量买进债券，以刺激公债价格上升，使利率水平降低，产生扩张性效应；在经济繁荣时，政府可以抛售债券，促使公债价格下跌，使利率水平上升，产生紧缩效应。由此可见，公债政策是实现财政政策稳定目标的主要工具。

（三）公共支出政策

公共支出政策主要指政府满足纯公共需要的一般性支出（或称经常项目支出），其作用形式是公共支出的规模（或占财政支出的比重）和支出结构。在财政收入既定的条件下，如果实行平衡的财政政策，则公共支出规模的大小直接制约着国家对生产的投资，制约着生产的发展。同时，国家通过公共支出的追加、追减或结构调整，可以调节需求的总量和结构，从而保持社会总供给与总需求的平衡。

公共支出包括购买性支出和转移性支出两部分。购买性支出是政府利用国家资金购买商品和劳务的支出。由于购买性支出是决定国民收入大小的主要因素之一，其规模直接关系到社会总需求的增减。根据现代公共支出理论，政府购买性支出的增加，将直接增加个人的收入，个人收入增加的一部分将用于消费，使社会消费总量增加。这种消费量的增加，又可引起国民收入的增加，继而进一步增加消费数额。如果政府购买性支出减少，将出现相反效果。政府购买性支出的增减，所引起的消费的增减，其数量要比原来的政府支出增减数量更大，大小程度取决于乘数。转移性支出是政府把以税收形式筹集上来的一部分财政资金转移到社会福利和财政补贴等费用的支付上。转移性支出的作用在于给企业和家庭提供购买力，使其有能力在市场上购买商品和劳务。

财政补贴政策是转移性支出政策的另一种形式。财政补贴分为两大类，一类是生产性补贴，另一类是消费性补贴。这两种补贴的调节效应有所不同。消费性补贴主要是对日常生活用品的价格补贴，其作用在于直接增加消费者的可支配收入，鼓励消费者增加消费需求。生产性补贴主要是对生产者的特定生产投资活动的补贴，如生产资料价格补贴、投资补贴、利息补贴等，其作用等同于对生产者实施的减税政策，可直接增加生产者的收入，从而提高生产者的投资和供给能力。经济学家认为，在有效需求不足时，主要增加消费性补贴；在总供给不足时，主要增加生产性补贴，这样就可以在一定程度上缓和供求矛盾。

（四）财政投资政策

财政投资政策的作用形式是财政投资的规模、方向和方式。财政投资规模的大小，直接影响到国民经济的发展和社会总需求的变化。在我国，财政投资方面（或结构）的合理化，对国民经济结构合理化有重要影响。财政投资方式包括财政拨款和财政信用两种。处理好二者的适用对象、比重以及各自的合理运用，是提高财政投资效益的首要途径。政府投资的特点是：（1）投资规模大。（2）投资方向主要是基础设施、公共事业、经济的“瓶颈”部门。（3）投资目标主要在于提高经济运行的整体效率，而不在于盈利性。（4）投资的资金来源是公债和税收收入。政府通过投资政策，扩大或缩小社会总需求，调整产业结构、资源结构、技术结构、劳动力结构以及国民经济部门间的比例关系，改善社会投资环境，刺激私人投资。

（五）预算政策

预算政策的作用形式是预算平衡、预算盈余和预算赤字。预算政策作为一种财政政策工具，主要通过年度预算的预先制定和在执行过程中的收支追加追减变动，以实现其调节职能。预算的调节功能主要体现在财政收支规模和收支差额上。预算通过对国民收入的集中性分配与再分配，可以决定民间部门的可支配收入规模，可以决定政府的生产性投资规模和消费总额，可以影响经济中的货币流通量，从而改变整个社会的总需求以及总需求和总供给的关系。预算政策可以用三种形态来实现调节作用，即赤字预算、盈余预算和平衡预算。赤字预算体现的是一种扩张性财政政策，盈余预算体现的是一种紧缩性财政政策，平衡预算体现的是一种中性财政政策。盈余预算在总需求膨胀时，可以对总需求膨胀起到有效的抑制作用；赤字预算在有效需求不足时，可以对总需求的增长起到刺激作用；平衡预算在总需求和总供给相适应时，可以维持总需求的稳定增长。当然，按照供给学派的观点，在平衡预算中，通过“松”（减税）、“紧”（减支）结合的财政政策，也可以增加“有效供给”。一般认为，预算政策表明了一国的施政方针和国民生计状况，所以，其目标在于提高充分就业水平，稳定物价，促进经济增长以及约束政府的不必要支出和提高政府效率。

以上各种财政政策工具，它们各自的性能不同，作用的范围和作用程度也不一样，因而有着不同的特点。因此，在财政政策工具的实际操作中，不能忽视它们的差异性，应使多种工具相互配合和协调。

专栏 14-2

国务院关于落实《政府工作报告》重点工作部门分工的意见

为全面贯彻党的十八大和十八届三中、四中、五中、六中全会精神，深入落实中央经济工作会议精神和十二届全国人大五次会议通过的《政府工作报告》部署，做好2017年政府工作，实现经济社会发展目标任务，要求财政政策更加积极有效，具体分工如下：

赤字率拟按3%安排，财政赤字2.38万亿元，比去年增加2000亿元。其中，中央财政赤字1.55万亿元，地方财政赤字8300亿元。安排地方专项债券8000亿元，继续发行地方政府置换债券。全年再减少企业税负3500亿元左右、涉企收费约2000亿元，一定要让市场主体有切身感受。财政预算安排要突出重点、有保有压，加大力度补短板、惠民生。对地方一般性转移支付规模增长9.5%，重点增加均衡性转移支付和困难地区财力补助。压缩非重点支出，减少对绩效不高项目的预算安排。各级政府要坚持过紧日子，中央部门要带头，一律按不低于5%的幅度压减一般性支出，决不允许增加“三公”经费，挤出更多资金用于减税降费，坚守节用裕民的正道。

资料来源：财政部网站，http://www.gov.cn/zhengce/content/2017-03/28/content_5181530.htm.

第二节 财政政策的传导与效应

财政政策从计划到实施，再到政策发挥作用，需要一系列的过程，这个过程对于政策效果的发挥是非常重要的，因此对于财政政策的传导机制及其效应进行分析非常必要。

一、财政政策的传导机制

财政政策目标的实现是由众多的财政工具借助于中介媒体的传导，最终作用于经济而形成的。传导财政政策的媒体主要有收入分配、货币供应和价格等。

收入分配表现在各个方面，就财政政策传导分析而言，主要表现为对企业利润收入和个人收入分配的影响。政府支出政策特别是消耗性支出和公共工程支出，都会最终增加企业收入，税率的调整也会直接影响企业的税后利润水平。财政政策对个人收入分配的影响主要体现在其会改变居民个人实际支配收入上。调高或者调低税率最终会减少或者是增加个人收入；增加或者是减少补贴，则会增加或者减少居民可实际支配的收入。居民个人收入的变化会影响其消费行为和储蓄行为，以及劳动的积极性，在一定程度上能导致人们在工作和休闲之间的重新选择。

财政采取的扩张性政策通常具有货币扩张效应，采取紧缩性政策则会引起货币紧缩的效应，最终会对社会供求总量平衡和经济的发展产生影响。价格是市场经济条件下引导资源配置的最为灵活的杠杆。如扩张性财政政策所产生的货币扩张效应最终会引起价格的变动，从而对经济产生影响，实现财政政策目标。

二、财政政策效应的定量分析——乘数效应

财政政策的基本手段就是税收和公共支出，因此，政策执行后可能产生的政策绩效是通过这两个基本手段而带动的。根据财政政策理论，直接决定财政政策绩效的因素就是公共支出乘数和税收乘数的大小。按照凯恩斯的观点，投资支出的任何变动都会引起国民产出的倍数变动。国民收入变动相当于投资的倍数就是乘数。所谓乘数效应，是指政府执行相应的财政政策手段会导致国民收入出现数倍于政策手段数量的变化。

乘数最早由英国经济学家卡恩于 1931 年在其《国内投资对于失业的关系》一文中提出，后来凯恩斯对这一概念加以利用，用来研究投资变动对就业量增加的影响。按照凯恩斯的说法，投资增加会引起总收入的增加，而收入的增加将若干倍于投资量，这个倍数就是乘数。经济学家根据这个基本概念，提出了许多专门的乘数。其中，财政政策乘数用来研究财政收支变化对国民收入的影响，具体包括税收乘数、财政购买性支出乘数和平衡预算乘数。

我们假设一个三部门的国民经济模型。根据三部门国民收入支出法计算公式，我们可以求得各项财政政策乘数。三部门国民收入支出法计算公式为：

$$Y = C + I + G \tag{14-1}$$

式中，Y 为国民收入，C 为消费支出，I 为投资支出，G 为政府购买性支出，其中：

$$C = \alpha + \beta Y_d \tag{14-2}$$

式中，α 为自发消费，在公式中为消费函数中的常数，它与收入没有关系，代表收入为零时消费者的消费数量；β 为边际消费倾向，也就是收入增加 1 个单位（货币）时消费增加的数量。一般情况下，$0<\beta<1$；Y_d 为可支配收入，即扣除税收后的收入，设税收为 T。

$$Y_d = Y - T \tag{14-3}$$

把式（14-2）、式（14-3）代入式（14-1）可得：

$$Y = \frac{\alpha + I + G - \beta T}{1 - \beta} \tag{14-4}$$

根据以上公式，我们可以求得简单的财政政策乘数。

（一）税收乘数

对式（14-4）中的 T 求导，即可得到税收乘数为：

$$K_t = \frac{-\beta}{1 - \beta}$$

税收乘数表明税收的变动对国内生产总值（GDP）的影响程度。税收乘数是负值，说明它与 GDP 的关系是负相关关系。这就意味着，当经济处于萧条状态时政府可以通过减税政策刺激国民收入增长。当政府减税额度为 1 个单位（货币）时，国民收入将增长 $\frac{\beta}{1-\beta}$ 个单位；反过来，当经济处于过热状态时，政府可以通过增加税收来抑制总需求。具体来说，当政府增税额度为 1 个单位（货币）时，国民收入将缩减 $\frac{\beta}{1-\beta}$ 个单位。需要

注意的是，本例中采用的是定额税，如果采用比例税，此例中的税收乘数形式将会发生变化，但基本结论不变。

（二）政府购买性支出乘数

对式（14-4）中的 G 求导，即可得到政府购买支出乘数为：

$$K_g = \frac{1}{1-\beta}$$

购买性支出乘数表明购买性支出的变动对 GDP 的影响程度。支出乘数是正值，它与 GDP 呈正相关关系。政府支出增加时，GDP 增加，增加的幅度为 $\frac{1}{1-\beta}$；政府支出减少时 GDP 减少，减少的幅度为 $\frac{1}{1-\beta}$。

（三）平衡预算乘数

如前所述，税收乘数与政府购买性支出乘数对国民经济的影响方向相反，那么，如果同时实行同样幅度的增税（或减税）和政府增支（或减支），国民经济将会发生怎样的变化呢？这个问题牵涉平衡预算乘数。

所谓平衡预算乘数，指的是政府收入（税收）和支出同时以相等数量增加或减少时国民收入变动与政府收支变动的比率。用 ΔY 表示税收和政府支出各增加同一个数量时国民收入的变动量，则：

$$\Delta Y = K_g \Delta G + K_t \Delta T = \frac{1}{1-\beta}\Delta G - \frac{\beta}{1-\beta}\Delta T$$

由于假定 $\Delta G = \Delta T$，因此：

$$\Delta Y = \frac{1}{1-\beta}\Delta G - \frac{\beta}{1-\beta}\Delta G = \frac{1-\beta}{1-\beta}\Delta G = \Delta G$$

或

$$\Delta Y = \frac{1}{1-\beta}\Delta T - \frac{\beta}{1-\beta}\Delta T = \frac{1-\beta}{1-\beta}\Delta T = \Delta T$$

可见

$$\frac{\Delta Y}{\Delta G} = \frac{\Delta Y}{\Delta T} = \frac{1-\beta}{1-\beta} = 1 = K_b$$

式中，K_b 为平衡预算乘数，其值为 1。

由此分析可知，当政府增加等量的税收和政府支出时，国民经济将增加与税收或政府支出同样的数量。仔细观察税收乘数和政府购买性支出乘数就可以发现平衡预算乘数的原理。首先，税收乘数的方向与政府购买性支出乘数相反；其次，由于 $0<\beta<1$，税收乘数的绝对值小于政府购买性支出乘数的绝对值。所以才会出现平衡预算乘数为 1 的情形。

第三节　中国财政政策实践

我国财政政策的实践是在改革开放的大背景下进行的，从明确建立社会主义市场经济体系以来，我国的财政政策实践大体上依次采取了“适度从紧的财政政策”、“积极财政政策”、“稳健的财政政策”以及“积极财政政策”四个阶段。

一、1992—1997：适度从紧的财政政策

（一）宏观经济背景

1992年，我国确立了建设社会主义市场经济的目标，经济开始进入新一轮的快速增长时期，一举扭转了1989年和1990年经济低速增长的态势，国民经济发展进入了一个新的阶段。然而，从1992年开始的新一轮经济增长也带来了新的问题。1992年和1993年国内生产总值的增长速度分别为14.2%和13.5%，经济运行开始出现过热的苗头。突出表现在：从1992年起，作为推动经济增长主要因素的固定资产投资高速增长，1992年和1993年增速分别为42.6%和58.6%，大大超过以往的增长速度。同时，投资需求带动了消费需求，当时我国正处于从计划经济向市场经济转轨的过程中，投资需求与消费需求的“双膨胀”加剧了商品供给的短缺状况，造成1993年至1994年全国商品零售价格指数分别上升了13.2%和21.7%，产生了严重的通货膨胀，经济增长过快带来的经济过热与严重的通货膨胀，成为社会经济稳定的巨大隐患。在市场经济条件下，适度的物价稳定是社会经济活动赖以存在的基础，是国民经济持续稳定增长的主要标志。严重通货膨胀对国民经济造成了巨大的冲击，如果任其发展下去，不可避免地会破坏正常的经济秩序，最终导致经济增长的下降或停滞，因此遏制恶性通货膨胀成了当务之急。过去很长一段时间以来，我国遏制通货膨胀取得了非常不错的成绩，但是随之而来的国民经济却在低谷中运行。这种经济过热中的“急刹车”做法，同样不利于国民经济的持续协调发展。例如，1988年为了抑制严重的通货膨胀，我国采取了严厉的紧缩财政政策，通货膨胀率虽然明显下降，但是国民经济连续两年萎靡不振。1989年和1990年的国内生产总值增长率仅为4.1%和3.8%。改革开放以来，保持国民经济的适度增长一直是我国宏观经济调控的核心内容，是实现我国经济腾飞的必要条件，遏制通货膨胀不能以牺牲国民经济的增长速度为代价，因此，适度从紧的财政政策就十分必要。

（二）适度从紧财政政策的内容

为了抑制经济过热，1993年下半年，中央出台了针对固定资产投资增长过快的一揽子宏观调控措施，其核心是采取适度从紧的财政政策，并与适度从紧的货币政策相配合。在财政政策方面，控制支出规模，压缩财政赤字，把财政支出的增长速度从1993年和1994年的24.1%与24.8%压缩至1995—1997年的17.8%、16.3%和16.3%，对财政信用周转金进行清理整顿，减少财政信用资金对生产企业的投入。此外，1994年还实施了适

应社会主义市场经济的分税制财政体制改革，提高财政收入“两个比重”，为中央实施宏观经济调控提供财力保证，把与速度和规模直接相联系的消费税和增值税的75%作为中央的固定收入，把与经济效益水平直接相关的所得税等作为地方的固定收入，以此限制地方对增长速度的片面追求。适度从紧的财政政策，有以下几个特点：

1. 着眼于国民经济增长的“软着陆”

“适度从紧”意味着在实施财政政策进行宏观调控时，要掌握好政策实施的力度，在消除经济剧烈波动的同时，保持住经济的平稳增长，即实现经济运行中的“软着陆”。“软着陆”是对经济运行状态的形象比喻，从经济意义上讲，它是指国民经济的运行在经过了一段时期扩张后，在政府的宏观调控作用下，平稳地回落到适度的增长区间。而“适度的增长区间”，则是指经济增长的实现与社会物力、财力等的承受力相适应，脱离了客观社会经济承受能力的过快或过慢增长都不是适度的表现。

2. 总量从紧，结构调整

20世纪80年代中期以来我国历经几次大的经济波动，几乎都是源于投资膨胀而引发的总需求膨胀。由于当时社会主义市场经济体制还在初步建立中，受短缺经济的影响，由投资膨胀引发的总需求膨胀在短时期内难以明显得到释放，在这种背景下，实施总量适度从紧的宏观财政政策是必要的。财政政策坚持总量上的从紧，并不意味着财政支出绝对量的减少，而是相对压缩。在这里，相对压缩有两层含义：一是指相对于上年，财政支出的增长速度下降，例如1995年至1998年的财政支出增长速度都低于1993年和1994年的财政支出增长速度；二是指相对于财政收入的增长速度，财政支出的增长速度下降，例如从1995年到1997年财政支出的增长速度都低于财政收入的增长速度。此外，吸取了以前经济过热时采取全面紧缩导致经济跌入低谷的教训，在总量从紧的大前提下，进行适时的结构调整，做到“紧中有活”，避免“一刀切”。对国家重点建设项目，对具有公共产品性质的基础设施和具有市场效益的企业，适当地加大公共资金投入，进行重点扶持；而对“泡沫经济”部分，对低水平重复建设部分，对单纯外延型扩张和低效益甚至无效益的部分则从紧。通过“紧中有活”的结构调整，促进经济增长方式从粗放型向集约型的转变，为以后高质量的经济增长奠定坚实的基础。

3. 与“适度从紧”的货币政策搭配

财政政策与货币政策是政府实施宏观调控的两大政策工具，“适度从紧”的财政与货币政策从以下三个方面发挥作用：第一，严格控制财政支出，特别是投资性支出和社会集团消费，通过调整支出结构、合理安排支出，把财政支出的增长势头控制住；第二，严格控制信用总量，合理调整信贷资金投向，严格控制固定资产贷款，严禁用流动资金搞固定资产投资；第三，在控制固定资产投资规模的同时，加大投资结构调整力度，重点是严控新形式项目，加大企业技改力度，投资资金用于保投产、保收尾、保国家重点等。总的来看，财政政策与货币政策的搭配运用，成功地使经济过热降温，遏制了高通货膨胀。

（三）适度从紧财政政策的成效

1. 实现了经济增长的"软着陆"

"适度从紧"财政政策的实施，使严重的通货膨胀从1995年开始得到了抑制，该年的全国商品零售价格指数比上年回落了6.9个百分点，而同期的国内生产总值仍维持10.5%的较高增长速度；到1996年，经过三年的治理整顿，我国基本实现了国民经济的"软着陆"，全国商品零售价格指数回落至6.1%，但仍保持了9.6%的经济增长速度，经济环境得到明显改善，经济增长质量显著提高，取得了既遏制通货膨胀又保持国民经济持续增长的良好态势，实现了在低通胀下国民经济高速增长的"双赢"格局。

2. 积累了治理经济过热的经验

运用财政政策进行宏观经济调控，是市场经济条件下财政职能的重要体现。"适度从紧"的财政政策是根据经济运行情况做出的相机抉择。这是运用经济手段进行宏观调控的成功范例，改变了计划经济时代常常运用行政手段控制国民经济的传统做法，跳出了计划经济下宏观调控的框框，有效地解决了过去"一管就死"的宏观调控难题，是我国宏观调控史上的重要事件，为治理市场经济条件下的通货膨胀积累了宝贵的经验。

二、1998—2004：积极财政政策

（一）积极财政政策的实施背景

经过3年的治理整顿，我国于1996年实现了国民经济的"软着陆"。然而此后，我国的经济发展遭遇到前所未有、极其复杂的国际国内环境：

1. 亚洲金融危机的冲击

受亚洲金融危机的影响，中国外贸出口的难度日益加大，出口对经济增长的推动作用明显减弱。1998年我国外贸的增长幅度明显放缓，并于5月出现负增长，推动经济增长的"一驾马车"开始出现问题。金融危机叠加到中国经济周期低谷阶段上，使经济增长明显趋缓，并出现通货紧缩现象。

2. "过剩经济"局面形成

20年市场化改革终于使我国告别短缺时代，"过剩经济"局面开始形成。我国国民经济在改革前一向以供给不足的短缺经济为主要特征，到1998年市场上供不应求的商品种类已寥寥无几，供大于求或供求平衡的占绝大多数。企业产成品库存总量不断增加，1998年已达4万亿元，相当于GDP的40%以上。"短缺"现象基本上消失，大部分制成品已由卖方市场转变为买方市场。原有的一些消费热点渐趋平淡，新的消费热点尚未形成，物价持续走低，居民储蓄倾向增强，市场的需求约束明显加大。

3. 经济结构矛盾显现

随着改革的不断推进，经济运行中长期掩盖的一些深层次矛盾——特别是投资结构不合理、重复建设严重、增长方式粗放等问题更加突出地暴露出来。此外，国有企业由于尚未实现经营机制的根本性转变，对国内外市场需求变化缺乏足够的应变能力，经济效益下

滑，职工下岗压力加大。1998年6月底，全国企业下岗未就业职工达1128万人，登记失业率为3.1%。

4. 货币政策的调节成效不大

针对我国经济“软着陆”过程中的情况，货币政策方面采取了一系列放松银根、刺激需求的政策，1996年5月之后的两年多时间里，中央银行先后多次降低存、贷款利率，并在1998年初取消国有商业银行的贷款限额控制，降低准备金率，颁布积极实行贷款支持的指导意见等等，以求扩大企业贷款需求，刺激投资。然而，这些政策迟迟没有产生足够的效果，货币政策操作余地已经相当狭小。

针对上述情况，我国政府在全面分析国内外经济发展形势、权衡利弊因素的基础上，果断地做出了1998年实施积极财政政策、扩大内需、开拓国内外市场、保持汇率稳定的决策。

在经济增长乏力、总需求不足以及增长速度放慢时，运用积极的财政政策直接启动经济以刺激经济回升，是当今世界各国普遍实施的重要手段。积极的财政政策一般有两种主要方式，一个是减税，一个是借债。我国所选择的积极财政政策，是以发行长期建设国债，增加政府财政投入，扩大基础设施投资为主要手段的方式。这种方式往往在需求不足甚至经济疲软的状况下，能起到货币政策无法替代的作用。

（二）积极财政政策的内容

积极的财政政策，就是通过扩大财政支出，使财政政策在启动经济增长、优化经济结构中发挥更直接、更有效的作用。实践证明，整个财政政策的实施是完全正确的，并且已经取得了比较好的效果。1998—2004年，我国连续7年实行了旨在扩大内需的积极财政政策，其主要内容如下：

1. 发行长期建设国债，增加基础设施投资

自1998年起，我国开始实施的积极财政政策，7年多增发长期建设国债9100亿元用于基础设施投资，包括农田水利设施、公路铁路交通设施、邮电通信设施、城市基础设施、城乡电网改造和建设工程、绿化和生态环境建设、国家储备粮库建设等项目。集中力量建成了一批关系全局的重大基础设施项目，基础设施的“瓶颈”约束基本改观，经济结构优化也取得明显成效。

2. 注重发挥税收政策的作用，支持扩大国内外需求

从1999年7月1日起减半征收固定资产投资方向调节税，2000年开始暂停征收；从1999年7月1日起，对符合国家产业政策的技术改造项目购置国产设备的投资，按40%的比例抵免企业所得税；连续多次提高出口退税率，使我国出口货物的平均退税率由原来的8%左右提高到15%左右；从1999年11月1日起，对居民存款利息恢复征收个人所得税，到2003年底累计组织收入超过1000亿元。这些税收政策的调整和实施，有利于扩大国内外需求。

3. 注重调整收入分配政策，增强居民消费能力和企业自主投资能力

1999年以来，我国连续三次提高机关事业单位职工工资标准，还实施了年终一次性奖金制度，使机关事业单位职工月人均基本工资水平由1998年的400元提高到2002年的

823元，翻了一番。2003年又进一步提高到877元。同时，提高了社会保障水平，1998—2003年中央财政大幅增加对“两个确保”和城市“低保”的投入，共安排资金2620亿元左右。这些收入分配政策的调整和实施，有利于增强居民消费能力。此外，我国政府还加大治理乱收费、规范分配秩序的力度。1998—2003年，我国政府公布取消不合法和不合理的收费项目1805项，降低469项收费标准，减轻企业和社会负担1400亿元左右。由于收费是一种准税收，减费可以起到与减税等价的效应，同样有利于增强企业自主投资的能力。

4. 结合财政体制完善，强化财政政策作用

2003年，中央财政本级收入由1997年的4227亿元增加到11849.5亿元，年均增长18.7%；相应地，中央财政本级收入占全国财政收入的比重也由49.5%上升到54.6%。在此基础上，中央财政不断加大对地方的转移支付力度，中央财政转移支付总额由1997年的2857亿元增加到2003年的8687亿元，年均增长20.4%，高于同期中央财政本级收入增幅17个百分点，有力地促进了各地区经济社会的协调发展。

5. 在财政政策的具体措施设计中，注重发挥与货币政策的协同作用

长期建设国债主要是面向国有商业银行发行的，国债投资项目也带动了银行的配套贷款，在一定程度上提高了银行资金的运营效益。特别是，1998年通过国家财政发行2700亿元特别国债，提高了国有独资商业银行的资本充足率，成立四大金融资产管理公司，剥离了14万亿元的银行不良资产，增强了银行抗风险能力，充分发挥了财政政策和货币政策相互协调与配合的作用。

（三）积极财政政策的实施成效

我国通过实行以增发国债为核心内容的积极财政政策，有效扩大了政府投资，带动了全社会投资需求的回升，缓解了有效需求不足的矛盾，使通货紧缩趋势得到抑制。国债项目工程创造了大量就业机会，在世界经济不景气的大背景下，维持了国民经济的较快增长。

1. 有效扩大了内需，拉动经济增长

通过增发国债扩大政府投资，调整收入分配政策刺激居民消费，调整固定资产投资方向调节税、企业所得税等有关税收政策带动投资需求，进一步提高出口退税率等措施促进外贸出口，有力地拉动了经济增长。据测算，积极财政政策及其引导的各方面投资和消费，年均拉动经济增长1.5~2个百分点。

2. 增加了就业岗位，促进居民增收

国债资金支持的一大批新项目及其配套项目的建设，7年共增加就业岗位700万~1000万个，对拉动相关产业发展起到了良好的刺激作用。城镇居民人均可支配收入水平年均增长率达到9%，农村居民人均收入年均增长达到8%。并改善了生产和生活环境。

3. 加快了完善基础设施建设的步伐

实施积极财政政策的7年间，通过9100亿元国债资金安排了基础设施建设项目，弥补了过去多年的基础设施欠账。例如，新建了大批城市污水治理工程、新增公路8万多公

里、新建铁路6000多公组、新建机场30多个，西电东送、西气东输等大型工程全面展开。

4. 促进了经济结构优化升级

利用国债资金的直接投入以及调整税收政策，通过投入国债资金进行技术改造和高新技术项目建设等，不仅使企业的技术水平有了较大提高，而且还优化了产业结构，增强了产品的更新换代和出口能力，为经济持续发展提供了新的动力源。

5. 社会各项事业得到发展

启动了西部地区生态环境建设，完成退耕还林、宜林荒山荒地造林7000多万亩，天然林保护、防护林、自然保护区、京津风沙源区治理、天然草场建设等工程初见成效。农村中小学办学条件、重点高校教学设施得到改善。通过实施“村村通”广播电视工程，全国10万多个已通电的行政村群众能够收听到广播电视。利用国债投资进一步加大了扶贫工作的力度，饮水解困和治氟砷项目使当地农村用上健康水。积极财政政策的原意是一种由政府实施的扩张性的反周期的宏观经济操作，其目标是扭转需求不足、经济衰退的宏观经济运行状态，而且会产生大量财政赤字和政府债务，因此，这一政策不可能年复一年长期坚持，必然要在完成反周期调控任务之后淡出。

三、2004—2008：稳健的财政政策

（一）稳健财政政策的实施背景

1. 宏观经济环境的变化

2003年和2004年连续两年，我国经济增长率分别为9.1%和9.5%，居民消费价格指数分别同比上涨1.2%和3.9%，工业品出厂价格指数分别同比上涨2.3%和6.1%，原材料、燃料、动力购进价格指数分别上涨4.8%和11.4%，这些数据表明我国经济已经摆脱了通货紧缩的阴影，结束了自1997年亚洲金融危机至2002年间的经济周期，我国经济进入了新一轮经济增长周期。2003年下半年以来，我国经济开始走出通货膨胀的阴影，呈现出加速发展的态势。但也出现了部分行业和地区投资增长过快等问题，资源对经济增长的制约越来越明显，部分行业和地区盲目投资和低水平重复建设的倾向有所加剧，钢铁、汽车、电解铅水泥等行业在建和拟建规模过大，货币信贷增长偏快，并带来煤、电、油、运供求紧张的局面。同时，农业特别是粮食生产连续多年减产，粮食供求靠挖库存维持平衡，粮价逐步攀升，带动了居民消费品价格的明显上升，通货膨胀压力逐渐加重。宏观经济形势的变化表明积极财政政策的转型十分必要。同时，我国经济又并非全面过热，经济社会发展中还有农业、教育、公共卫生、社会保障等许多薄弱环节亟待加强，而且没有强烈信号表明近期会发生高通货膨胀，因此，积极财政政策不宜一下子转向紧缩的财政政策。

2. 财政负担和财政风险加大

我国实行积极财政政策是在需求不足、通货紧缩和货币政策失灵的情况下被迫采取的，是不得已而为之，这并不意味着政府具有长期大规模实施扩张性财政政策的能力。1998年我国财政收入占GDP的比重仅为12.6%，之后几年有了很大提高，到2004年达

到19.3%，能够用于宏观调控的财力是非常有限的。而且，我国已经积累了2万多亿元的国债规模，2004年财政赤字达到3198亿元，创下了中华人民共和国成立以来的最高值。之前实施的积极财政政策，扩大政府投资，基本上是依靠加大财政赤字、发行国债来进行的，但长期实行下去是难以为继的。在这种背景下把积极财政政策调整为稳健的财政政策，既可以减轻财政支出压力，又可以防范财政风险。

3. 存在“挤出效应”问题

“挤出效应”是指由于政府扩大赤字、增发国债而引起民间部门资金供应的减少，从而降低民间投资的现象。我国实行的积极财政政策不会产生“挤出效应”，但是存在着“挤出效应”的可能。“挤出效应”的条件之一是财政支出的扩张引起利率上升，从而抑制民间投资，而当时我国的国债发行没有引起利率的上升。我国的银行部门存在着大量的存差，不存在政府和民间部门在信贷资金需求上的竞争问题。不过，如果从更深层次分析，我国民间投资之所以长期不能有效启动，其主要原因：一是入市的门槛高，民间投资难于进入；二是民间投资的融资渠道不畅；三是资本盈利率普遍偏低。当这些因素消除后，长期实行扩张性财政政策就可能引起“挤出效应”。另外，如果从财政收支总体来看，实行积极财政政策以来，税收收入出现了超常增长，不管原因如何，都意味着政府支配使用的资源增加，相应地，民间部门支配使用的资源减少，投资能力减弱，这明显属于“挤出效应”。

总之，作为宏观“反周期”操作的积极财政政策适用于经济低迷阶段，而“反周期”宏观调控的基本目标一旦达到，积极财政政策的转型是必然的。积极财政政策的短期效果十分明显，然而仅仅靠扩张性的财政政策不能从根本上解决国民经济长期增长问题，对财政政策做出必要调整乃是顺时应势之举。

（二）稳健财政政策内容

2004年12月召开的中共中央经济工作会议，决定我国于2005年开始施行稳健的财政政策。这一政策的提出，一时间引起了国内各界的广泛关注。积极的财政政策将被稳健的财政政策所取代，我国宏观经济政策进入财政货币“双稳健”时代。

稳健的财政政策，也就是经济学意义上的中性财政政策，不是简单地扩张或紧缩，也不是无所作为，而是具有丰富的内涵。稳健财政政策的实施可以概括为“控制赤字，调整结构，推进改革，增收节支”这16个字。“控制赤字”，就是适当减少财政赤字，适当减少长期建设国债发行规模。2005年通过的财政预算报告中，中央财政赤字规模保持在3000亿元，减少198亿元；长期建设国债也从2003年的1100亿元调减到2005年的800亿元。同时，随着我国国民经济总量不断扩大，财政赤字占GDP比重不断下降，由2004年的2.5%降至2005年的2%左右。“调整结构”，就是要进一步按照科学发展观和公共财政的要求，着力调整财政支出结构和国债资金投向结构。资金安排上要区别对待，有保有压，有促有控。对与经济过热有关的、直接用于一般竞争性领域的“越位”投入，要退出来、压下来；对属于公共财政范围的，涉及财政“缺位或不到位”的，如需要加强的农业、就业和社会保障、环境和生态建设、公共卫生、教育、科技等经济社会发展的薄弱环节，不仅要保，还要加大投入和支持的力度，努力促进“五个统筹”和全面协调发展。

“推进改革”，就是转变主要依靠国债项目投资拉动经济增长的方式，按照既立足当前，又着眼长远的原则，在继续安排部分国债项目投资，整合预算内基本建设投资，保证一定规模中央财政投资的基础上，适当调减国债项目投资规模，腾出一部分财力，用于大力推进体制和制度改革创新，为市场主体和经济发展创造一个相对宽松的财税环境，建立有利于经济自主增长的长效机制。

“增收节支”，就是在总体税负不增或略减税负的基础上，严格依法征税，确保财政收入稳定增长，同时严格控制支出增长，在切实提高财政资金的使用效益上加大力气，下大工夫。

随着财政政策从“积极”向“稳健”的转变，财政对经济社会协调发展将发挥重要的职能作用。主要表现在：根据经济形势的发展变化和宏观调控的客观需要，及时主动调整财政政策；财政政策由总量调控为主转向结构调控为主，注重解决经济社会不协调、城乡不协调、区域不协调等深层次结构问题，促进全面协调可持续发展；财政政策由主要拉动经济增长转向促进经济增长方式转变，提高经济质量和效益；财政政策通过大力支持体制改革，健全和完善市场机制，减少体制复归倾向，提高资源配置效率；财政政策坚持增量平衡，控制赤字规模，注重解决历史遗留问题，主动防范公共风险。这表明，“稳健”绝非无所作为，而是将在社会经济生活中发挥重要调节作用。

四、2009 年至今：积极财政政策

（一）积极财政政策的实施背景

2008 年下半年，美国次贷危机导致的全球金融危机爆发，伴随国际经济形势恶化，中国经济增长明显减速，经济下行压力加大。从 2008 年第三季度起，我国经济增长率出现了加速下滑的局面。2008 年 11 月和 12 月，全国进出口、出口额和进出口总额开始表现为负增长。与此同时，投资和消费增长速度也持续放缓。为了避免经济增长持续下滑，夯实未来经济发展基础，同时也为促进世界经济的恢复发展，我国适时提出了实施积极财政政策的方向。

（二）积极财政政策的内容

1. 加大基础设施建设步伐

为了应对国际金融危机，促进国民经济持续健康增长，2008 年 11 月 9 日，国务院公布扩大内需、加快基建投资等十项措施，并投资 4 万亿元人民币。十大促进经济增长的措施包括：一是加快保障性安居工程建设；二是加快农村基础设施建设；三是加快铁路、公路和机场等重大基础设施建设；四是加快医疗卫生、文化教育事业发展；五是加强生态环境建设；六是加快自主创新和结构调整；七是加快地震灾区灾后重建各项工作；八是提高城乡居民收入；九是在全国所有地区、所有行业全面实施消费型增值税转型改革，鼓励企业技术改造，减轻企业负担 1200 亿元；十是加大金融对经济增长的支持力度。

2. 实行产业振兴规划及地区发展规划

2009 年 1 月 12 日，中央制订了“一揽子”振兴经济计划，其中包括十大重点产业振

兴计划，涉及钢铁、汽车、造船、石化、轻工、纺织、有色金属、装备制造、电讯等产业和将国家科学技术长期规划中，与当前经济发展紧密联系的六个重大专项加快进行，作为科技支撑，并投入6000亿元人民币。随后，我国政府先后审议通过了有关汽车、钢铁、纺织、装备制造、船舶、电子信息、轻工、石化、有色金属、物流等十大产业振兴规划。同时，受外贸出口持续下滑影响，财政部在2009年三次调整出口退税率，其中，箱包、鞋帽、伞、毛发制品、玩具、家具等商品的出口退税率提高到15%，电视用发送设备、缝纫机等商品的出口退税率提高到全额的17%。另外，还推出了江苏沿海地区、关中天水经济区、天津滨海新区、广西北部湾经济区、海峡西岸经济区、珠海经济特区等地区性的产业升级投资刺激计划。在十大产业振兴规划出台后，管理层继续出台了大量区域振兴计划，从不同的方面不断振兴经济发展，细化振兴内容，对后市经济起到极大促进作用。

3. 加大税制改革力度

在个人所得税方面，为加强对个人收入分配的调节作用，进一步降低中低收入者的税收负担，促进居民消费，2011年4月，我国对个人所得税进行修改，包括提高工资薪金所得扣除费用标准，免征额由每月2000元上调到3500元，调整工资所得税率级次级距，由9级超额累进税率修改为7级，并相应调整个体工商户生产经营所得和承包承租经营所得税率级距。实行结构性减税和普遍性降费，加强对实体经济的支持。结合税制改革，在清理规范税收等优惠政策的同时，力争全面完成营改增任务，进一步消除重复征税。同时，落实好普遍性降费措施，减免涉及小微企业的有关行政事业性收费和政府性基金，继续清理乱收费，以实实在在的举措减轻小微企业的负担。

4. 优化财政支出结构，加大盘活财政存量资金力度

一方面，严控“三公”经费等一般性支出，据实安排重点支出。增加一般性转移支付规模和比例，清理、整合、规范专项转移支付，严格控制新增项目和资金规模，建立健全定期评估和退出机制。盘活财政存量资金，腾出资金重点用于民生保障等领域。另一方面，加大盘活财政存量资金力度，提高财政资金使用效益。清理结转结余资金，将盘活的财政资金重点投向民生改善、公共服务和基础设施等领域。清理财政专户，设定预算周转金和预算稳定调节基金的上限，编制三年滚动财政规划，防止产生新的资金沉淀。

在2009年以后的不同年份，我国积极财政政策的主要内容如表14-1所示。

表14-1　**2009年以来积极财政政策主要内容**

年份	内容	具体措施（目的）
2009	扩大政府公共投资	中央公共投资安排9080亿元，同比增加4875亿元
	提高低收入群体收入	增加财政补助规模，重点增加中低收入者收入，增强居民消费能力
	保障和改善民生	中央财政用于“三农”支出和民生支出安排分别达到7161.4亿元和7284.63亿元
	支持科技创新和节能减排	加大科技投入，促进企业加快技术改造和技术进步。增加节能减排投入，稳步推进资源有偿使用制度和生态环境补偿机制改革

续表

年份	内容	具体措施（目的）
2010	提高城乡居民收入	扩大居民消费需求
	实行结构性减税	减轻企业和居民税收负担，扩大企业投资，增强居民消费能力
2011	进一步提高城乡居民收入	增加财政对低收入群体的各种补贴，提高他们的收入水平和消费能力。继续加大对农业生产的支持力度，促进农民增收
	着力优化投资结构	加大保障性安居工程、农业和农村基础设施的建设投入，大力促进教育、医疗卫生、文化等社会事业的发展。增加节能减排和生态环保投入，推动一些战略性产业的发展。积极引导社会资金的投入
	调整税收政策	优化税制，清理、规范行政事业性收费和政府性基金，调节收入分配，促进经济结构升级
	支持经济结构调整	加大对科技的投入，推进自主创新，促进产业结构的优化升级。继续大力支持节能减排，加快建立生态环境的补偿机制
2012	支持区域协调发展	进一步落实各项财税优惠政策，促进城乡统筹发展，推动地区区域发展
	保障和改善民生	加大对三农、教育、医疗卫生、社会保障等事业的支出，增加对欠发达地区的转移支付，促进经济结构调整、环境保护以及科技创新
2013	增加财政赤字和国债规模	保持必要的支出力度
	结构性减税政策	促进经济结构调整
2014	优化财政支出结构	增加一般性转移支付比例，规范专项转移支付，建立健全新增项目和资金定期评估和退出机制。盘活财政存量资金，重点用于民生保障等领域的支出
	完善有利于结构调整的税收政策	扩展小型微利企业税收优惠政策。完善促进养老、健康、信息、文化等服务消费发展和企业创新的财税政策
	防控财政风险	建立以政府债券为主体的地方政府举债融资机制，加强地方融资平台公司举债管理，建立债务风险预警及化解机制
2015	加大直接支出力度	适当扩大财政赤字规模和动用以前年度结转资金
	实行结构性减税和普遍性降费	完成营改增任务，进一步消除重复征税。同时，落实普遍性降费措施，减免涉企行政事业性收费和政府性基金，继续清理乱收费，减轻小微企业的负担
	盘活财政存量资金	清理结转结余资金，将盘活的财政资金重点投向民生改善、公共服务和基础设施等领域。设定预算周转金和预算稳定调节基金上限，编制三年滚动财政规划，防止产生新的资金沉淀
	保持适度政府投资规模	安排中央基建投资4776亿元，比上年增加200亿元。主要用于国家重大工程，跨地区、跨流域的投资项目以及外部性强的重点项目

第四节　财政政策与货币政策的协调配合

政府为了实现宏观调控目标，主要运用宏观经济政策，所谓宏观经济政策是指对一定经济总量发生影响，从而使之增加或减少的政策。宏观经济政策主要包括彼此有密切联系的财政政策和货币政策等。

一、货币政策

（一）货币政策的含义

货币政策是指一国政府为实现一定的宏观经济目标所制定的关于调整货币供应的基本方针及其相应的措施，一般由信贷政策、利率政策、汇率政策等具体政策构成。货币政策的基本目标就是稳定货币，和经济发展的目标是一致的。稳定货币就是把货币供应量控制在客观需要量的范围内，换言之，货币供应量不能超过货币的客观需要量，但是货币投放量究竟多少为宜，可以在货币需要量所容许的空间内进行选择。

（二）货币政策的手段

货币政策的手段主要包括：①法定存款准备金，是指商业银行等金融机构按照规定的比率，将所吸收的存款的一部分交存中央银行，本身不得使用。应交存的比率，称法定存款准备率。中央银行通过调高或调低法定存款准备金，来增加或减少商业银行应交存的存款准备金，从而影响商业银行的贷款能力和派生存款能力，以达到调节货币供应量的目的。②再贴现率，是指商业银行向中央银行办理再贴现时使用的利率。中央银行通过调高或调低再贴现的办法，可以影响商业银行的贷款数量。若中央银行调高再贴现率，商业银行的借入资金成本增大，就会迫使商业银行提高贷款利率，从而紧缩企业的借款需求，减少贷款量和货币供应量。再贴现率可以根据需求及时调整，因而是经常使用的调节手段。③公开市场业务，是指中央银行通过在金融市场上买进或卖出有价证券进行调节的一种方式。公开市场业务相对前两种手段的优点是：主动权操纵在中央银行手中，可以买进或卖出，多买或少买，通过买卖证券，直接左右市场货币供应量。中央银行一般是通过证券经纪人来买卖证券的，其政策意图不易被社会察觉，具有一定的隐蔽性，可以减轻社会震荡。

除上述三种重要手段之外，还包括有选择地对某些特殊领域的信用加以调节和影响的措施，即选择性政策工具，如消费者信用控制、证券市场信用控制、不动产信用控制、优惠利率、预缴进口保证金等。此外，还包括直接信用控制和间接信用指导，前者是指以行政命令等方式对商业银行的信用活动进行控制，如信用配额、利率最高限额、流动性比率直接干预等；间接信用指导是中央银行通过道义劝告、窗口指导等办法影响商业银行的信用活动。

（三）货币政策分类

根据货币政策对国民经济总量的不同作用可以把货币政策分为扩张性货币政策、紧缩性货币政策与中性货币政策。扩张性货币政策是指通过货币供应量的超量供应，以刺激和增加社会总需求的政策；紧缩性货币政策是指通过控制货币供应量，使之小于货币实际需求量，以抑制社会总需求的政策；中性货币政策是指货币供应量等于货币需求量，对社会总供求的关系不产生影响的政策。

二、财政政策与货币政策的区别

（一）政策制定者与工具的不同

财政政策是政府财政工作具有可操作性的行动纲领，政策的制定者一般为中央政府；货币政策是货币当局制定的具有可操作性的行动纲领，政策的制定者一般为中央银行。财政政策的工具主要有税收、财政支出、公债等；货币政策的工具主要有基础货币供应量、利率、汇率、存款准备金制度、公开市场业务等。

（二）作用机制不同

财政是政府按照社会公众的集体意愿，提供公共产品满足社会公共需要的经济活动或分配活动。从现象看，财政表现为政府直接征收社会成员的一部分收入，集中起来形成财政收入，然后将财政收入进行集中性分配形成财政支出，用于购买公共产品和劳务，因此，财政直接参与社会产品的分配，并对集中起来的社会产品在全社会范围内进行再分配；财政从收入和支出两方面直接影响社会总需求的形成，其作用机制是直接的。

银行是再分配货币资金的主要渠道，这种对货币资金的分配除了收取利息外，并不直接参与社会产品的分配，因而决定了货币政策的作用机制是间接的。中央银行主要是利用货币政策工具影响商业银行的存贷款利率，通过利率调节居民对货币资金的需求进而影响总需求，其作用机制是间接的。

（三）在膨胀和紧缩社会总需求方面的作用不同

在市场经济体制下，财政扩张社会总需求的作用相对较大，而货币政策紧缩社会总需求的作用相对较大。

财政支出的增加能够直接增加社会总需求，特别是经济运行出现供给过度、需求不足的情况下，财政支出的增加能够直接拉动社会总需求的扩张；相反，财政支出在紧缩社会总需求方面的作用则相对较小，因为一般财政支出存在“刚性”，压缩很难。

货币政策的改变直接影响银行的贷款能力，从而直接影响货币供给。当经济过热时，货币政策的运用直接导致银行贷款能力的减小，进而减少货币供给量，以迅速达到紧缩社会总需求的目的。当经济低迷时，尽管利率很低，由于“流动性陷阱”因素，企业也不会增加投资，社会投资需求并不会增长，货币政策对扩大消费需求的作用更小。因此，货币政策对于扩张社会总需求的作用相对较弱；相反，货币政策对于紧缩总需求的作用较大。

（四）政策时滞不同

政策从制定、实施到产生效应，中间都会有或长或短的时间间隔，称为时滞。政策时滞包括内在决策时滞和外在反应时滞。

内在决策时滞是指从政策的制定到具体实施所需要的时间，一般而言，财政政策的内部决策时滞较长，货币政策的内部决策时滞较短。构成财政政策主要手段的税收与财政支出都是具有法律效力的经济调节手段，调节和变动都需要一定的法律程序。按照我国现行的有关规定，都需由财政部提出，国务院审批，报全国人大常委会通过方可实施。财政政策从制定到实施需要经过一整套审批过程，这需要很长时间。货币政策一般可由中央银行根据经济发展态势自行决定实施，因此内在决策时滞较短。

外在反应时滞是指从政策实施到政策产生效应的时间间隔。一般而言，财政政策在实施过程中没有中间环节，外在反应时滞较短，而货币政策的外在反应时滞较长。无论是调整还是变动税收与财政支出，都会直接影响社会购买力，从而影响消费需求和投资需求，尤其是财政支出的变动会很快地对需求产生效应。货币政策的实施需要通过金融市场或商业银行这些中间环节去影响生产者和消费者，最终影响社会购买力，因此，货币政策外在反应时滞由于中间环节的存在而时滞较长。

财政政策与货币政策都是国家调节社会总供给与社会总需求的宏观经济政策，共同促进国民经济持续快速和健康发展。首先，可以说两政策目标一致，即防止通货膨胀、促进经济增长、充分就业与保持国际收支平衡；其次，两政策的实现手段具有交叉性，财政政策能否顺利实施并取得成效与货币政策的配合密不可分，反之亦然；最后，两种政策在作用机制上都是通过调节社会资金而影响国民经济运行。因此，财政政策与货币政策的运用是互为条件和相互补充的。

三、财政政策与货币政策的协调配合

为了达到理想的宏观调控效果，通常需要将财政政策和货币政策配合使用，两种政策的组合模式如下：

（一）扩张性财政政策和扩张性货币政策的“双松”组合

扩张性财政政策和扩张性货币政策的组合，简称“双松”政策。扩张性财政政策是指通过减税和增加财政支出来刺激和增加社会总需求；扩张性货币政策是指通过降低存款准备金率、中央银行再贴现率和在公开市场上大量收购有价证券等方式向流通中投放货币，放松银根以降低市场利率，刺激社会的投资，扩大信贷规模，增加货币供给，增加社会总需求。在社会总需求严重不足，通货紧缩的情况下，“双松”政策的运用，能够导致社会总需求的扩大，从而在一定程度上解决社会总需求不足和通货紧缩问题，并通过增加社会总需求，来刺激经济增长。但是，如果政策力度过大，或采用这种组合的时间过长，往往又会带来通货膨胀的风险。

（二）紧缩性财政政策和紧缩性货币政策的“双紧”组合

紧缩性财政政策和紧缩性货币政策的组合，简称“双紧”政策。当社会总需求严重超过总供给时，通货膨胀势头正猛，物价涨幅过高，经济过热，于是抑制通货膨胀，抑制物价的大幅度攀升，维持正常的生产、流通和生活秩序，恢复经济总量平衡就成为当务之急。此时适宜采用“双紧”政策。实施“紧”的财政政策，通过缩减财政支出和提高税率等方式使财政分配呈现紧缩状态，压低社会总需求；同时实施“紧”的货币政策，通过提高存款准备金率，再贴现率和公开市场上大量抛售有价证券等方式，减少货币供应量，提高利率，抑制投资和消费支出。两者相互配合使用，可以使利率水平得到迅速提高，在较短时间内产生紧缩效应，使总供求趋于平衡。但是这种做法也会带来较大的副作用，它会使 GDP 迅速大幅度减少，稍有不慎就会带来市场疲软，生产大幅下降，企业资金周转困难。因此，“双紧”政策在一般情况下实施时间不宜太长，政策力度不宜太大。

（三）扩张性财政政策与紧缩性货币政策的“一松一紧”组合

扩张性财政政策与紧缩性货币政策的组合，简称“一松一紧”政策。当经济运行中出现通货膨胀和经济停滞并存，产业结构和产品结构失衡时，治理“滞胀”与刺激经济增长成为政府调节经济的首要目标，此时适宜采用“一松一紧”政策。实行“紧”的货币政策，适当减少货币供应量，调高利率，抑制通货膨胀；但是为了不造成经济的进一步衰退，有必要实施减税和增加财政支出等扩张性财政政策，同时发挥财政政策的结构调节功能，优化产业结构和产品结构，促进经济增长，缓解滞胀。两种政策配合使用，可以在刺激社会总需求的同时控制通货膨胀。但是长期采用这种方法，会积累大量财政赤字。

（四）紧缩性财政政策与扩张性货币政策的“一紧一松”组合

紧缩性财政政策与扩张性货币政策的组合，简称“一紧一松”政策。当国民经济总体上处于复苏阶段时，国家经济形势基本稳定，经济结构合理，但是企业投资并不十分旺盛，部分资源闲置，此时宜采用“一紧一松”政策。实行“松”的货币政策，降低利率，放松银根，活跃投资，刺激经济发展。实施“紧”的财政政策，减少财政支出，强化税收征管，防止经济过旺和抑制通货膨胀。两种政策配合使用，能在控制通货膨胀的同时，保持适度的经济增长。但是长期采用这种做法，可能引起通货膨胀。

【本章小结】

财政政策是指一国政府为实现一定的宏观经济目标而调整财政收支规模和收支平衡状况，进而影响经济活动水平的指导原则以及所采取的相应措施。政府财政政策的目标概括为三个方面，即充分就业、物价稳定和经济增长。

按照不同的标准可以将财政政策划分为不同的类型：相机抉择的财政政策和自动稳定的财政政策；扩张性财政政策、紧缩性财政政策和中性财政政策；宏观财政政策、微观财政政策和中观财政政策；配置型财政政策、稳定型财政政策和再分配型财政政策；供应管理型财政政策和需求管理型财政政策；中长期财政政策和短期财政政策。

财政政策工具是指为实现既定的财政政策目标所选择的组织工具和操作工具。主要的财政政策工具包括税收、公债、购买性支出、转移性支出和政府预算。

货币政策是指一国政府为实现特定的宏观经济目标而调节货币供应量，进而影响经济活动水平的指导原则以及所采取的相应措施。财政政策与货币政策的配合。主要有以下几种类型：扩张型财政政策与扩张型货币政策的配合；紧缩型财政政策与紧缩型货币政策的配合；扩张型财政政策与紧缩型货币政策的配合；紧缩型财政政策与扩张型货币政策的配合。

【复习思考题】

1. 财政政策的概念与目标体系是什么？
2. 按不同分类标准，财政政策类型有哪些？
3. 财政政策可操作的工具是什么？
4. 简述财政政策与货币政策的差别。
5. 财政政策与货币政策的配合有哪些？
6. 结合我国实践，论述财政政策目标实现过程中的困境与对策。
7. 如何看待全球经济一体化对于我国财政政策的机遇与挑战？

【阅读书目】

1. Robert M. Solow. Rethinking Fiscal Policy. Oxford Review of Economic Policy，2005，21（4）：509-514.

2. 陈共．积极财政政策及其财政风险．北京：中国人民大学出版社，2003.

3. 高培勇．中国财税体制改革 30 年研究．北京：经济管理出版社，2008.

4. 何平．我国的央行票据与公开市场操作．经济理论与经济管理，2011（12）．

5. 杨志勇 . 2013 年中国财政税收政策前瞻．中国税务，2013（1）．

6. 张馨．财政学．北京：人民出版社，2002.

7. 张馨．杨志勇，郝联峰，袁东．当代财政与财政学主流．大连：东北财经大学出版社，2000.

8. 大卫·李嘉图．政治经济学及赋税原理．郭大力，王亚楠，译．北京：商务印书馆，1962.

第十五章　多级政府间财政

【学习目的与要求】

1. 了解政府的经济作用及财政分权管理体制相关理论
2. 掌握政府间转移支付制度的内容和形式
3. 了解我国分税制改革

【教学重点与难点】

1. 政府间转移支付的形式及经济效应
2. 实行转移支付制度的意义
3. 完善分税制改革的思路

第一节　政府间责任的划分

政府的经济作用体现在资源配置、收入分配和经济稳定三个方面。不同级别政府如何就这些责任进行分工是个重要的问题。政府职责的区分是政府间财政关系确定的基础。

一、资源配置职能

财政资源配置职能的核心是有效提供公共产品，解决市场在公共产品供需均衡上的失效问题。以受益的空间范围为标准，公共产品可分为全国性公共产品和地方性公共产品。全国性公共产品的受益不受居民在该国居住的地理位置的限制，如国防、外交；地方性公共产品的受益则受具体的地理位量限制，如治安、环境卫生、消防。根据收益与成本对应的原则，以及考虑不同地方公共需求的差异性，全国性公共产品应由中央政府提供，地方性公共产品应由地方政府提供，这样有利于提高公共供给的整体效率。

二、收入分配职能

财政对收入分配调节的目标是实现社会公平。这一职能应主要由中央政府来行使。地方政府行使收入分配职能存在着较大的局限性。在居民能在全国范围内自由流动，且流动成本较低的情况下，如果收入分配职能由地方政府行使，低收入者会大量流入累进税率较高、社会福利制度较好的地区，而高收入者则迁出该地。显然，这种因收入分配政策的地区差别带来的人口非正常流动，会造成资源配置的扭曲，对于实行高税收、高福利的地方而言，也会因税源锐减而使分配政策难以持续。最终的结果可能是，各地都不实行调节收入分配的政策，这样，社会公平的目标也就无法实现。此外，以收入分配政策对经济发展水平有差别的地区进行调节，扶持不发达地区，保障落后地区的基本财政需要，这也是社会公平的重要内容。对此，只有中央政府才能发挥作用。

当然，在居民的流动性受一定限制，尤其是存在较高的流动成本的情况下，地方政府在收入分配中也是能够发挥作用的。在中国的现行制度下，地方政府，尤其是省级和中心城市政府，在收入分配中担负着重要的职责，其原因除了政府间权责划分体系还不完善外，主要是由于经济和社会因素，且居民的流动性还受很大的限制。

三、经济稳定职能

财政的经济稳定职能主要是通过财政政策手段调节总供给和总需求，以达到充分就业、物价稳定和经济增长的目的，这主要是中央政府的职责。

首先，以财政政策调控经济涉及各种政策手段的运用，包括收入手段和支出手段，对于地方政府而言，由于当地的市场是开放的，要素可以在地区间自由流动，因而政策手段运用的效果必然存在大量的“漏损”，起不到应有的调节作用。如以减税和增支的方式刺激需求，所增加的购买力会有相当部分为其他地区的商品和劳务所吸收，相应拉动其他地区的需求和就业，而在当地产生的需求效应是十分有限的，作为理性的地方政府，最终会放弃这种调控的努力。

其次，以财政政策稳定经济需要政府周期性地形成财政赤字或盈余。即在需求不足时，以财政赤字刺激需求；在需求过旺时，以财政盈余抑制需求。而大规模的财政赤字，通常只有中央政府才能承受，因为中央政府有足够的资信，较易进入资本市场进行债务融资，同时对内发行的国债并不改变一国可利用的经济资源量。地方政府对财政赤字的承受能力则较为有限，一方面缺乏足够的资信，另一方面地方公债的债权人会有相当部分是外地的，对当地而言，这具有“外债”的性质，其还本付息时，意味着本地资源的流出。因此，地方财政收支一般应保持大体平衡。

最后，地方政府不拥有货币政策的制定和运用权力，如货币发行、利率等，而在宏观经济调控中，财政政策与货币政策需要相互配合。尽管如此，地方政府在经济稳定方面仍可在一定范围内发挥作用。一方面，地方财政有较大的支出规模，国家财政调控政策的贯彻落实需要各地方的配合；另一方面，一些产业和经济活动有很强的地域性特点，地方政府相应的扶持政策会有利于当地的就业和稳定。

第二节　财政分权管理体制理论

财政管理体制与政治体制密切相关。现代市场经济国家大多实行的是多级政府体制，与其相适应的是分级财政体制，即有一级政府就有一级财政，以便使每一级政府都具备组织收入和安排支出的权力，为顺利履行各自的政府职能创造条件。在经济学中，对财政分权存在的合理性的探讨有多个不同的角度，主要观点和理论有以下几个：

一、“菜单”理论

多级财政产生的关键原因是公共产品受益范围的不同。受文化传统、自然环境以及经济状况等因素的影响，不同地区居民对公共产品的偏好是存在差异的。中央政府不像地方政府那样能够更准确地了解某一地区居民对地方性公共产品的偏好，难以有效地提供地方性公共产品。由此，经济学家施蒂格勒从以下两条原则出发来阐明地方政府存在的必要性：①与中央政府相比，地方政府更接近于自己的公众，即地方政府比中央政府更加了解它所管辖的选民的效用与需求；②一国国内不同的人们有权对不同种类与不同数量的公共服务进行投票表决，就是说，不同的地区应有权自己选择公共服务的种类与数量。当然，这一理论中，施蒂格勒本人并未完全否认中央一级政府的作用。他指出，行政级别较高的政府对于实现资源配置的有效性与分配的公平性目标来说是必要的，尤其是对于解决分配上的不平等以及中央与地方、地方与地方政府之间的竞争与摩擦等问题，中央政府的调控作用是不可替代的。

二、俱乐部理论

这一理论是由美国经济学家布坎南（J. M. Buchanan）提出的。所谓“俱乐部”理论，简单讲就是把社区比作俱乐部，研究在面临外在因素的条件下任何一个俱乐部如何确定其最优成员数量的一种理论。众所周知，俱乐部是人们为分享某种利益而自愿联合起来的一种组织。把地方辖区比作俱乐部，实际上意味着，之所以会有众多不同的地方辖区的存在，是因为有着不同兴趣、爱好、习俗等的人们自愿选择各自居所的结果。在这一类比的基础上，布坎南分析了实现地方辖区最优规模的条件。首先，随着新成员的加入，现在辖区居民所承担的成本将由更多的成员分担。其次，新成员的加入会使辖区逐渐变得拥挤，辖区提供的公共产品变得更加紧张。因此，辖区的最优居民规模应当确定在这样的水平上：因新成员加入而节省的边际成本恰好与新成员加入所带来的边际拥挤成本相等。显然，如果公共产品的数量增加，那么辖区的最优居民规模也会增加，如图 15-1 中的曲线 M。曲线上的点 A 表示：当公共服务的数量为 Q_1 时，最优居民规模为 N_1^*。

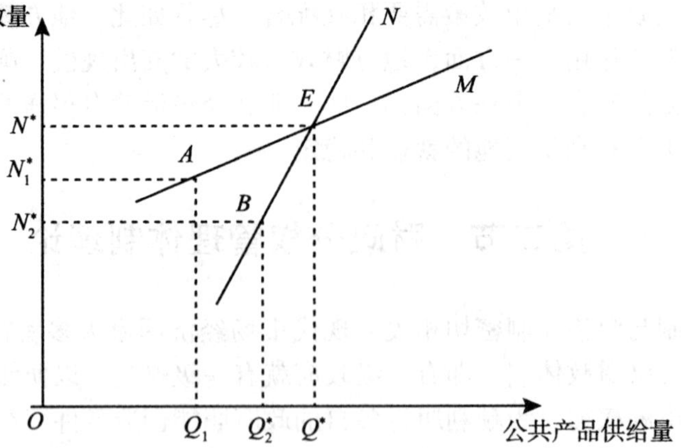

图 15-1　辖区的最优规模

假如辖区的成员数量是任意给定的，那么，它所提供的公共产品如公园的最优数量是多少？尽管和大多数商品一样，较大规模的公园给辖区居民带来较大的效用，但我们还是假定公园规模受到边际效用递减规律的制约，而增加公园规模的人均边际成本等于新增公园用地的价格除以分担其成本的居民数量。这样，公园的最优规模确定在这一点：人均边际效用等于人均边际成本。此外，当居民数量增加时，公园的最优规模也相应增加，如图中的曲线 N。曲线上的点 B 表示：当居民数量为 N_2 时，公园的最优规模为 Q_2^*。

现在，我们就可以把辖区居民规模和公共服务规模结合在一起分析。理想的辖区规模应当是：其中的居民数量和公共服务水平应同时满足边际成本等于其对应的边际效益的条件。在图中，辖区的最优规模应落在曲线 M 和曲线 N 的交点 E 上。

三、蒂伯特模型

上述分权理论只分析了地方政府在某些方面比中央政府有效、优越，而没有回答人们是否自愿聚集在一个地方政府周围，要求这个地方政府为大家提供最大福利的问题。美国经济学家蒂伯特（Tiebout，1956）的"用脚投票"理论回答了这个问题。他提出了一个关于地方政府提供地方性公共产品的理论模型。他认为，假定居民具有迁移的完全自由，那么在竞争性的地方辖区之间，居民出于最大化自身效用的动机，会在全国范围内寻找地方政府所提供的公共产品与所征收的税收之间的最佳组合，选择他们最喜欢的社区，并接受和维护该辖区地方政府的管理。这个过程就是所谓的"用脚投票"。

蒂伯特的"用脚投票"模型有一系列严格的假设前提：

①有足够多的可供选择的辖区。

②人们可以自由流动，每个人都能够无代价地迁移到满足其偏好的辖区。

③人们的流动性不受任何就业机会的约束与限制。

④人们完全了解各辖区之间公共产品和税收的差别。

⑤公共产品或税收在各辖区间不存在任何外部效应。

⑥各辖区都以最低的平均生产成本提供公共产品。

在上述条件下，蒂伯特认为，人们会像选购商品一样挑选所愿意居住的辖区，并选择那种公共产品最能满足他们意愿而税收又最合理的辖区去居住。如果人们都如此进行自由的搜寻，那么，各地方之间在公共产品供给和税收征收的组成上就会相互模仿和学习，整个社会就会达到福利极大化。偏好相同的人会组合在一起，公共服务也会按最小的成本被提供。由于人们纷纷从公共产品供给成本较高的辖区移向公共产品供给较低的辖区，辖区之间公共产品的供给成本差距就会逐渐缩小，公共产品的供给效率将不断提高，地方之间在提供公共产品的成本方面的差别不会长久存在。

当然，在现实生活中，蒂伯特模型所依赖的各种假设条件是很难成立的。如人员的流动不可能无成本，人们不可能对各辖区之间公共产品与税收的情况具有完全的信息，辖区间公共产品的外溢性是普遍存在的等。因此，蒂伯特模型一般被人们视为关于地方公共产品的完全竞争市场理论。尽管如此，蒂伯特模型的理论意义是巨大的。首先，它为人们对地方公共产品的偏好显示提供了一种"用脚投票"的准市场方法；其次，在竞争性辖区之间，人员的流动性有助于地方公共产品供给效率的提高。

四、财政集权与财政分权

财政集权与财政分权是财政体制的核心问题。财政职能的行使有无分工及如何分工，实际上是一个财政的集权与分权的关系问题。它所对应的是在一个多级政府体制下中央与地方政府之间的财政关系。财政集权与分权的程度如何，会直接表现在不同的财政管理体制上。实践证明，过度集权的财政体制与过度分权的财政体制都会带来严重的后果。因此，每个国家都需要寻求集权与分权的最优结合。

虽然各国的财政体制的分权与集权并不完全取决于理论分析，但理论分析向我们提供了一个关于财政集权与财政分权优势与不足的清晰见解。换言之，分权体制本身具有内在的优势与不足，具体分析如下：

首先，财政分权的优势之一在于分权的财政体制能够使地方决策最大限度地吻合地方居民的意愿与需求，提高公共服务的效率。公共产品与私人产品一个主要的不同点在于人们面对同样的公共产品，每个人的偏好不同。一般来说，实行集权制的政府倾向于为全体居民提供相同水平的公共产品和服务，往往不顾及人们的不同偏好。而在分权制下，与中央政府相比，地方政府能够更接近当地居民，更关心和了解他们的偏好，从而有助于地方性公共产品的有效提供。

其次，财政分权有利于促进政府间的竞争。如果在分权体制下，居民能够在不同的辖区间进行选择，那么一旦地方政府提供的公共产品不符合居民的要求或者管理不当，居民就有可能选择到其他辖区居住，这种潜在的威胁会对地方政府形成一种约束和激励，使地方政府更加有效地执政，并促使其更加关心居民的愿望。

最后，财政分权有利于推动公共服务的创新。由于分权制下各辖区政府可以在遵循某些基本制度框架的前提下，根据各地的实际情况灵活采取不同的制度和政策，因而能够为更多的政策实践提供实验场所，其结果是增加了寻求新的解决问题的方法和机会。

当然，分权体制的上述优势并不会自动产生。这取决于一系列的前提条件。其中最重要的两个条件是财政责任和财政能力。只有当地方政府与官员具备强大的责任机制，同时具备很强的财政能力（决策与管理能力）时，财政分权的时机和条件才会逐步成熟。在这些条件不具备时，分权体制也会产生一系列的问题。与集权体制相比，分权体制的不足主要表现在资源配置的无效率方面，其主要体现为以下几点：

第一，对于某些“偏好一致性物品”，比如国防、太空探索这类国家公共产品，不同辖区的居民对地方这类公共产品的偏好基本一致，集权体制能够在全国范围内“集中力量办大事”，使各个地区的居民获得大致均等的公共产品，而不必增加分权体制下相关的协调体系，能够显示出较大的优势，在这种情况下，分权体制反而没有优势。

第二，分权体制下不能有效地解决辖区间外溢问题。在分权体制下，地方政府提供公共产品与服务所带来的效益完全为当地居民所享有，成本也应当由当地居民承担。但是，在一些情况下，一个辖区所从事的活动可以影响到另一个辖区居民的效用水平，包括辖区间效益外溢和成本外溢。比如，上游辖区的居民往河流里倒垃圾，会使下游河流受到污染，从而使下游辖区的居民承担污染的成本，这属于成本外溢的情形。辖区间外溢性的存在，表明不同的辖区之间互相施加了或为正面或为负面的影响，而分权体制又往往造成每个辖区只关心自己的成员，在各自的决策中忽视外溢性影响，进而导致全社会低效的资源配置格局。

第三，不利于规模经济优势的发挥。对于某些公共服务（如社会治安）来说，假如几个辖区能够共同使用这些服务，那么所有社区的成员的境况就会得到改善，因为每个人分担的成本降低了。如果各地方政府只喜欢独自行动，仅仅满足于为辖区内的居民提供公共服务，而不考虑其他辖区，就有可能会使公共服务的受益范围过窄，而难以充分发挥规模经济的优势。

专栏 15-1

“省直管县”财政改革

2009年7月，财政部发布《关于推进省直接管理县财政改革的意见》（财预〔2009〕78号），明确提出了省直接管理县财政改革的总体目标，即2012年底前，力争全国除民族自治地区外全面推进省直接管理县财政改革。近期将粮食、油料、棉花、生猪生产大县全部纳入改革范围。民族自治地区按照有关法律法规，加强对基层财政的扶持和指导，促进经济社会发展。“省直管县”是国家重大战略。“省直管县”和“乡财县管”在内的财政体制改革，体现了政府简化财政层级的意图，标志着我国深化财税体制改革迈出重要一步。

【背景】

1983年以来，我国逐渐形成了“市管县”体制，这一模式在过去近30年中，一定程度上发挥了城乡合治、以市带县的功能，但随着县域经济的发展，其对县域经济发展的制约作用也日益显现。由于各财政层级间“事权重心下移、财权重心上移”，我国基层财政尤其是县乡财政困难问题进一步凸显。现有财政的“中央—省—市—县—乡”五级层级过多，加重了财政负担，而国际上较普遍的财政分税分级制度安排不超过三级。《中共中央国务院关于地方政府机构改革的意见》（中发〔2008〕12号）、《国务院关于编制2009年中央预算和地方预算的通知》（国发〔2008〕35号）以及《中共中央国务院关于2009年促进农业稳定发展农民持续增收的若干意见》（中发〔2009〕1号）中提出了关于“推进‘省直管县’财政管理方式改革，充实内容和形式，加强县（市）财政管理”和“将粮食、油料、棉花、生猪生产大县全部纳入改革范围”的要求。

【主要内容】

实行“省直管县”财政改革就是在政府间收支划分、转移支付、资金往来、预决算、年终结算等方面，实现省财政与市、县财政直接联系，开展相关业务工作。

（一）收支划分。在进一步理顺省与市、县支出责任的基础上，确定市、县财政各自的支出范围，市、县不得要求对方分担应属自身事权范围内的支出责任。按照规范的办法，合理划分省与市、县的收入范围。

（二）转移支付。转移支付、税收返还、所得税返还等由省直接核定并补助到市、县；专项拨款补助，由各市、县直接向省级财政等有关部门申请，由省级财政部门直接下达市、县。市级财政可通过省级财政继续对县给予转移支付。

（三）财政预决算。市、县统一按照省级财政部门有关要求，各自编制本级财政收支预算和年终决算。市级财政部门要按规定汇总市本级、所属各区及有关县预算，并报市人大常委会备案。

（四）资金往来。建立省与市、县之间的财政资金直接往来关系，取消市与县之间日常的资金往来关系。省级财政直接确定各市、县的资金留解比例。各市、县金库按规定直接向省级金库报解财政库款。

（五）财政结算。年终各类结算事项一律由省级财政与各市、县财政直接办理，市、县之间如有结算事项，必须通过省级财政办理。各市、县举借国际金融组织贷款、外国政府贷款、国债转贷资金等，直接向省级财政部门申请转贷及承诺偿还，未能按规定偿还的由省财政直接对市、县进行扣款。

第三节 政府间的转移支付制度

政府间的支出划分和收入安排常常会引起一国政府间财政产生不公平问题，包括政府间财政的纵向不平衡和横向不平衡。政府间财政转移支付制度正是处理政府间财政关系，协调相互之间公平问题的重要制度。本节将重点介绍中央政府对地方的财政转移支付制度，并把它简称为“转移支付”。

一、政府间转移支付的概念

所谓政府间转移支付是指一级政府对另一级政府单方面的、无偿的资金或实物转移。一般的财政转移支付的对象可以是个人或企业，但这里所说的政府间转移支付是指那些发生在各级政府之间资金的无偿转移。它是通过财政补助制度来完成的，从这个意义上说，对政府间转移支付理论的分析实际上就是对财政补助理论的分析。

从转移支付的方向考虑，政府间财政转移支付有两种模式：一种是上下级政府间的资金转移，即纵向转移支付；另一种是同级政府间的资金转移，即横向转移支付，表现为财力富裕地区向财力不足地区转移资金。其中，纵向转移支付是各国普遍采用的。

二、实行转移支付制度的必要性

（一）有利于加强中央政府对地方财政的宏观调控

实行分税制，地方所能支配的税收仅仅是地方相对稳定的一部分财政收入，并不意味着地方拥有足够的税收收入来平衡财政收支。转移支付制度的实行，可以使中央政府通过对地方政府的专项拨款，对地方的公共支出项目进行调节，推行中央政府的政策意图，使地方政府的行为符合中央政府的宏观政策，也有利于维护中央政府的政治权威。

（二）有利于实现政府间纵向财政平衡

纵向财政不平衡是针对多级财政体制中上下级政府之间财政收支状况而言的。在各级政府之间既定的支出范围和收入范围得以确定以后，当某一级政府财政面临着赤字，而其他级次政府却出现盈余时，就意味着纵向财政失衡问题的存在。在分权体制下，这种纵向的不平衡只能靠中央向地方提供转移支付，把归于中央的一部分财政收入以转移支付的形式向地方让渡，从而补充地方财力，保证地方政府正常履行职责。现在，一些发达国家的中央财政收入占财政总收入的比例很高，例如，美国达到60%以上，日本高达70%。

（三）有利于协调政府间横向财政平衡

由于自然资源、地理环境、人口分布、社会结构、历史状况、经济水平的不同，各地财政收入能力和财政支出需求相差悬殊，即财政净收益差别极大，造成公共服务水平有很大差异，它使生活在不同地区的人即使经济状况是一样的却享有不同的地方公共产品水平。首先这不符合财政公平原则，其次财政净收益的差异还会影响人们的经济行为决策，造成资源从效率高的地方流到效率低的地方，不利于资源的有效配置。为此，由中央政府通过转移支付来减少或消除地区间的财政净收益差异，能够纠正地方或区域间的横向不平衡，保证地方经济的均衡发展。

（四）有利于解决公共产品提供中的外部性问题

地方性公共产品的受益（或成本）范围很可能会超出地方政府辖区的界限，使其他地区在受益或受侵害的同时并不承担任何成本。当存在这种外部性时，地方政府只根据本地区居民的效益或成本进行分析，不考虑其他地区的效益或成本，结果会导致公共产品的提供水平低于或高于最佳提供水平，从而造成资源不合理配置。如果这种情况只涉及少数地区，则可以由这几个地区相互协调。但如果涉及许多地区，则相互协调的成本很高，难以达成一致意见。这时，由中央政府采取配套转移支付，有利于实现资源的有效配置。

（五）有利于实现中央政府特殊目的

首先，转移支付有利于中央政府维持经济稳定。经济繁荣时，中央减少对地方的转移支付，以限制地方支出；经济萧条时，中央增加对地方的转移支付，以鼓励地方支出。其次，通过转移支付，中央政府帮助地方政府应付非正常事件。在地方遭到严重自然灾害等非正常事件时，中央采用有条件非配套转移支付，促使地方政府将所有转移支付资金用于灾后恢复工作。此外，转移支付还可实现其他特殊社会目的。例如，美国联邦对州和地方的教育补助规定，接受补助的学区不能实行种族歧视和种族隔离。

三、政府间转移支付的形式及经济效应

根据转移支付资金用途是否有具体规定，可分为有条件的和无条件的；根据资金分配是否要求地方自行承担一定比例的资金，可分为配套的和非配套的；根据分配额是否限制，可分为封顶的和不封顶的。

对于不同转移支付形式的影响，可以用经济学方法进行分析。我们假定地方政府提供的公共产品的量用横轴 X 表示，居民其他消费品的量用纵轴 Y 表示，为了分析方便，我们假定地方政府提供的公共产品就是受补助的公共产品。

（一）无条件拨款

无条件拨款指未规定资金用途，又不要求地方政府承担自有资金的拨款。例如，中央在某一时期补助地方政府 3 亿元，由地方政府自行安排。

无条件拨款，使地方政府预算约束线右移。图 15-2 中，纵轴表示地方居民的总消费量，横轴表示地方政府提供的公共产品总量。为分析简便起见，假设 1 单位公共产品与 1 单位居民消费品均为 1 元。拨款前，地方预算约束线为 AB，与无差异曲线的切点 E_1 是社会福利最大点，拨款后，地方预算约束线为 CD，与无差异曲线的切点 E_2 是社会福利最大点。E_2 与 E_1 相比，受补助公共产品的数量增加了，由 OX_1 上升到 OX_2，但增加额小于补助额 BD，这是由于无条件拨款使地方政府减少了自己对受补助公共产品的支出。如果地方政府的公共产品都接受无条件补助，则地方政府的税收努力程度下降，税收由 AY_1 下降到 AY_2。

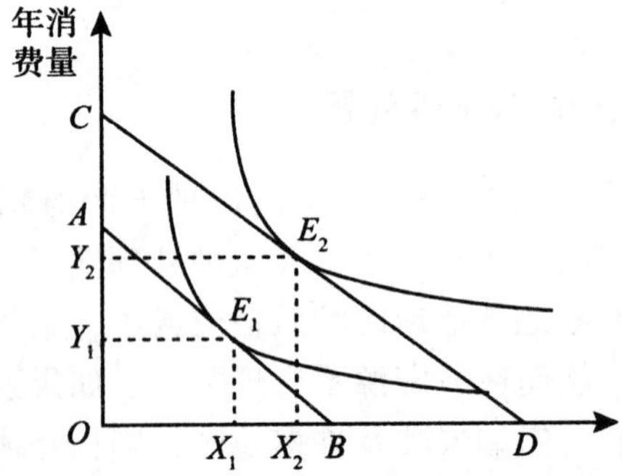

图 15-2　无条件拨款

由于无条件拨款对资金用途不加以规定，资金未必用于中央政府优先选择的公共产品，这不利于中央政府特定目标的实现。无条件拨款的主要作用是弥补地方财力的不足。

（二）有条件非配套拨款

有条件非配套拨款指规定了资金用途，但不要求地方政府承担自有资金的拨款。例如，中央政府在某一时期补助地方政府 1.5 亿元，指定用于教育支出。

在图 15-3 中，拨款前，地方预算约束线为 AB，社会福利最大点为 E_1，拨款后，地方预算约束线为 AFD，社会福利最大点为 E_3，E_3 表明受补助公共产品的消费未达到 AF 数量，因此拨款资金未用完。例如，中央政府拨给地方政府 1.5 亿元教育经费，但该地区教育经费只用了 1 亿元，则多余的 0.5 亿元不能用于其他公共产品，只能还给中央。E_3 和 E_2 相比，处于较低的无差异曲线上，即当受补助公共产品的消费未达到 AF 数量时，有条件非配套拨款所能达到的效用水平低于无条件拨款。如果受补助公共产品的消费超过 AF 数量，则其经济学分析类似于无条件拨款。

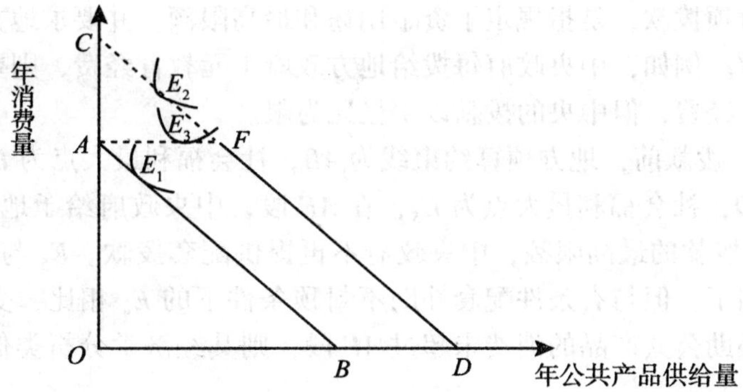

图 15-3　有条件非配套拨款

（三）有条件配套不封顶拨款

有条件配套不封顶拨款，是指规定了资金用途（但未规定限额），并要求地方政府承担一定比例自有资金的拨款。例如，一个地区在地方病防治上每花费一笔钱，中央政府就按这笔钱的一定比例给予补助拨款。图 15-4 反映了有条件配套不封顶拨款。

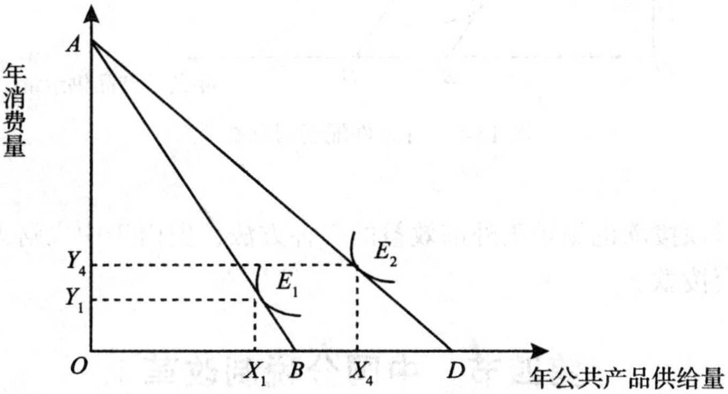

图 15-4　有条件配套不封顶拨款

图 15-4 中，拨款前，地方预算线为 AB，社会福利最大点为 E_1；拨款后，地方预算线为 AC，社会福利最大点为 E_4，E_4 与 E_1 相比，受补助公共产品数量增加了，由 OX_1 上升到 OX_4。这是由于拨款的收入效应和替代效应。收入效应，即地方可支配财力增加；替代效应，即受补助公共产品相对价格下降，两者都促使地方政府提供更多的受补助公共产品。

有条件配套不封顶拨款是矫正外部效益的一种方法，拨款的目的是鼓励地方政府提供更多具有外部效益的公共产品。当然，实施拨款计划时面临一个较难解决的问题，即如何正确衡量地方政府的外部效益。

（四）有条件配套封顶拨款

有条件配套封顶拨款，是指规定了资金用途和最高限额，并要求地方政府承担一定比例自有资金的拨款。例如，中央政府每拨给地方政府1元教育经费，则要求地方政府同时配套提供1元教育经费，但中央的拨款以1亿元为限。

在图15-5中，拨款前，地方预算约束线为AB，社会福利最大点为E_1，拨款后，地方预算约束线为AFD，社会福利最大点为E_5，在AF段，中央政府给予地方政府配套拨款，在FD段；超过了拨款的最高限额，中央政府不再提供配套拨款。E_5与E_1相比，受补助公共产品数量增加了，但与有条件配套补助不封顶条件下的E_4相比，受补助公共产品数量较少。如果受补助公共产品的消费未超过AF段，则其经济学分析类似于有条件配套不封顶拨款。

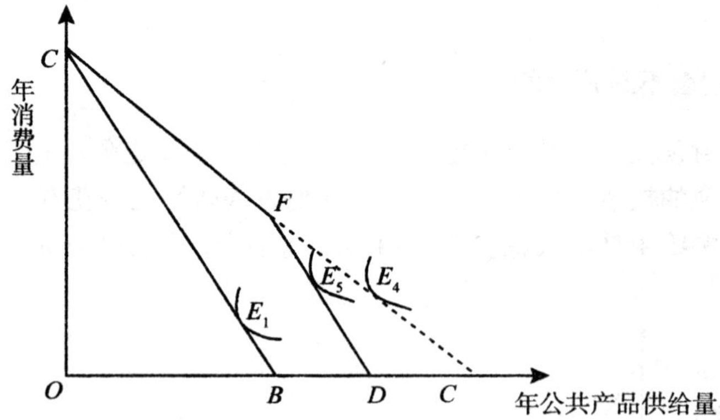

图15-5　有条件配套封顶拨款

有条件配套封顶拨款也是矫正外部效益的一种方法，但由于中央财力有限，不能无限制地增加这类配套拨款。

第四节　中国分税制改革

一、分税制的理论基础

（一）分级预算体制的基本内涵

分级预算体制是市场经济国家普遍实行的一种预算体制。它的主要特征在于规范化和法制化，长期相对稳定，地方预算构成名副其实的一级预算主体。我国1994年实行的分税制改革，借鉴了市场经济国家的分级预算体制，已初步形成具有中国特色的多级预算体制，其具体内容如下：

（1）一级政权，一级预算，各级预算相对独立，自求平衡。分级预算体制，也就是多级预算体制。各级地方预算经常收入由本级税收、本级服务性收入和中央补助组成，以上收入不能满足需要时，允许发行地方债券或向银行借款，自求平衡。

（2）转移支付制度有纵向调节（或纵向转移）和横向调节（或横向转移）两种形式。纵向调节的典型做法是补助金制度，它分为无条件补助、有条件补助和专项补助三种，横向调节是由富裕地区直接向落后地区转移支付，实行地区间的互助式调剂，不再通过中央预算。

（3）在划分各级政府职责（事权）范围的基础上划分各级预算支出职责（财权）范围。由于各级政府的职责分工明确，各级预算的重点和层次分明。除国防费和行政管理费外，中央预算以社会福利和社会保障为主，地方预算以文教、卫生保健和市政建设为主。

（4）收入划分实行分税制。在收入划分比例上中央预算居主导地位，以保证中央的调控权和调控力度。在税收划分方法上，有的按税种划分，大宗收入的税种归中央，地方税种主要是收入弹性小的销售税和财产税；有的实行分成或共享制，即属于中央的税种按一定比例分给地方，或者属于地方的税种按一定比例分给中央，双方共享。在管理上分设国税局和地税局，分税、分管与分征相结合。

（5）各国的分级预算体制是适应本国的政治经济制度和历史传统长期形成的，就体制整体而言是相对稳定的，只是调节方法可能会经常地调整。

（二）分税制的理论依据

根据分级预算体制的基本内涵，我们可以看出，社会公共需要的层次性、集权与分权的关系两因素是规范预算收支的基本因素，也是分级预算体制的理论基础。

1. 社会公共需要的层次性

公共需要是分层次的，它的层次性是划分收支的基本依据，也是收支划分的基本经济标准。社会公共需要按受益范围作为基本标准来区分，可分为全国性公共需要和地方性公共需要。全国性公共需要的受益范围覆盖全国，凡本国的公民或居民都可以无差别地享用它所带来的利益，因而适于由中央来提供；地方性公共需要受益范围局限于本地区以内，适于由地方来提供。因为受益地区最熟悉本地区情况，也最关心本地区公共服务和公共工程的质量和成本，按受益范围区分公共需要的层次性，符合效率原则。

应当指出，公共需要的层次性包含两方面的内容：一是从支出角度分析，按受益范围为标准区分的层次性；二是为满足公共需要提供收入来源的层次性。从中央和地方收支运行的结果看总是要对称的，只有收支对称才能维持财政收支的平衡。因此，收入划分受支出划分的制约，也就是受公共需要受益范围的制约。按照这个标准，凡税源普及全国而且流动性大的税种以及调节功能大的税种，应归中央税，凡税源比较固定而且税基较为狭窄的税种，则划为地方税。因为将税源广阔且流动性强的税种划归中央，有利于控制税源，便于加强稽征管理，防止税收流失，将税源比较固定、仅限于某一地区的税种划归地方税，也有利于地方因地制宜，加强征管。

由于划分收支的标准不同，一般会形成支出方偏重于地方，收入方偏重于中央的分配格局，因此，必须由中央通过转移支付来弥补地方财政缺门，实现地区间的平衡。

2. 集权与分权的关系

社会公共需要的层次性是市场经济国家分级预算体制的一般标准，适用于所有的市场经济国家。但各国的预算收支划分仍然存在着差异，这取决于各国的政治体制和各国的基本国情。因此，集权与分权的关系是划分预算收支的重要依据，也是一项政治标准。在人类的历史长河中，两者的关系是不断调整和变化的，合久必分，分久必合。

综合世界各国的实践可知，集权与分权关系的变化尽管有所不同，但它始终是以集权为中心，分权是围绕集权进行调整。恩格斯曾经指出：集权是国家的本质、国家的生命基础……没有一个国家可以不要集权，联邦制国家需要集权，丝毫也不亚于已经发达的集权国家。① 但是，分权也具有客观必然性。这种必然性来源于地方的相对独立的经济利益，也是国家经济职能不断强化的内在要求，分权是一种社会进步的标志。

二、我国分税制的指导思想

1994 年以前的分级包干体制在经济发展中起过积极的作用，但随着市场在资源配置中的作用不断扩大，分级包干体制不利于全国统一市场的形成和产业结构优化。国家财力偏于分散，中央财政收入比重不断下降，弱化了中央政府的宏观调控能力。各地区的包干方法各异，分配关系不够规范等弊端日益明显。因此，包干体制已经不适应社会主义市场经济发展的要求，必须尽快改革。1994 年的分税制改革，是根据建立社会主义市场经济体制的要求，充分考虑了我国的国情，并借鉴国际通行的分级预算体制的经验，符合我国实际的分级预算体制，其指导思想如下：

（一）财权与事权相统一的原则

要处理中央与地方的利益关系，促进国家财政收入合理增长，逐步提高中央财政收入的比重。既要考虑地方利益，调动地方的积极性，又要适当增加中央财力，增加中央财政的宏观调控能力。为此，中央要从财政收入的增量中适当多得一些，以保证中央财政收入的稳定增长。

（二）兼顾公平与效率原则，合理调节地区之间财力分配

在贯彻这个原则时，既要有利于经济发达地区继续保持较快的发展势头，又要通过中央财政对地方的税收返还和转移支付制度，扶持经济不发达地区的发展和老工业基地的改造。

（三）坚持统一领导与分级管理相结合的原则

划分税种不仅要考虑中央与地方的收入分配，还要考虑税收对经济发展和社会分配的调节作用。中央税、共享税及一些重要的地方税的立法权集中在中央，以保证中央政令统一，维护全国统一市场和企业平等竞争。分设国税局和地税局，实行分级征管，中央税和共享税由国税局负责征收，共享税中的地方部分，由国税局直接划入地方金库，地方税由

① 马克思恩格斯全集：第 41 卷．北京：人民出版社，1982：396.

地税局负责征收。

（四）坚持整体设计与逐步推进相结合的原则

分税制改革既要借鉴国外经验，又要从本国实际出发。要在明确改革目标的基础上，力求规范化，但必须抓住重点，分步实施，逐步完善。要针对收入流失比较严重的情况，通过分税和分管堵塞漏洞，保证财政收入的合理增长。要强化中央财政和地方财政的预算约束。收入划分、税收返还和转移支付办法要做到全国统一。在目前的条件下，可以先把主要税种划分好，其他收入划分逐步规范化。总之，要通过渐进式、温和式改革，先把分税制的基本框架建立起来，在实施中逐步完善。

三、我国 1994 年分税制改革的主要内容

（一）中央与地方的事权和支出划分

根据现行中央政府和地方政府事权的划分，中央财政主要承担国家安全、外交和中央国家机关运转所需经费，调整国民经济结构，协调地区发展，实施宏观调控所必需的支出及由中央直接管理的事业发展支出。具体包括国防费、武警经费、外交和援外支出、中央级行政管理费、中央统筹的基本建设投资、中央直属企业的技术改革和新产品试制费、地质勘探费、由中央财政安排的支农支出、由中央负担的国内外债务的还本付息支出、由中央本级负担的公检法支出和文化、教育、卫生、科学等各项事业费支出。

地方财政主要承担本地区政权机关运转所需支出及本地区经济、事业发展所需支出，包括地方行政管理费、公检法支出、部分武警经费、民兵事业费、地方统筹的基本建设投资、地方企业的技术改造和新产品试制经费、支农支出、城市维护和建设经费、地方文化、教育、卫生等各项事业费、价格补贴支出以及其他支出。

（二）中央与地方的收入划分

根据事权与财权相结合的原则，一般按税种划分中央与地方的收入。将维护国家权益、实施宏观调控所必需的税种划为中央税；将同经济发展直接相关的主要税种划为中央与地方共享税；将适合地方征管的税种划为地方税，并充实地方税税种，增加地方税收收入。在实现全行业“营改增”后，具体划分如下：

中央固定收入包括关税、消费税、车辆购置税、海关代征消费税和增值税、中央企业所得税、地方银行和外资银行及非银行金融企业所得税、铁道部门、各银行总行、各保险总公司等集中交纳的收入（包括所得税、利润和城市维护建设税）、中央企业上缴利润等。

地方固定收入包括地方企业所得税（不含上述地方银行和外资银行及非银行金融企业所得税）、城镇土地使用税、城市维护建设税（不含各银行总行、铁道部门、各保险总公司集中交纳的部分）、房产税、车船使用税、印花税、农业特产税、耕地占用税、契税、土地增值税等。

中央与地方共享收入包括增值税、个人所得税、资源税、证券交易税。增值税地方分

享25%。资源税按不同的资源品种划分，大部分资源税作为地方收入，海洋石油资源税作为中央收入。

（三）中央财政对地方税收返还数额的确定

为了保持地方既得利益格局，逐步达到改革的目标，中央财政对地方税收返还数额以1993年为基期年核定。按照1993年地方实际收入以及税制改革和中央地方收入划分情况，核定1993年中央从地方净上划的收入数额（消费税+75%的增值税-中央下划收入）。1993年中央净上划收入，全额返还地方，保证现有地方既得财力，并以此作为以后中央对地方税收返还基数。1994年以后，税收返还额在1993年基数上逐年递增。递增率按本地区增值税和消费税增长率的1：0.3系数确定，即本地区两税每增长1%，对地方的税收返还则增长0.3%。如果1994年以后上划中央收入达不到1993年基数，则相应扣减税收返还数额。

（四）原体制中央补助、地方上解及有关结算事项的处理

为顺利推行分税制改革，1994年实行分税制以后，原体制的分配格局暂时不变，过渡一段时间再逐步规范化。原来中央拨给地方的各项专款，该下拨的继续下拨。地方1993年承担的20%部分出口退税以及其他年度结算的上解和补助项目相抵后，确定一个数额作为一般上解或一般补助处理，以后年度按此定额结算。

四、我国分税制改革的成绩与问题

（一）取得的成绩

从分税制实施后的情况看，运行基本正常，其主要成效是转变了中央与地方之间的收入分配机制，提高了中央财政收入所占比重和宏观调控能力。具体表现在：

（1）包干体制下，在收入增量中地方多留，中央收入的比重必然逐步下降。实行分税制后，通过税种划分，保证中央收入占主导地位，达到60%以上，然后再返还给地方使用，加强了中央的宏观调控能力，主动权在中央。

（2）新的分税制返还办法，在保持地方原有既得利益的格局下，在今后增量的分配中实现“中央得大头、地方得小头”，保证了中央支配的收入逐步增长。

（3）通过税收的合理分权利分设国税局与地税局，使中央的收入得到保证，不再受制于地方，减少了中央收入的流失。

（二）存在的主要问题

1994年实行的分税制财政体制改革，初步建立了适应社会主义市场经济体制的地方税体系，但随着市场经济的发展，其存在的问题也逐步凸显。现行税制体系存在的问题有以下方面：

1. 地方税税制结构不合理，缺乏主体税种

我国税制结构长期由间接税主导，直接税占比持续偏低，共享税比重偏高，独享税比重偏低，且在地方独享税种中，主体税种不突出，税种分散、繁杂、收入能力弱、征管成本高。

以2014年山东省税收收入结构为例（如表15-1所示），仅增值税、营业税、城市维护建设税三项间接税收入之和占山东省税收收入的比重已高达49.52%，其他税收如资源税、契税、印花税、土地增值税等都或多或少与市场价格机制相关，具有通过市场价格通道转嫁的基本性质，由此使得山东省税制结构的收入能力较强，但调节经济社会发展的能力（如调节收入分配差距）则十分薄弱；所得税收入也是以企业所得税为主，个人所得税收入及占比微弱，2014年其仅占山东省税收收入总额的2.90%，且当前个人所得税是分类征收，工薪所得是主要的课征对象，对高收入者并未能实现综合累进课征，使得个人所得税的税负分配并不公平。同时，在各主要税种中，增值税、企业所得税均是中央地方共享税，分享比例由中央确定，"营改增"改革虽然是规范、优化税制的必然举措，但长期看，营业税改征增值税后，山东省的主要收入税种都将由共享税组成，能够"独当一面"的地方主体税种缺失。其他各项由地方独享的税种，如房产税、车船税、资源税、城镇土地使用税等，收入能力有限，且税种繁杂，税收征收成本较高，亟待通过深化税制改革简化税制，培育地方主体税种。

表15-1 **2010—2014年山东省各税种收入额及比重** 单位：万元

年份		2010	2011	2012	2013	2014
税收总额		21498997	26031329	30502010	35334906	39657605
增值税	收入额	3782348	4138174	4381207	4895590	5969647
	占当年税收比重（%）	17.59	15.90	14.36	13.85	15.05
营业税	收入额	6315107	7657247	8966409	10683275	11359162
	占当年税收比重（%）	29.37	29.42	29.40	30.23	28.64
企业所得税	收入额	2932223	3982995	4416434	4459540	4830098
	占当年税收比重（%）	13.64	15.30	14.48	12.62	12.18
个人所得税	收入额	810098	965805	951065	1045930	1151842
	占当年税收比重（%）	3.77	3.71	3.12	2.96	2.90
资源税	收入额	332924	383606	911081	926161	1195665
	占当年税收比重（%）	1.55	1.47	2.99	2.62	3.01
城市建设维护税	收入额	1307440	1796032	1988839	2178411	2313253
	占当年税收比重（%）	6.08	6.90	6.52	6.17	5.83
房产税	收入额	646535	740189	1008346	1117476	1224873
	占当年税收比重（%）	3.01	2.84	3.31	3.16	3.09

续表

年份		2010	2011	2012	2013	2014
印花税	收入额	337443	411070	465851	528630	605607
	占当年税收比重（%）	1.57	1.58	1.53	1.50	1.53
城镇土地使用税	收入额	1376902	1584572	2116928	2291596	2646890
	占当年税收比重（%）	6.40	6.09	6.94	6.49	6.67
土地增值税	收入额	661943	1056698	1452134	2059096	2577381
	占当年税收比重（%）	3.08	4.06	4.76	5.83	6.50
车船税	收入额	232684	297216	358557	402576	466492
	占当年税收比重（%）	1.08	1.14	1.18	1.14	1.18
耕地占用税	收入额	813079	973730	1535923	2050687	2554205
	占当年税收比重（%）	3.78	3.74	5.04	5.80	6.44
契税	收入额	1935120	2024810	1913660	2656012	2736676
	占当年税收比重（%）	9.00	7.78	6.27	7.52	6.90%
烟叶税	收入额	15120	19177	33627	39926	25814
	占当年税收比重（%）	0.07	0.07	0.11	0.11	0.07

资料来源：根据历年《山东财政年鉴》整理，其中2013年、2014年数据来自公共预算财政收支决算表。企业所得税收入额为减去企业所得税退税额之后的数额。

2. 中央高度集权的法律规定与地方政府过度分权的现实相冲突

长期以来，我国税权高度集中于中央，包括税收决定权、立法权、政策制定权、分配权等，地方仅对车船税、房产税、城镇土地使用税、契税、耕地占用税等一些小税种具有一定的税目税率调整权和减免税权（如表15-2所示）。自1994年分税制改革以来，事权与支出责任逐渐下放，诸多应该由中央政府负责的事项交给地方办理，但财力逐渐上移，典型的如增值税与所得税的分享比例向上调整，当前推行的“营改增”也具有财力上移的味道，导致地方政府尤其是基层政府的财政收支不平衡，虽然有上级政府的转移支付，但诸多上级对下级的专项转移支付要求地方财政资金配套，经济社会转型期庞杂、刚性的财政支出需求使得地方政府仍然财力不足，由此使得地方政府尤其是基层政府动用其能掌握的当地资源在税收外开辟财源，通过卖地、收费、发债、出让国有资源等多种方式来筹集资金，为招商引资刺激经济、获取财政收入不惜“血本”给予土地、地方税收返还等各种优惠政策等。最终导致的结果是，在税权高度集中于中央的情况下，地方政府实际上拥有对纳税人税收之外的“负担决定权”，从本质而言，不论是税收、收费还是借债，均构成纳税人实际意义上的财政负担，且由于地方政府与纳税人的长期近距离博弈关系，收费的执行力甚至强于税收，从而产生“费挤税”现象，并最终导致名义税权中央高度集中与实质“税权”地方高度分散的悖论格局。

表 15-2　　　　**我国当前地方政府拥有的税收立法权一览**

权限级别	权限内容	备注
税法制定颁布权	拥有屠宰税、筵席税的税法制定权，其他税种的开征、停征权均属于中央	两税分别于 2006 年、2008 年取消
实施细则制定权	拥有房产税、车船税、城市维护建设税的实施细则制定权，其他税种的实施细则制定权均属于中央	四税中的税目、税率等基本要素调整变动权及税法解释权仍归属中央
税率税额调整权	拥有城镇土地使用税与车船税的税额、营业税中的娱乐业税率以及资源税的“资源等级表”中未列举名称的纳税人适用税额，在中央规定幅度内的确定权；对资源税中财政部未列举名称且未确定具体适用税率的其他非金属矿原矿和有色金属矿原矿，地方政府可以根据实际情况确定	部分娱乐业的营业税税率曾一度被中央限制为 20%
税收减免加征权	除民族自治地方外，一般省区仅有个人所得税、资源税、契税、房产税、车船税等少数税种在特定情况下的减免权	民族自治地方拥有企业所得税地方分享部分的减免权等多项权力

3. 地方税法制建设滞后，税制立法层次低

法治是国家治理现代化的基本方式，也是 2014 年 10 月召开的十八届四中全会的主题，但总体而言，我国财税领域的法治化水平是相对较低的，这点在地方税体系建设方面体现得更明显。长期以来，我国缺少一部统领整个税收体系的税收基本法，在地方税体系建设上缺乏法律规范和基本依据。除此之外，税收立法由行政权主导，税收法定原则贯彻不足，大部分税收立法是由国务院以行政法规的名义颁行实施的，如增值税暂行条例、营业税暂行条例、房产税暂行条例等，由全国人大以严格意义上的法律颁布实施的税法只有企业所得税法、个人所得税法、车船税法、税收征管法等几部法律，税收立法级次较低，影响了执法的权威性和严肃性（如表 15-3 所示）。国家已开始重视税收立法层次低的现状及其带来的问题，2015 年 8 月，房地产税法、环境保护税、增值税等 7 部税法正式纳入人大常委会立法规划，表明我国落实税收法定原则进程提速，这也是对之前税收法制化滞后的一个修正。

表 15-3　　　　**我国现行有效税种立法情况统计表**

时间 / 税种	颁布时间	暂行时间	上升为法律的时间
进出口关税	1985 年	28 年	未上升（1987 年、1992 年、2003 年三次修改）
城市维护建设税	1985 年	28 年	未上升
房产税	1986 年	27 年	未上升
印花税	1988 年	25 年	未上升

续表

税种＼时间	颁布时间	暂行时间	上升为法律的时间
城镇土地使用税	1988 年	25 年	未上升（2006 年修改）
营业税	1993 年	20 年	未上升（2008 年修改）
增值税	1993 年	20 年	未上升（2008 年修改）
消费税	1993 年	20 年	未上升（2008 年修改）
企业所得税	1993 年	14 年	2007 年
土地增值税	1993 年	20 年	未上升
资源税	1993 年	20 年	未上升（2011 年修改）
契税	1997 年	16 年	未上升
车辆购置税	2000 年	13 年	未上升
烟叶税	2006 年	7 年	未上升
车船税	2006 年	5 年	2011 年
耕地占用税	1987 年	20 年	未上升（2008 年失效）
耕地占用税	2008 年	6 年	未上升
船舶吨税	2011 年	2 年	未上升

五、进一步完善分税制改革的思路

我国现行的分税制是根据社会主义市场经济体制的要求，结合我国的实际情况确定的，它为分税预算体制提供了基本框架和实践经验。因此，进一步完善的思路是明确目标模式和改革存在的问题，加快向目标模式迈进的步伐。具体改革设想如下：

（一）明确财权事权，规范中央与地方的关系

要以法律条文方式明确而且相对固定地划分各级政府的财力与财权，使各级财政有自己的支出内容和范围，并有各自独立的收入来源。像企业所得税和个人所得税以及新设置的一些税种，当前的收入规模还是较小的，但潜力却比较大，将来的发展必然引起分配格局的变化，从而要求重新划分税种。现行分税制的企业所得税仍是按行政隶属关系划分的。按行政隶属关系划分收入不符合政企分离原则，而且随着企业重组，合资、联营及股份制等跨所有制组织形式迅速发展，越来越不能适应新形势的要求，分税制最终应消除行政隶属的痕迹。在此基础上，各级政府以支定收，预算自求平衡。这就可从根本上保证各级政府的相对独立性，避免混淆不清，相互干扰，规范了上下级的财政分配关系。

（二）建立规范的转移支付制度

转移支付制度，是指中央政府（或上级政府）对地方政府（或下级政府）进行无偿

的财政资金转换所制定的制度，包括转移支付的原则、实现的目标、转移的形式、标准等方面的规定。转移支付制度是分税制预算管理体制的一个重要组成部分，是中央政府实现宏观调控的重要手段。因为实行分税制并不要求地方政府拥有足以自我平衡的财政收入，仅仅是使地方财政预算拥有一定量的稳定收入，其差额由中央财政预算补助，从而实现中央财政对地方财政的调控。目前我国实行的税收返还制度就是转移支付制度的一种形式，但很不规范。

我国目前的重点是建立和完善省以下的转移支付制度。自实行分税制后，大部分省（区）参照中央对省级的过渡期转移支付办法建立了省以下的转移支付制度，在转移支付金额及其来源、技术方法以及利益格局调整等方面做了大量工作，取得了可喜的成效。存在的问题是形式多样化、力度欠缺、不够规范。目前在我国还没有建立全国统一的省以下的转移支付制度，中央只能给以原则性和政策性指导，尊重分级管理赋予省级政府的自主权和调控权，适度体现统一领导的精神，通过一段时间的实践，待时机成熟，再规范全国性的省以下的转移支付制度。

（三）集权与分权关系的调整

分级预算体制也就是多级预算体制，所以集权与分权相结合是分级预算体制的基本特征，但在集权与分权关系上却存在侧重于集权或侧重于分权的差异。很显然，我国分级预算体制的目标模式是集权与分权相结合，侧重于集权。

分级预算体制的集权与分权关系，主要体现在收支划分上面。从支出方面看，多数支出项目是由接近基层并熟悉居民偏好的地方来执行和管理，所以地方支出在总支出中占较大的比重。但从收入方看，中央财政收入应占主导地位。现行分税制，中央主要是通过逐步提高在增量分配中的比例来增加中央实际可支配的财力，而且中央从增量中集中的财力，一部分可用于增加中央财政支出，还有一部分要用于过渡期转移支出。应当指出的是，改革的实质不在于中央组织收入占主导地位，而是要求中央实际可支配收入逐步达到主导地位。目前，中央组织收入的比重是上升的，已接近目标模式的水平，但由于按既得利益向地方返还的幅度过大，转移支付后中央收入的比重基本维持原水平，明显偏低；中央支出的比重也基本维持原水平，也明显偏低，其中有相当部分是靠借债维持的。

（四）改革政府与国有企业的关系

政府与国有企业的关系是我国预算体制所特有的，国家不仅以税收形式参与国有企业利润的分配，同时还以所有者身份分得一部分纯利润，这是因为政府投资是国有企业主要的基本的来源。因此，政府与企业的关系就形成以国家财政为核心的社会性大财务，两者之间的关系也就成了国家内部的分配关系。但是在市场经济条件下，企业的活动是社会性的，市场机制越完善，发展得越快，原有的行政隶属关系就必然被打破，而行政关系的变动影响着政府财政的收支变动，也就动摇了中央与地方分配关系的稳定。因而，建立稳定的、规范的分级预算体制，必须使政府的财政收支与国有企业财务脱钩，使政府与企业的关系规范化、制度化，更重要的是法律化。

此外，分级预算体制的确定，还要与其他体制改革相配合，尤其是政治体制改革的配套进行。否则，预算体制的改革就只能是一句空话。

【本章小结】

财政管理体制有广义和狭义之分，广义的财政管理体制包括预算管理体制、税收管理体制、基本建设财务管理体制、企业财务管理体制、行政事业财务管理体制、预算外资金管理体制等。其中预算管理体制是财政管理体制的主导环节。狭义的财政管理体制就是国家预算管理体制。

政府间转移支付是指一级政府对另一级政府单方面的、无偿的资金或实物转移。一般的财政转移支付的对象可以是个人或企业，但这里所说的政府间转移支付是指那些发生在各级政府之间资金的无偿转移。它是通过财政补助制度来完成的，从这个意义上说，对政府间转移支付理论的分析实际上就是对财政补助理论的分析。从转移支付的方向考虑，政府间财政转移支付有两种模式：一种是上下级政府间的资金转移，即纵向转移支付；另一种是同级政府间的资金转移，即横向转移支付，表现为财力富裕地区向财力不足地区转移资金。其中，纵向转移支付是各国普遍采用的。

分级预算体制是市场经济国家普遍实行的一种预算体制。它的主要特征在于规范化和法制化，长期相对稳定，地方预算构成名副其实的一级预算主体。我国1994年实行的分税制改革，借鉴了市场经济国家的分级预算体制，已初步形成具有中国特色的多级预算体制。

【复习思考题】

1. 简述财政管理体制的概念与实质。
2. 简述财政分权的优势与不足。
3. 财政管理体制的原则是什么？
4. 简述国家预算管理体制及类型。
5. 简述预算收支划分的方法。
6. 试述分税分级预算管理体制的理论基础。
7. 论述我国实行分税分级预算管理体制的原因。
8. 试述分税分级预算管理体制的基本内容及完善措施。
9. 财政体制的选择应促进国家长治久安，应该促进公共产品和公共服务的有效提供，并充分调动不同层级政府的积极性。当前我国财政体制应如何进一步改革？财政体制改革应该实行财权与事权相结合的原则，还是财力与事权相结合的原则？
10. 政府间转移支付制度的确定难度大，既是技术难题，又会受到众多利益集团的影响，怎样才能形成一个相对有效的政府间转移支付制度？

【阅读书目】

1. R. Boardway, Anwar Shah. Fiscal Federalism: Principles and Practice of Multiorder Governance. Cambridge: Cambridge University Press, 2009.

2. J. Y. Lin, Z. Liu. Fiscal Decentralization and Economic Growth in China. Economic De-

velopment and Culture Change, 2000, 49 (1): 1-22.
3. W. E. Oates. Studies in Fiscal Federalism. Aldershot: Edwaed Elgar, 1991.
4. 陈工，雷根强．财政学．北京：经济科学出版社，2000.
5. 李萍，许宏才，李承．财政体制简明图解．北京：中国财政经济出版社，2010.
6. 李萍，许宏才．中国政府间财政关系图解．北京：中国财政经济出版社，2006.
7. 马海涛．财政转移支付制度．北京：中国财政经济出版社，2004.